D0154272

Mexican Autobiography /
La autobiografía mexicana

Recent Titles in
Bibliographies and Indexes in World History

MEXICAN AUTOBIOGRAPHY / LA AUTOBIOGRAFIA MEXICANA

An Annotated Bibliography / Una bibliografía razonada

COMPILED BY Richard Donovon Woods
TRANSLATED BY Josefina Cruz-Meléndez

Bibliographies and Indexes in World History,
Number 13

GREENWOOD PRESS
NEW YORK • WESTPORT, CONNECTICUT • LONDON

Library of Congress Cataloging-in-Publication Data

Woods, Richard Donovon.
  [Mexican autobiography. Spanish & English]
  Mexican autobiography : an annotated bibliography = La
autobiografía mexicana : una bibliografía razonada / compiled by
Richard D. Woods ; translated by Josefina Cruz-Meléndez.
      p.   cm.—(Bibliographies and indexes in world history, ISSN
0742-6852 ; no. 13)
  English and Spanish.
  Bibliography: p.
  Includes indexes.
  ISBN 0-313-25945-3 (lib. bdg. : alk. paper)
    1. Autobiographies—Mexico—Bibliography. 2. Mexico—Biography—
Bibliography. I. Title. II. Title: Autobiografía mexicana.
III. Series.
Z5305.M6W6618   1988
[CT553]
016.920'072—dc19   88-3129

British Library Cataloguing in Publication Data is available.

Copyright © 1988 by Richard Donovon Woods

All rights reserved. No portion of this book may be
reproduced, by any process or technique, without the
express written consent of the publisher.

Library of Congress Catalog Card Number: 88-3129
ISBN: 0-313-25945-3
ISSN: 0742-6852

First published in 1988

Greenwood Press, Inc.
88 Post Road West, Westport, Connecticut 06881

Printed in the United States of America

∞™

The paper used in this book complies with the
Permanent Paper Standard issued by the National
Information Standards Organization (Z39.48-1984).

10 9 8 7 6 5 4 3 2 1

Again for Mary Soderberg

Contents

Acknowledgments

The present work came into being accidentally. I was
and still am working on a monographic study of Mexican autobiography. When I started on this project several years
ago, I found that, unlike established genres, autobiography,
at least in Mexico, lacked not only research but the most
basic of reference tools, the bibliography.

The task of compiling this, both wearisome and
rewarding, was lightened by various institutions and individuals who helped me at the different stages characteristic of
any bibliography. A Mellon Grant, administered through the
University of Texas at Austin, gave me the initial impetus;
this was followed by Trinity University's granting me a sab-
batical to further my studies in Mexican life writing.

Magdalena Maíz, early in my research, gave me titles to
add to my list. Beth K. Miller, one of the pioneers in the
study of Latin American autobiography, invited me to be a
presenter on her MLA panel on this topic. Jean S.
Chittenden was constantly available for exchange of ideas.
Both Ena Garland and Julio Revilla aided in the preliminary
search for titles in the magnificent resources of the Benson
Latin American Collection at the University of Texas at
Austin. The occasional title not found there was obtained
through Joe Ellison, Susan Roeckle, and María McWilliams in
interlibrary loan.

The manuscript became a reality through the work of
many. Josefina Cruz-Meléndez translated the entries into
Spanish. Patricia Padilla de Cárdenas and Lupita Puente did
the typing. Without the Trinity University Computing
Center, the task of indexing would have been impossible.
Larry Gindler, head of the Academic Computing Department,
put me in touch with Jesse Carrillo, who generated the eight
indexes. His skill and patience reward the user with
multiple points of access.

Finally, I am indebted to the Mexican people, who in an
environment more amenable to other genres, indulge in life
writing and provide us with yet another medium for
interpreting their culture.

Introduction

For the entire Spanish-speaking world, one can search in vain for a bibliography of autobiographies. It is as though this genre, so cultivated in the United States, France, and England, had failed to attract practicioners either in the Peninsula or in Spanish America.

Although there are no reference books, two monographic studies and one anthology are extant on autobiography in Spanish America. In 1966, the Argentine Adolfo Prieto published La literatura autobiográfica argentina (Buenos Aires, Editorial J. Alvarez) and in 1971, Gabriela Mora, a student at Smith College, wrote her dissertation, Mariano Picón Salas autobiográfico; una contribución al estudio del género autobiográfico en Hispanoamérica. (Northhampton, Mass.) The former focuses on autobiographers born before 1900, while the latter essays to find Iberian roots for life writing. A third work, Memorias y autobiografías de escritores mexicanos compiled in 1967 by Raymundo Ramos (México, Universidad Nacional), is a collection of excerpts of notable Mexican autobiographies.

The inferences are clear. Either life writing, at least in its published form, is infrequently cultivated among the Spanish speaking. Or if it is indeed cultivated, it is rarely recognized in reference books or in monographic studies.

James W. Wilkie, a North American scholar, noted two problems in relation to Latin American autobiography in his book Elitelore as a New Field of Inquiry (1979): ". . . because Latin American elites (let alone non elites) with few exceptions do not have a tradition of writing auto-biography or scholarly biography, investigators have found it helpful to interview leaders in order to discuss motiva-tions as well as establish chronologies. In interviewing Mexican public figures of this century, we have found that they are often reluctant to discuss issues which are inextricably involved with their personal history" (James W. Wilkie, Elitelore as a New Field of Inquiry [Los Angeles: Latin American Center, 1973], 53).

The present bibliography in part sustains Wilkie's assertion of an absence of tradition for autobiography at least for one country. For its 450 years of history, Mexico has few more than 325 published autobiographies. Compare this number with autobiography in the U.S. A 1984 bibliography lists 710 of these written by American Blacks since the Civil War; Through a Women's I notes 2,217 such works by women from 1946-1976; finally, the compilers of American Autobiography, 1945-1980 located 5,008 titles. The various statistics are presented not to belittle Mexican culture but to provide a context for comparison.

Productivity in life writing can also be gauged by relating it to other genres within Mexico. Mexican Literature; A Bibliography of Secondary Sources by David William Foster, lists 79 pages on poetry, the essay, drama and prose fiction with no notice of life writing. Similarly, several twentieth century bibliographies on Mexican history could also be cited to show neglect of this field. Clearly Mexican autobiography, both by internal and external comparison, is an underrated genre.

Yet in spite of these disabilities, a culture that apparently does not encourage life writing and exhibits a low profile of what indeed exists, Mexican autobiographers have produced over 325 examples. This body of work, necessarily under counted because of poor bibliographical control, attests to sufficient material for study.

Furthermore, since some of Mexico's best writers have contributed to this list, quality may override quantity. For example, included here is possibly the best written autobiography in the Spanish language, Ulises criollo. And its author, José Vasconcelos, must share this field with other autobiographers who merit attention: José Rubén Romero, Martín Luis Guzmán, Nellie Campobello, Jaime Torres Bodet and Elena Poniatowska. Recent decades, the most prolific for autobiography, are the crest of earlier periods of Mexican history that render illustrious names: José Miguel Guridi y Alcocer and his contemporary, Fray Servando Teresa de Mier, for the late 18th century; Guillermo Prieto and Vicente Salado Alvarez for the 19th century.

The autobiographers enumerated here are important for another reason. Their legacies are primary sources or invaluable documents generated by witnesses to an event or historical period. Although their testimonies may be biased, self serving, and susceptible to contradiction, they provide multiple perspectives on the Mexican Revolution or other historical moments less confusing.

Their use should go beyond that of the historian. For in another way, from the present set of documents emerges a sense of what Mexicans opt to include in their life stories; just as significantly, what they opt to omit. Mexican autobiographies and the forms they take may be an overlooked key in the analysis of the national character.

The general term for this bibliography, "autobiography," is generic, referring to a specific type of self identification and simultaneously to all other types of life writing. Thus, in the present work can be found auto-biography proper, memoirs, collections of letters, diaries, oral autobiographies, interviews, the autobiographical novel as well as the autobiographical essay. A brief definition of the most confusing of these terms will suffice to orient the user as to what is intended by each of these categories.

(1) Autobiography proper refers to an effort by the subject to present his entire life usually from the perspective of a mature age. Rather than focusing on one triumphant moment, a characteristic of the memoir, the auto-biography includes all of life's stages: childhood, ado-lescence, middle age, maturity and old age. The key term in this difficult form is "entire." At times an author will create a first volume that describes his childhood. For the intensity of the projection, the work may be labelled "autobiography"; however, subsequent volumes, if forth-coming, often slip into the easier mode of the memoir.

(2) Memoirs simply are a recording of a fragment of years from a life. Usually they will be the author's signi-ficant years as a participant in an historical event or proximity to a celebrity or frequently, as in the case of Mexico, a justification for one's actions and a refutation of one's enemies. They lack both the formality and comple-teness of autobiography proper. To illustrate, the Mexican Revolution has been the greatest catalyst for memoirs. Furthermore the memoir, rather than an intense self examina-tion, is usually a refraction of events external to one's life. The author, recalling action in which he was a par-ticipant, may so distance himself from this that at times he assumes more the role of historian than autobiographer. The memoirist, if observant, honest and talented, such as Jaime Torres Bodet, will vignette the personalities who surrounded him. On the contrary, other practicioners of the form may be satisfied in merely listing names of various acquaintances.

A parenthesis is appropriate here to analyze why the memoir is overwhelmingly the preferred form of the Mexicans. It has a pedigree that can be traced back to 16th century Mexico especially in "los cronistas testimoniales." Cultivated in the colonial period, this early mixture of history and autobiography set the pattern for much that was to come in Mexican autobiography. One Mexican critic, José Luis Martínez, has noted this especially in the novel of the Revolution: "Son casi siempre alegatos personales en los que cada autor, a semejanza de lo que aconteció con nuestros cronistas de la Conquista, propala su intervención fundamen-tal en la Revolución de la que casi todos se dirían sus ejes" (José Luis Martínez, Literatura mexicana del siglo XX, [Mexico, Antigua Librería Robredo, 1949-1950], 278-279). Most of the cronistas place themselves in the role of obser-vers and recorders, but some, as in the case of Bernal Díaz del Castillo, interact with the the event and self reference in the text.

Most of all, the memoir has characteristics that har-monize with the Mexican personality. As a type of auto-biography, the memoir is ego satisfying in that it allows

the subject "to set the record straight" or even strive for
immortality. At the same time, this form, for its focus on
external circumstances, respects a national taboo, the
shielding of family from public scrutiny. Thus, in selecting
to record public life, an author can discretely avoid personal items that may discredit those close to him. Hence, in
the memoir, childhood and the family are glossed; remaining
chapters will then be devoted to situations at best on the
periphery of domestic life.

Supreme violator of this code was Oscar Lewis in Five
Families (1961) and The Children of Sanchez (1965). The
excoriating details of a personal nature, so antithetical to
the Mexican protective sense of the family, caused reper-
cussions on the national publishing scene.   So outraged
were the Mexicans that Orfila Reynal, editor of Fondo de
Cultura Económica, allegedly lost his position with the
appearance of Children   (Susan E. Russell, "The Fondo de
Cultura Económica: A Mexican Publishing House." [MLS the-
sis, University of Texas, Austin, 1971], 32-33).

Perhaps Octavio Paz in "Mexican Masks" from The
Labyrinth of Solitude has best voiced the anti-autobiography
stance of his people. "To confide in others is to
dispossess oneself; when we have confided in someone who is
not worthy of it, we say, 'I sold myself to so-and-so' that
is, we have 'cracked', have let someone into our fortress.
The distance between one man and another, which creates
mutual respect and mutual security, has disappeared. We are
at the mercy of the intruder. What is worse, we have
actually abdicated" (Octavio Paz, The Labyrinth of Solitude
[New York: Grove Press, Inc. 1961], 31).

One final reason for the cultivation of the memoir is
pragmatic. It is easier, not more so than all other types
of autobiography, but surely much more so than autobiography
proper, whose production demands unpleasant forays into the
personal past in search for the elusive self conjured from
memory and realized through words. Rooted in Mexican tradition, the memoir has the peculiarity of both publicizing and
shielding the subject.

(3) An interest in ordinary lives, probably first the
domain of historians and anthropologists, has generated a
type of autobiography that will be considered unique to the
twentieth century. Called in the present work, "oral
autobiography," it could just as easily be labelled "as told
to" autobiography or even "case history" or "life story."
It is the collaborative effort of author and subject, whose
intertwined enterprise results in a document which is the
life of one individual but prompted and edited by another.
It is an obvious response to an unlettered but intelligent
subject from a preliterate culture whose life merits
recording. Yet this recording is done at the initiative of
another.

Its most notorious practicioner, at least from the
Mexican point of view, is Oscar Lewis who has already been
mentioned. Its most exquisite practicioner is Elena
Poniatowska. Her Hasta no verte jamás, Jesús mío (1969) is

brilliantly wrought, not by an anthropologist or an
historian, but by a journalist experienced in listening and
capturing the nuances of language. La noche de Tlateloco
(1971) followed this "as told to" autobiography that
approaches a cognate genre, the novel.

(4) The novel in another way has influenced Mexican
autobiography. Life writing, as previously stated, has never
been recognized by the Mexicans themselves. Furthermore,
examples from this genre have cavalierly been categorized
under the label, "novel of the Mexican Revolution." This
misclassification, for whatever reason, removed from the
field of Mexican autobiography some of its most stunning
successes.

(5) The autobiographical essay, few in number, has its
genesis in works done by young authors apparently com-
missioned by an editorial house. Each writer, recovering
his life in a 60-page essay, self portrays in a language
that makes him worthy of the title "writer." Had these
examples been composed by other than professionals, their
success would have been limited.

(6) Finally are autobiographies resulting from interviews. Although these works are more akin to "as told to"
autobiographies, they are usually executed by a journalist
dialoguing with celebrities and mixing biography and autobiography. These hybrids stray from the purer form, the
case history, by the obvious presence of the interviewer,
who clearly directs both subject and reader by inserting his
questions. In giving context to these questions, the
inquirer is forced to resort to some of the techniques of
biography.

In the search for appropriate items for this
bibliography, I was attentive to the above definitions and
to various other criteria:

1. The author or at least the subject, given the popu-
larity of "as told to" autobiographies, had to be a native
born Mexican. This naturally excludes 16th century
Spaniards of the Conquest as well as the more recent exiles
from the Spanish Civil War. Although related to the Mexican
in culture, peninsulars could well be classified in a
separate bibliography of life writing of Spain. Naturally
other foreigners, even of semi-celebrity status, have also
been excluded, e.g., Fanny Calderón de la Barca, Princess
Salm-Salm, Edith O'Shaughnessy, and Rosalie Evans.

2. The 450-year time span, 1519-1986, ostensibly
generous, is deceptive because Mexican autobiography begins
with Independence and crescendos with the Revolution of
1910.

3. Sor Juana Inés de la Cruz's classical letter,
"Carta atenagórica; respuesta a sor Filotea," is too brief
to warrant attention. In other words, length as a criterion
means that all entries have 35 or more pages. Few exceptions were made.

4. Usually the autobiographies are in Spanish; however, an occasional one, the result of a collaborative effort, will be in English. Diego Rivera's My Art, My Life: An Autobiography with Gladys March is an example of this.

5. Geographically, the overwhelming number of autobiographies are from Mexico as determined by the boundaries set by the Treaty of Guadalupe Hidalgo in 1848. This allowed for the inclusion of the life writing of transitional Mexicans, the Tejanos and the Californianos, i.e., those Mexicans inhabiting territory annexed to the U.S. by this treaty. Another type of Mexican American also finds place among these entries. The Chicano who spent his early years in Mexico and then immigrated to the U.S. has formative experiences indelibly Mexican.

6. Finally, each work had to be available for reading and evaluation. Due to the vagaries of the Mexican publishing industry, many titles suggesting autobiography were inaccessible. The printing of a small edition meant only for friends and family, although in keeping with the Mexican sense of privacy, puts many of these titles out of public reach.

Still over 325 autobiographies located and qualifying for inclusion were profiled with the following information abstracted:

1. basic bibliographical data.

2. genre: In very few words I attempt to note the type of autobiographical scaffolding employed by the author (autobiography proper, memoirs, diary, collections of letters, etc.).

3. author's dates: This will locate the writer by century and decade and is picked up in one of the indexes.

4. narrative dates: In each case an effort was made to note the years which provide the chronological structure for the subject's narrative. This enables the retrieval of material through specific time focus as will be explained in the paragraphs on indexes.

5. translation or primary edition in English: If an English translation of the Spanish is extant, it is noted in the entry. At times English may be the original and only language of the published autobiography so it is listed in this part of the entry also. Examples of this are the Bancroft studies on the Californianos.

6. annotation: This is the most important component of the entry. Both descriptive and prescriptive comments enable the user to judge the potential value of the contents. Noted is the author's profession and if possible his career pattern. I also try to assess the subject's revelation of a personal life. Comments on style are usually reserved for autobiographies that may be read for their literary value. Unsurprisingly, professional authors normally fare the best here.

Although written in English, the entry will often rely
upon Spanish terminology for the subject's public office.
Since much of this vocabulary is comprised of cognates,
e.g., instrucción pública, no translation is necessary. At
times when no equivalent translation is available, the
disputed word will be rendered in an approximation, such as
Secretario de Hacienda (Treasury). For some of the translations from Spanish into English, I am indebted to Robert A.
Camp's Mexican Political Biographies, 1935-1981 (Tucson:
University of Arizona Press, 1982).

The availability of the computer made the bibliographical data and the annotations for each entry susceptible to
multiple indexing. Therefore this information has been
abstracted and entered under eight separate indexes:
author, title, translation, subject, profession, genre of
autobiography, chronological by year of birth of author and
chronological by decade(s) of narration.

Although the entries are arranged alphabetically by
author, at times the highlighted personality is not obvious
under first author. For example, the three volumes of
correspondence between Alfonso Reyes and Pedro Henríquez
Ureña are entered under the latter's name. The author index
leads the user to both of these men. Autobiographies of
dual authorship can be picked up in this most basic of
indexes either by writer or subject. The title index needs
little explanation.

Translations are noted in three indexes: author,
title, and a specific index labelled "translations." Since
some of the users of this bibliography may be insecure in
the Spanish language, the latter index indicates which
titles are extant in English. As a further aid to this
public, the literal translation of the original title is
noted within a parenthesis only when no known English ver-
sion of the Spanish exists. This is intended as supple-
mental data by suggesting the contents of untranslated
autobiographies.

Probably the most valuable single index is subject.
Here the major ideas, geographical location, historical
items, and outlines of career are integrated succinctly into
one alphabetized list. To provide ease of access, subjects
are subdivided into their multiple aspects, e.g:

```
REVOLUTION
     childhood            56, 156, 187, 215, 216
     Madero, Francisco    7, 178, 181, 259, 304, 310
     Sonora               311
     women                5, 161, 234
```

The numbers, such as those above, refer to items. If
occasionally the number refers to a page, as in the subject
index, it is so indicated.

The index of autobiographers by profession or salient
characteristic, in addition to career or other indivi-
dualizing feature, i.e., medical doctor, diplomat, soldier,
actress, campesino or woman, also provides a yardstick as to

the type of Mexican who writes autobiography. Occasionally some Mexicans, such as Alfonso Reyes and José Vasconcelos, could be categorized under various labels. In such cases, the career field in which the autobiographer was best known was selected.

The form which an author selects to structure his narrative is noted in the genre index. To illustrate, the user interested only in diaries can immediately find the entries on this subgenre.

The final two indexes are chronological. In almost all entries are noted the life dates of the author. Consequently, if the user is interested in a view of Mexican authors by generation, he can turn to the index that classifies authors by their birth decades. For example, many of the important writers of the Mexican Revolution, at least in the first generation, were born in the decade, 1870-1880. These authors hence are alphabetized by last name under the years 1870-1879 or 1880-1889.

Of more value is the index by decade of events narrated. To illustrate, Porfirio Díaz's memoirs cover the years 1830-1867. Hence these years are divided accordingly: 1830-1839, 1840-1849, 1850-1859, and 1860-1869. The name "Díaz, Porfirio" is appropriately alphabetized under all four sets of decades. This fragmenting of the narrative time into manageable decades allows the user to abstract pertinent information for a specific number of years.

Finally the introduction and the entries are bilingual, English and Spanish. This dual language implies that the field of Mexican autobiography has value for students and scholars on both sides of the border. The accessibility of the information in Spanish may encourage the study of life writing in Mexico and in other Spanish American countries.

Introducción

Dentro del mundo de habla hispana es vana la búsqueda de una bibliografía de autobiografías. Es como si este género, que es tan cultivado en los Estados Unidos, Francia e Inglaterra, hubiera fallado en su intento de atraer practicantes de la Península o de Hispanoamérica.

Existen hoy día dos estudios monográficos y una antología de la autobiografía en Hispanoamérica pero no hay ningún libro de consulta sobre este género. En 1966, el argentino Adolfo Prieto publicó La literatura autobiográfica argentina (Buenos Aires, Editorial J. Alvarez) y en 1971 Gabriela Mora, una estudiante de Smith College, escribió su disertación Mariano Picón Salas autobiográfico; una contribución al estudio del género autobiográfico en Hispanoamérica (Northhampton, Mass.). La primera se concentra en los autobiógrafos nacidos antes de 1900 mientras que la segunda intenta encontrar raíces ibéricas a la literatura biográfica. Una tercera obra, Memorias y autobiografías de escritores mexicanos, recopilada en 1967 por Raymundo Ramos (México, Universidad Nacional), es una colección de extractos de autobiografías mexicanas notables.

Las inferencias son claras. Los escritos biográficos y su publicación son un género muy poco cultivado entre los hispanohablantes. O si es cultivado, entonces los libros de consulta y/o los estudios monográficos muy rara vez los reconocen.

El erudito norteamericano James W. Wilkie en su libro Elitelore as a New Field of Inquiry (Elitelore como nuevo campo de investigación) (1979) anotó dos problemas relacionados con la autobiografía latinoamericana: "...ya que las élites latinoamericanas (y menos aún las "no-élites") a excepción de muy pocas no siguen la tradición de escribir autobiografías o biografías de calidad académica los investigadores consideran que es útil el entrevistar líderes tanto para discutir motivaciones como para establecer cronologías. Al entrevistar figuras públicas mexicanas de este siglo hemos encontrado que en muchas ocasiones las mismas rehúsan discutir asuntos que estén altamente ligados con su

historia personal." (James W. Wilkie, Elitelore as a New
Field of Inquiry Los Angeles: Latin American Center, 1973,
53).

Esta bibliografía apoya en parte la aseveración de
Wilkie sobre la ausencia de una tradición de autobiografía
en al menos un país. Para sus 450 años de historia, México
tiene poco más de 325 autobiografías publicadas. Compare
este número con las autobiografías de los Estados Unidos.
Una bibliografía de 1984 enumera 710 de éstas escritas por
negros estadunidenses desde la Guerra Civil; Through a
Women's I anota 2,217 de este tipo de obras producidas por
mujeres desde 1946 hasta 1976; finalmente, los recopiladores
de American Autobiography, 1945-1980 localizaron 5,008
títulos. Se presentan estas diversas estadísticas no con el
propósito de menospreciar la cultura mexicana sino para
proveer una base para la comparación.

La productividad en la literatura biográfica también
puede ser medida en términos de su relación con otros
géneros en México. El libro Mexican Literature; A
Bibliography of Secondary Sources por David William Foster
enumera 79 páginas de poesía, ensayo, drama y de ficción en
prosa sin mención alguna de la literatura biográfica. De la
misma manera, también se podrían citar algunas bibliografías
del siglo XX sobre la historia mexicana para mostrar el
descuido hacia este campo. Sin lugar a dudas, la autobiografía mexicana es un género menospreciado tanto en la
comparación externa como en la interna.

Sin embargo, a pesar de estos impedimentos, una cultura
que aparentemente no estimula la literatura biográfica y que
exhibe poco interés con relación a lo que sí existe, los
autobiógrafos mexicanos han producido más de 325 ejemplos.
Este conjunto de obras, desestimado necesariamente debido al
poco control bibliográfico, proporciona suficiente material
para estudio.

Además, ya que los mejores escritores mexicanos han
contribuído a esta lista, la calidad puede que anule la cantidad. Por ejemplo aquí está incluída Ulises criollo que es
posiblemente la mejor autobiografía escrita de la lengua
española. Su autor, José Vasconcelos, debe compartir este
campo con otros autobiógrafos que también merecen atención:
José Rubén Romero, Martín Luis Guzmán, Nellie Campobello,
Jaime Torres Bodet y Elena Poniatowska. Las décadas más
recientes han sido las más prolíficas en la autobiografía y
constituyen la cima de períodos anteriores de la historia
mexicana que contienen nombres ilustres: José Miguel Guridi
y Alcocer y su contemporáneo Fray Servando Teresa de Mier
para fines del siglo XVIII; Guillermo Prieto y Vicente
Salado Alvarez para el siglo XIX.

Los autobiógrafos aquí enumerados son importantes por
otra razón. Sus legados son fuentes primarias o documentos
valiosos producidos por testigos de un evento o de un
período histórico. Aún cuando sus testimonios puedan ser
prejuiciados, egocéntricos y susceptibles a la contradic-
ción, los mismos proveen múltiples perspectivas de la
Revolución mexicana o de otros momentos históricos menos

desconcertantes.

Su uso debe ir más allá que el del historiador ya que
de este conjunto de documentos surge el entendimiento de lo
que los mexicanos optan por incluir en las historias de sus
vidas y, lo que es igualmente importante, lo que optan por
omitir. Las autobiografías mexicanas y sus formas pueden ser
una clave pasada por alto en el análisis del carácter
nacional.

El término central de esta bibliografía "autobiografía"
es uno genérico para denominar a un tipo específico de auto-
identificación y simultáneamente a los otros tipos de escritos sobre la vida de una persona. Por lo tanto, en esta
obra se pueden encontrar autobiografías propiamente dichas,
memorias, colecciones de cartas, diarios, autobiografías
orales, entrevistas, la novela autobiográfica y el ensayo
autobiográfico. Una definición corta de los términos más
confusos será suficiente para orientar al lector en cuanto a
lo que cada categoría representa.

(1) La autobiografía propiamente dicha se refiere a un
esfuerzo del sujeto por presentar toda su vida, generalmente
desde la perspectiva de la madurez. En vez de concentrarse
en algún momento triunfal, algo característico de las
memorias, la autobiografía propiamente dicha incluye todas
las etapas de la vida: la niñez, la adolescencia, la
madurez y la vejez. La palabra clave en este difícil género
es "entero". En ocasiones un autor crea un primer volumen
que describe su niñez. Debido a la intensidad del proyecto,
la obra puede ser catalogada como "autobiografía"; sin
embargo, los volúmenes siguientes, si son creados, a menudo
caen dentro de un estilo más fácil, el de las memorias.

(2) Las memorias son simplemente un registro de un
período de años de una vida. Generalmente, este período
incluye años significativos del autor como participante de
un evento histórico, su proximidad a una celebridad o, como
es muy frecuente en México, una justificación de los actos
propios y una refutación de los del enemigo. Las memorias
carecen la formalidad y la integridad de la autobiografía
propiamente dicha. Para ilustrar esto, la Revolución
mexicana ha sido uno de los grandes agentes catalíticos de
las memorias. Además, las memorias son generalmente una
observación de eventos externos en vez de una auto-
examinación intensa. El autor, al recordar la acción de la
cual fue partícipe, puede crear una distancia tal entre sí
mismo y los eventos, que juega más el papel de historiador
que de autobiógrafo. El memorialista observador, honesto y
talentoso como Jaime Torres Bodet, creará viñetas de las
personalidades que le rodearon. Por el contrario, otros
practicantes de esta forma pueden quedar satisfechos con una
simple enumeración de los nombres de sus conocidos.

En este momento es adecuado hacer un paréntesis para
analizar la razón por la cual las memorias son la forma emi-
nente preferida de los mexicanos. La misma tiene un
pedigree que data del México del siglo XVI, especialmente en
los cronistas testimoniales. Esta antigua mezcla de
historia y autobiografía cultivada en el período colonial

estableció el patrón para lo que vendría luego en la auto-
biografía mexicana. Un crítico mexicano, José Luis Martínez
ha notado esto especialmente en la novela de la Revolución:
"Son casi siempre alegatos personales en los que cada autor,
a semejanza de lo que aconteció con nuestros cronistas de la
Conquista, propala su intervención fundamental en la
Revolución de la que casi todos se dirían sus ejes." (José
Luis Martínez, Literatura mexicana del siglo XX, México,
Antigua Librería Robredo, 1949-1950, 278-279). La mayoría
de los cronistas se colocan a sí mismos en el rol de obser-
vadores y registradores pero otros, como Bernal Díaz del
Castillo, toman parte en el evento y hacen referencias a sí
mismos en el texto.

    Sobretodo, las memorias tiene características que van a
tono con la personalidad mexicana. En su carácter autobiográfico las memorias satisfacen el ego y permiten que el
sujeto se justifique, explique la situación verdadera o que
luche por la inmortalidad. A la vez, esta forma, cuyo punto
de enfoque son las circunstancias externas, respeta el tabú
nacional de proteger a la familia del escrutinio público.
Por lo tanto, al escoger registrar su vida pública, un autor
puede evitar discretamente aquellos asuntos personales que
puedan desacreditar a sus allegados. Por ende, la niñez y
la familia se barnizan en las memorias y los capítulos
restantes se dedican a situaciones que en el mejor de los
casos quedan en la periferia de la vida doméstica.

    Un supremo transgresor de este código lo fue Oscar
Lewis en Five Families (1961) y The Children of Sanchez
(1965). Los mordaces detalles personales, tan antitéticos
al sentido mexicano de la protección de la familia, causaron
repercusiones en el ámbito publicitario nacional. Tal fue
el escándalo causado que Orfila Reynal, directora del Fondo
de Cultura Económica, alegadamente perdió su posición con la
aparición de Children. (Susan E. Russell, "The Fondo de
Cultura Económica: A Mexican Publishing House." (MLS the-
sis, University of Texas, Austin, 1971, 32-33).

    Es posible que sea Octavio Paz quien en "Mexican Masks"
de The Labyrinth of Solitude haya expresado de mejor forma
la postura anti-autobiografía de su gente. "Confiar en
otros es desposeerse uno mismo; cuando hemos confiado en
alguien que no lo merece decimos: 'Me he vendido a fulano
de tal', esto es, nos hemos quebrado, hemos permitido a
alguien en nuestra fortaleza. La distancia entre un hombre
y otro, la cual crea un mutuo respeto y una mutua seguridad,
ha desaparecido. Estamos a la merced del intruso. Lo que
es pero, hemos abdicado." (Octavio Paz, The Labyrinth of
Solitude New York: Grove Press, Inc. 1961, 31).

    La razón final para el cultivo de las memorias es
pragmática. Es más fácil, no tanto como los otros tipos de
autobiografía, pero sí mucho más que la autobiografía propiamente dicha cuya producción exige incursiones desagra-
dables en el pasado personal en búsqueda de un yo
escapadizo, que es evocado de memoria y creado a través de
las palabras. Las memorias, forma arraigada en la tradición
mexicana, tiene la peculiaridad de lograr tanto la publicidad como la protección del sujeto.

(3) Un interés en la vida común, que probablemente estuviera en los comienzos bajo el dominio de los historiadores y antropólogos, ha generado un tipo de autobiografía que es considerada exclusiva del siglo XX. En este libro se le llamará "autobiografía oral" pero también podría ser llamada autobiografía "como fuere narrada a" o aún "historial de un caso" o "historia de una vida." La misma es el esfuerzo conjunto de un autor y un sujeto que resulta en un documento sobre la vida de un individuo pero que fue inspirado y editado por otro. Es una respuesta obvia a un sujeto analfabeta pero inteligente de una cultura cuyos conocimientos no incluyen en leer y escribir pero cuya vida merece ser registrada. Sin embargo, este registro se hace debido a la iniciativa de otro.

El practicante más conocido desde el punto de vista mexicano es Oscar Lewis, quien ya ha sido mencionado. La practicante más exquisita lo es Elena Poniatowska. Su Hasta no verte jamás, Jesús mío (1969) está brillantemente elaborada, no por un antropólogo o historiador sino por una periodista experimentada en escuchar y captar los matices del lenguaje. La noche de Tlatelolco (1971) le siguió a esta autobiografía "como fuera narrada a" que se asemeja a un género cognado, la novela.

(4) La novela ha influenciado a la autobiografía mexicana de otra manera. La literatura biográfica, como se ha dicho anteriormente, nunca ha sido reconocida por los mexicanos mismos. Más aún, los ejemplos de este género han sido categorizados de manera altiva bajo el nombre de "novela de la Revolución mexicana." Este error de clasificación, independientemente de la razón para el mismo, saca del campo de la autobiografía mexicana algunos de sus éxitos más asombrosos.

(5) El ensayo autobiográfico, escaso en número, tiene su génesis en obras de jóvenes autores aparentemente comisionados por una casa editorial. Cada escritor, al recobrar su vida en un ensayo de sesenta páginas se representa a sí mismo con su lenguaje que le hace merecedor del título "escritor". Si estos ejemplos hubieran sido escritos por individuos no-profesionales, sus éxitos hubieran sido limitados.

(6) Por último están las autobiografías que surgen como resultado de entrevistas. Aunque estas obras son más afines a las autobiografías "como fueren narradas a" las mismas son llevadas a cabo generalmente por un periodista que en su diálogo con celebridades mezcla la biografía con la autobiografía. Estos ejemplos híbridos vienen desviados de una forma más pura, el historial de un caso, debido a la presencia obvia de un entrevistador que dirige tanto al sujeto como al lector al insertar sus preguntas. Ya que el entrevistador se ve necesitado de proveer un contexto para sus preguntas, tiene que recurrir a las técnicas de la autobiografía.

En la búsqueda de partidas apropiadas para esta bibliografía presté gran atención a las definiciones mencionadas y a otro tipo de criterio:

1. El autor o el sujeto (dada la popularidad de las
autobiografías "como fueren narradas a") tenía que ser mexicano de nacimiento. Esto, por supuesto, excluye tanto a los
conquistadores españoles del siglo XVI como a los que más
recientemente fueron exilados de la Guerra Civil española.
Los peninsulares, aunque están altamente relacionados con la
cultura mexicana podrían ser clasificados dentro de una
bibliografía aparte que incluya los escritos biográficos de
España. Naturalmente se ha excluído a los exranjeros, aún
cuando gozaran de cierta fama. Por ejemplo, Fanny Calderón
de la Barca, la princesa Salm-Salm, Edith O'Shaughnessy y
Rosalie Evans.

2. El período de tiempo de cuatrocientos cincuenta
años entre 1519 y 1986, altamente generoso, es engañoso
porque la autobiografía mexicana comienza con la
Independencia y aumenta con la Revolución de 1910.

3. La carta clásica de Sor Juana Inés de la Cruz,
"Carta atenagórica; Respuesta a Sor Filotea", es demasiado
breve para merecer atención. En otras palabras, el largo es
un criterio que incluye sólo las obras que tengan más de
treinticinco páginas. En esto se hicieron muy pocas excep-
ciones.

4. Por lo general, las autobiografías son en español.
Sin embargo, una que otra, que haya sido el resultado de un
esfuerzo colectivo es en inglés. Un ejemplo de esto es My
Art, My Life: An Autobiography with Gladys March de Diego
Rivera.

5. En términos de geografía, un número abrumador de
autobiografías provienen del México cuyas fronteras fueron
establecidas por el Tratado de Guadalupe Hidalgo de 1848.
Esto permitió que se incluyeran los escritos de los mexicanos de transición, de los tejanos y de los californianos,
esto es, aquellos mexicanos que vivían en los territorios
que se unieron a los Estados Unidos bajo este Tratado.
También se puede encontrar en las inclusiones otro tipo de
mexicano americano. El chicano que pasó sus primeros años
en México y luego emigró a los Estados Unidos tiene unas
experiencias de formación que son indeleblemente mexicanas.

6. Por último, cada obra tenía que estar disponible
para ser leída y evaluada. Debido a los caprichos de las
empresas editoras mexicanas, muchos de los títulos que
sugerían ser autobiografías estaban inaccesibles. La publicación de una edición pequeña quería decir que la misma era
únicamente para los amigos y familiares. Aunque, cuando se
mantiene el sentido mexicano de la privacidad, se pone una
gran cantidad de estos títulos fuera del alcance del
público.

Aun sí se localizaron más de trescientos veinticinco
autobiografías que llenaban estos requisitos. Las mismas
contenían la siguiente información en forma compendiada:

1. información bibliográfica básica.

2. género: en muy pocas palabras intento nombrar el

tipo de andamiaje autobiográfico utilizado por el autor
(autobiografía propiamente dicha, memorias, diario, colección de cartas, etc.)

   3. fechas del autor: esta información localizará al
autor en su siglo y en su década y estará provista en uno de
los índices.

   4. fechas de la narración: En cada caso se hizo un
esfuerzo por proveer los años que proveen la estructura cronológica de la narración del sujeto. Esto permite la obten-
ción del material a través de un enfoque sobre el tiempo
específico. Esto será explicado más adelante en los párrafos sobre los índices.

   5. traducción o primera edición en inglés: en cada
partida se indica si existe una traducción al inglés del
texto en español. A veces el único idioma o el idioma original de la autobiografía publicada es el inglés. En este
caso se hará una anotación en esta parte de la partida. Un
ejemplo de esto son los estudios Bancroft sobre los californianos.

   6. anotación: ésta es la parte más importante de la
partida. Los comentarios descriptivos y preceptivos permiten que el lector juzgue el valor potencial del contenido.
Se indica la profesión del autor y, si posible, el patrón
que siguió su carrera. También trato de evaluar las revelaciones del sujeto sobre la vida personal. Comentarios sobre
el estilo están generlamente reservados para las autobiografías que puedan ser leídas por su valor literario. No
es sorprendente que los autores profesionales salen mejor en
esta área.

   Aún cuando fuere escrita en inglés, la partida usará
con frecuencia la terminología en español del puesto público
del sujeto. La traducción en estos casos no es necesaria ya
que gran parte de este vocabulario está compuesto de cogna-
dos, por ejemplo, instrucción pública. En los casos en
donde no haya traducción posible, la palabra en cuestión
será traducida en términos de lo que más se aproxime en
significado como por ejemplo: Secretario de Hacienda
(Treasury). Para algunas de las traducciones de español a
inglés le debo mucho al libro de Robert A. Camp Mexican
Political Biographies, 1935-1981 (Tucson: University of
Arizona Press, 1982).

   La existencia de la computadora hizo posible la
creación de múltiples índices de la información
bibliográfica y de las anotaciones de cada partida. Por lo
tanto, esta información ha sido compendiada y puesta bajo
ocho índices distintos: autor, título, traducción, tema,
profesión, género de autobiografía, cronológico por el año
de nacimiento del autor y cronológico por la década de
narración.

   Las partidas están ordenadas alfabéticamente de acuerdo
al autor. Hay veces, sin embargo, que la personalidad que
se resalta no aparece como primer autor. Por ejemplo, los
tres volúmenes de correspondencia entre Alfonso Reyes y

Pedro Henríquez Ureña se encuentran bajo el nombre del
segundo. El índice de autores lleva al lector hacia ambos
hombres. Las autobiografías con dos autores pueden ser
encontradas en este índice ya sea bajo el nombre del escritor o del sujeto. El índice de títulos no necesita explicación.

Hay tres índices que hacen indicaciones sobre las traducciones: el de autores, de títulos y uno específico titu-
lada "traducciones." Ya que puede que algunos de los que
usen esta bibliografía se sientan inseguros con el idioma
español, este último índice indica los títulos que existen
en inglés. Con el propósito de ayudar aún más a este
público, se ha incluído, en paréntesis, una traducción
literal del título orignial únicamente cuando no existe una
versión inglesa. Esto tiene como propósito proveer información suplementaria al sugerir el contenido de las autobiografías que no han sido traducidas.

El índice de temas es probablemente el más valioso. En
este índice se incluyen en orden alfabético las ideas más
importantes, la localización geográfica, asuntos históricos
y bosquejos de carreras. Para facilitar su acceso, los
temas están subdivididos en sus múltiples aspectos, por
ejemplo:

REVOLUTION
    childhood   56, 156, 187, 215, 216
    Madero, Francisco   7, 178, 181, 259, 304, 310
    Sonora   311
    women   5, 161, 234

Los números se refieren a las entradas. Sin embargo, cuando
el número se refiere a una página, como lo hace de vez en
cuando en el índice temático, se indica.

El índice de los autobiógrafos por profesión o por
características más sobresalientes aparte de su carrera u
otro rasgo que los distinga, como doctor en medicina,
diplomático, soldado, actriz, campesino o mujer, provee también una idea del tipo de mexicano que escribe autobiografías. En varias ocasiones, algunos mexicanos, tales
como Alfonso Reyes y José Vasconcelos, podrían ser enumerados bajo distintas categorías. En estos casos se seleccionó
la carrera por la cual el autobiógrafo era mejor conocido.

El índice de géneros indica la forma que selecciona el
autor como estructura para su narrativa. Por ejemplo, el
lector que sólo esté interesado en diarios puede inmediatamente encontrar las partidas incluídas sobre este subgénero.

Los últimos dos índices son cronológicos. En casi
todas las partidas se indican las fechas del autor. Por lo
tanto, si el lector está interesado en una inspección de
autores mexicanos por generaciones, puede dirigirse a este
índice. Por ejemplo, muchos de los escritores importantes
de la Revolución mexicana- por lo menos de la primera
generación- nacieron en la década 1870-1880. Por consiguiente, estos autores están en orden alfabético por

apellidos bajo los años 1870-79 o 1880-89.

De mayor valor es el índice de décadas de los eventos
narrados. Por ejemplo, las memorias de Porfirio Díaz cubren
los años 1830-1839, 1840-1849, 1850-1859 y 1860-1869. El
nombre "Díaz, Porfirio" entonces, se encuentra en orden
alfabético bajo estos cuatro conjuntos décadas. Esta
fragmentación en décadas del tiempo de la narrativa permite
que el lector extraiga información que es pertinente durante
un número específico de años.

Por último, la introducción y las partidas son
bilingües, ya que están en inglés y español. Este
bilingüisimo implica que el campo de la autobiografía mexicana es de gran valor para estudiantes y eruditos de ambos
lados de la frontera. Puede que la accesibilidad de esta
información en español aliente el estudio de la literatura
autobiográfica en México y en otros países hispanoamerica-
nos.

Mexican Autobiography /
La autobiografía mexicana

Bibliographical Entries

1. ABASCAL, SALVADOR (1905?-)
    <u>Mis recuerdos, sinarquismo y Colonia María</u>
    <u>Auxiliadora (1935-1944): con importantes</u>
    <u>documentos de los Archivos de Washington.</u>
    México: Tradición, 1980. 791 p. (My Memories,
    Sinarquismo and the María Auxiliadora Colony,
    1935-1944): With Important Documents from the
    Washington Archives).

    Genre: Memoirs

    Period covered: 1905-1972

    Abascal worked his way through the ranks to become
head of UNS (Unión Nacional del Sinarquismo). Extremely
conservative, he interprets the Revolution as having a
malignant influence on the Catholic church in México. About
1940, he and his followers set up María Auxiliadora, a
Sinarquista colony in Baja California. These lengthy memoirs
detail Abascal's participation in the movement in various
parts of México.

    Abascal se abrió camino a través de los rangos
hasta convertirse en jefe de la Unión Nacional del
Sinarquismo. Siendo extremadamente conservador, él
interpreta la Revolución como una maligna influencia sobre
la Iglesia Católica en México. Alrededor de 1940, él y sus
seguidores fundaron María Auxiliadora, una colonia
sinarquista en Baja California. Estas extensas memorias
detallan la participación de Abascal en el movimiento en
varias partes de México.

2. ABREU GOMEZ, ERMILO (1894-)
    <u>Duelos y quebrantos</u> (memorias) México: Ediciones
    Botas, 1959. 162 p. (Sorrows and Depression;
    Memoirs).

    Genre: Memoirs

Period covered: 1919?-1937?

Yucatecan novelist and journalist relates episodi-
cally important activities and personalities from his life:
other authors, self instruction, journalism, and theatre.
Although Abreu Gómez creates some excellent sketches of contemporaries, he reveals little of his own life.

El novelista y periodista yucateco relata de manera
episódica las actividades y personalidades importantes de su
vida: otros autores, su desarrollo auto-didáctico,
periodismo y el teatro. Aún cuando Abreu Gómez crea unos
excelentes bocetos de sus contemporáneos, él revela poco
sobre su propia vida.

3.   ABREU GOMEZ, ERMILO (1894-)
            La del alba sería... México, Ediciones Botas, 1954.
            263 p. (That of Dawn Should Be...).

       Genre: Autobiography

       Period covered: 1894-1920?

Abreu Gómez is interested in recounting his
childhood. Although we do have hints of the writer that is
to be as in his love of writing and the theatre, little more
is exposed. Author focuses on the Mexican educational
system, the Mexican family, and the turn of the century
ambient that nurtured him in diverse geographical locations
such as Mérida, Campeche and Puebla.

Abreu Gómez se interesa en hacer un recuento de su
niñez. Aunque desde un principio, debido a su amor por
escribir y por el teatro, tenemos claras indicaciones del
escritor que luego sería Abreu Gómez, muy poco se expresa en
esta obra. El autor se concentra en el sistema educativo
mexicano, la familia mexicana y el ambiente de cambio de
siglo que lo nutrió en diversas localizaciones geográficas
tales como Mérida, Campeche y Puebla.

4.   ACEVEDO Y DE LA LLATA, CONCEPCION (?)
            Obregón; memorias inéditas de la Madre Conchita.
            México, Libro-Mex, 1957. 230 p. (Obregón:
            Unpublished Memoirs of Mother Conchita).

       Genre: Memoirs

       Period covered: 1914-1931

Memoirs of the Mexican nun accused of complicity
with Luis de León Toral in the assassination of Alvaro
Obregón, president elect. Imprisoned in las Islas Marías,
the former abbess sensitively records her surroundings and
reflects on her former condition as an ex-cloistered nun and
the beginnings of her problems. She proclaims her innocence

in the death of Obregón. La Madre Conchita is a far better
stylist in her memoirs than many of her male contemporaries.

        Memorias de la monja mexicana acusada de complici-
dad con Luis León Toral en el asesinato de Alvaro Obregón,
presidente electo. Encarcelada en las Islas Marías, la ex-
abadesa recuerda sensitivamente sus alrededores y reflexiona
sobre su condición como monja ex-enclaustrada y el comienzo
de sus problemas. Ella proclama su inocencia en la muerte
de Obregón. La madre Conchita tiene en sus memorias un
estilo superior al de muchos de sus contemporáneos masculi-
nos.

5.   AGUILAR BELDEN DE GARZA, SARA (1914-)
            Una ciudad y dos familias. México, Editorial Jus,
            1970. 411 p. (One City and Two Families).

        Genre: Memoirs

        Period covered: 1909-1917?

        The author, a member of the Monterrey aristocracy
and related to the Maderos, reminisces about her family's
role in the Mexican Revolution. Through imagined dialogues
with parents and grandparents, she evokes a happy Mexico of
the Porfiriato. Her memoirs have more value as costumbrismo
than character study.

        La autora miembro de la aristocracia de Monterrey y
relacionada con los Madero, recuerda su juventud y el rol
de su familia en la Revolución mexicana. A través de
diálogos imaginados con padres y abuelos, ella evoca un
feliz México del Porfiriato. Sus memorias contienen más
valor como costumbrismo que como retrato literario.

6.   AGUIRRE, AMADO (1863-1949)
            Mis memorias de campaña; apuntes para la historia.
            [México: s.n.], 1953. 430 p. (My Campaign
            Memories; Notes for History).

        Genre: Memoirs

        Period covered: 1910-1929

        A Carrancista, Aguirre fought Villa and upon suc-
cess of the Constitutionalists became military chief of
Guadalajara. Later he was interim governor of Jalisco and
held important government positions under Carranza. He
gives details of battles and incorporates many documents and
quotations. He justifies these memoirs. "I publish this
book guided only by the interest that historical truth be
not lost. . ."

        Como carrancista, Aguirre peleó contra Villa y al
triunfar los constitucionalistas se convirtió en el jefe

militar de Guadalajara. Más tarde, se hizo gobernador
interino de Jalisco y ocupó importantes puestos gubernamentales bajo Carranza. El provee detalles de batallas e
incorpora numerosos documentos y citas. El justifica estas
memorias. "Yo publico este libro guiado únicamente por el
interés de que la verdad histórica no se pierda. . . ."

7.   AGUIRRE BENAVIDES, LUIS (1890?-)
         De Francisco I. Madero a Francisco Villa; memorias
           de un revolucionario. México [Tall. A. del
           Bosque] 1966. 273 p. (From Francisco I. Madero
           to Francisco Villa; Memoirs of a Revolutionary).

       Genre: Memoirs

       Period covered: 1910-1914

       These memoirs focus on the author's contact mainly
with Villa, but also Francisco Madero, Gustavo Madero,
Carranza, and Francisco Escudero. Like many Mexican
memoirs, this one is highly partisan. Its value lies in the
anecdotes that the author recalls about Villa.

       Estas memorias se concentran en el contacto del
autor, principalmente con Villa, aunque también con
Francisco Madero, Gustavo Madero, Carranza y Francisco
Escudero. Así como muchas de las memorias mexicanas, ésta
es altamente partidista. Su valor recae en las anécdotas
que el autor trae a su memoria acerca de Villa.

8.   AGUSTIN, JOSE (1944-)
         José Agustín. México: Empresas Editoriales, 1966.
           61 p.

       Genre: Autobiographical Essay

       Period covered: 1955-1966

       Although brief as implied by the term "essay," this
book reveals the significant formative moments of the
author: schooling, literary environment, and efforts at
writing. Agustín has absorbed the cultural period in which
he was living and manifests it in this essay. Like the
other contributors to this series, he writes with a unique
style.

       Aunque breve, tal y como se implica a través del
término "ensayo," este libro revela los significativos
momentos de la formación del autor: educación, ambiente
literario y sus intentos al escribir. Agustín ha llegado a
absorber el período cultural en el que él estaba viviendo y
lo manifiesta en este ensayo. Igual que los otros contri-
buyentes a esta serie, él escribe con un estilo único.

9.   ALAMILLO FLORES, LUIS (1908?-)
      Memorias: luchadores ignorados al lado de los
      grandes jefes de la Revolución mexicana.
      México: Extemporáneos, 1976. 617 p. (Memoirs:
      Unknown Fighters on the Side of the Great
      Leaders of the Mexican Revolution).

      Genre: Memoirs

      Period covered: 1914-1940?

      A career officer, Alamillo Flores started as a
volunteer in the Revolution and towards the end of his
career rose to the rank of general. He attended the military academy and was military attaché both in France and in
the U.S. Some of the earlier pages refer to family and
early life but most are devoted to his career.

      Como oficial militar de profesión, Alamillo Flores
comenzó como voluntario en la Revolución y ya hacia el fin
de su carrera llegó a ocupar el rango de general. El
asistió a la academia militar y fue agregado diplomático en
Francia y en los Estados Unidos. Algunas de sus primeras
páginas hacen referencia a la familia y a su temprana vida
pero la mayoría está dedicada a su carrera.

10.   ALBA, PEDRO DE. (1887-1960)
      Viaje al pasado; memorias. Guadalajara, 1958.
      286 p. (Trip to the Past; Memoirs).

      Genre: Memoirs

      Period covered: 1894-1909?

      San Juan de los Lagos, Jalisco, is evoked with much
nostalgia and sentiment in these memoirs of Alba, a doctor
and historian. Church, home, family and neighbors are
recalled from the safety of distance and often in harmless
anecdote. He has more clarity and precision of style than
most Mexican memoirists.

      San Juan de los Lagos, Jalisco, es evocado con
nostalgia y sentimiento en estas memorias de Alba, doctor e
historiador. La iglesia, el hogar, la familia y los vecinos
son recordados desde la seguridad de la distancia y a menudo
en anécdotas no peligrosas. El tiene mayor claridad y precisión de estilo que la mayor parte de los memorialistas
mexicanos.

11.   ALESSIO ROBLES, MIGUEL (1884-1951)
      A medio camino. México, Editorial Stylo [1949]
      273 p. (Halfway).

      Genre: Memoirs

      Period covered: 1917-1928?

Like Alessio Robles's earlier works, this one hardly
qualifies as autobiography. Although well known to the
author, los siete sabios do not come across in sharp vignettes. (Manuel Gómez Morín, Alberto Vázquez del Mercado,
Teófilo Olea y Leyva, Vicente Lombardo Toledano, Alfonso
Caso, Antonio Castro Leal and Jesús Moreno Baca). He either
lauds his contemporaries too much or perhaps ignores them if
in his disfavor. The result is a very bland presentation of
Mexico in the 1920's. While in Spain, he writes of the
culture and his love for this country, but with few
insights. Consequently, parts of the book read like a travelogue.

Así como las anteriores obras de Alessio Robles,
ésta casi no cabe dentro del género de la autobiografía.
Aunque bien conocidos por el autor, los siete sabios no
aparecen en claras viñetas. (Manuel Gómez Morín, Alberto
Vázquez del Mercado, Teófilo Olea y Leyva, Vicente Lombardo
Toledano, Alfonso Caso, Antonio Castro Leal y Jesús Moreno
Baca). El elogia excesivamente a sus contemporáneos o los
ignora si es que no gozan de su favor. El resultado es una
suave presentación del México de la década de los '20.
Durante su permanencia en España, él escribe de la cultura y
de su amor por este país, pero sin profundizar más. Por
consiguiente, algunas partes del libro se leen como un docu-
mental de viajes.

12.   ALESSIO ROBLES, MIGUEL (1884-1951)
       Contemplando el pasado. México, Editorial Stylo.
       [1950] 318 p. (Looking at the Past).

       Genre: Memoirs

       Period covered: 1921-1923

In his third volume of memoirs, the writer and
historian and diplomat, Alessio Robles tells of his travels
in Spain and Italy, his relations with President Obregón and
other famous literary and political personalities of the
period.

En su tercer volumen de memorias, el escritor,
historiador y diplomático Alessio Robles relata sobre sus
viajes por España e Italia, su relación con el presidente
Obregón y con otras famosas personalidades literarias y
políticas de su época.

13.   ALESSIO ROBLES, MIGUEL (1884-1951)
       Mi generación y mi época. México, Editorial
       Stylo [1949] 276 p. (My Generation and My
       Epoch).

       Genre: Memoirs

       Period covered: 1909-1917

The author remembers the final years of the
Porfiriato and the youths that surrounded him in law school.
He describes the Revolution and his activities. Excellent
description of some of the major personalities of the move-
ment. However, all is external. Alessio Robles gives very
little about his childhood and the motivations of his life.
He finds no patterns. Although he writes well and his work
is worth reading especially for those interested in the
Revolutionary period, his book lacks as autobiography.
Final chapters are a description of his trip to Europe.

El autor recuerda los años finales del Porfiriato y
los jóvenes que le rodeaban en la Escuela de Derecho. El
describe la Revolución y sus actividades. Esta es una excelente descripción de algunas de las principales personalidades del movimiento. Todo, sin embargo, es externo.
Alessio Robles provee muy poco acerca de su niñez y de las
motivaciones de su vida. El no encuentra patrón alguno. A
pesar de que el autor escribe bien y su obra merece ser
leída, especialmente por aquellos interesados en el período
revolucionario, este libro deja que desear como autobiografía. Los capítulos finales son una descripción de su
viaje a Europa.

14.   ALMADA, BARTOLOME ELIGIO (1817-1872)
       Almada of Alamos: The Diary of Don Bartolomé.
          Translated and with a narrative by Carlota
          Miles. Tucson, Arizona Silhouettes [1962].
          197 p.

       Genre: Diary

       Period covered: 1859-1863

A liberal, senator from Sonora, Juarista and busi-
nessman, Almada wrote his diary during the French
Intervention. Describes travels within Mexico, political
life and personalities, family, mining and details of his
daily existence. Diary is of value for portrayal of life of
Mexican aristocrat during tumultuous years of Intervention.

Senador liberal de Sonora, juarista y hombre de
negocios, Almada escribió su diario durante la Intervención
Francesa. El describe sus viajes por el interior de México,
su vida política, personalidades, su familia, la explotación
de minas y detalles de su existencia diaria. Este diario
tiene gran valor como representación gráfica de la vida de
un aristócrata mexicano durante los tumultuosos años de la
Intervención.

15.   ALMADA, PEDRO J. (1883-1960)
       Con mi cobija al hombro (autobiografía) por el
          general de división Pedro J. Almada. [México]
          Editorial Alrededor de América, [193-?]. 338 p.
          (With My Blanket on My Shoulder).

Genre: Memoirs

Period covered: 1900?-1935

Almada held important military posts during his
career and under various Revolutionary presidents such as
Obregón, Calles and Cárdenas.   Yet the inner workings of the
Mexican government and the military are not revealed here.
Almada chronicles his life but does not select pertinent
details that will presage the man that is to be.
Unselectively he narrates without interpreting.   The autobiography begins with his adolescent years and his running
away from home and seems to follow more of a picaresque
structure than an autobiographical one.   Topics are
childhood, military life and Mexican politics.

Almada ocupó importantes puestos militares durante
su carrera bajo varios presidentes revolucionarios tales
como Obregón, Calles y Cárdenas.   Sin embargo, aquí no se
revelan ni las operaciones internas del gobierno mexicano ni
las de la milicia.   Almada escribe una crónica de su vida
pero no selecciona los detalles pertinentes que pueden hacer
presagio de lo que va a ser como hombre.   El autor narra de
manera poco selectiva y sin hacer interpretación alguna.   La
autobiografía comienza con sus años de adolescencia y su
fuga de la casa y parece seguir más una estructura picaresca
que una autobiográfica.   Los temas incluídos son la niñez,
la vida militar y la politica mexicana.

16.   ALMADA, PEDRO J. (1883-1960)
           ...99 días en jira con el presidente Cárdenas.   México,
              Ediciones Botas, 1943.   249 p.   (99 Days Tour
              with President Cárdenas).

Genre: Memoirs

Period covered: 1939

As inspector general of the army and personal
friend of Cárdenas, Almada was invited to accompany the president on his train journey through northern Mexico, but
also the Pacific Coast area and central Mexico.   Since
Cárdenas totally depersonalizes his political life in both
his Apuntes (see #59) and Epistolario (see #60), Almada's
work lends a human element to the itinerary.

Como inspector general del ejército y amigo íntimo
de Cárdenas, Almada fue invitado a acompañar al presidente
en sus viajes en tren a través del norte, el centro y la
costa del Pacífico de México.   Puesto que Cárdenas desper-
sonaliza su vida política en ambos sus Apuntes (ver #59) y
Epistolario (ver #60), la obra de Almada presta un elemento
humano al itinerario.

17.   ALVAREZ, CONCHA (1892-1961)
           Así pasó mi vida.   México: Porrúa, 1962.   (Thus

Passed My Life).

Genre: Autobiography

Period covered: 1892-1912

Writer and teacher, Concha Alvarez details her life
as a student or until her graduation from the Escuela
Nacional de Maestras. Outside of her protector, don
Vicente, Alvarez's environment is almost totally feminine.
She mainly describes her classmates and also her professors.
Her favorite is Antonio Caso. Disappointingly, for the
reader, she dismisses her career in one sentence. That she
taught over thirty years and enjoys her retirement tells
little about a career that potentially could be insightful
into the Mexican school system, its curricula and its students. Also, the final chapters of the book are not
integrated with her years as a student. Alvarez lived in
pre-feminist years and her book indicates this posture.

Escritora y maestra, Concha Alvarez detalla su vida
como estudiante hasta su graduación de la Escuela Nacional
de Maestras. Fuera de su protector don Vicente, el ambiente
de Alvarez es uno casi totalmente femenino. Primordialmente,
ella describe a sus compañeras de clase y a sus profesores,
de los cuales su favorito lo es Antonio Caso. Desafortunadamente para el lector, Alvarez desecha su carrera en una
oración. El hecho de que ella ejerció el profesorado por
más de 30 años y de que disfruta de su retiro dice poco
sobre una carrera que podría servir de ejemplo al sistema
educativo mexicano con sus planes de estudios y sus estudiantes. Incluso, los capítulos finales del libro no están
integrados en sus años como estudiante. Alvarez vivió en
años pre-feministas y su libro da indicaciones de esta
postura.

18.   ALVAREZ DEL CASTILLO, GRACIANA (?)
            Rincón de recuerdos. México: Impresora Juan
            Pablos, 1962. 254 p. (Corner of Memories).

Genre: Memoirs

Period covered: 1908-1927

These memoirs, placed in the context of Mexico City
and Tulancingo (Hidalgo), have little of the author's personality. Her life story is eroded by "costumbristic"
Mexico and nostalgia. Occasionally an anecdote, such as the
one evoked by her friendship with Belisario Domínguez,
arouses interest.

Estas memorias situadas dentro de la Ciudad de
México y Tulancingo, contienen muy poco de la personalidad
de su autora. La historia de su vida se ve corroída por el
México "costumbrista" y por la nostalgia. Ocasionalmente
una anécdota, tal como la que su amistad con Belisario
Domínguez evoca, despierta el interés.

19.   ALVAREZ DEL CASTILLO, JUAN MANUEL (1894-1966)
          Memorias. Guadalajara, México, 1960. 635 p.
             (Memories).

       Genre: Memoirs

       Period covered: 1894-1955

       Journalist and diplomat, Alvarez del Castillo was
the personal secretary of President Adolfo de la Huerta.
These memoirs detail mainly his 18 years as a diplomat in
England, France, Italy and Germany. The memoirs are totally
descriptive rather than analytical or interpretive.

       Periodista y diplomático, Alvarez del Castillo era
el secretario personal del presidente Adolfo de la Huerta.
Estas memorias detallan principalmente sus 18 años como
diplomático en Inglaterra, Francia, Italia y Alemania. Las
memorias en lugar de ser analíticas o interpretativas son
totalmente descriptivas.

20.   AMEZCUA, JOSE LUIS, (?)
          Memorias de una campaña. México: Tallares
             Gráficas de la Nación, 1924. (Memories of a
             Campaign).

       Genre: Memoirs

       Period covered: 1923-1924

       This small book of memoirs treats of the military
revolt of Adolfo de la Huerta and the campaigns to subdue
him. Very little of the author is present in these pages
nor is much of Mexican character or customs revealed.
Amezcua has much praise for the men on his side. Some
interesting photographs of military life.

       Este pequeño libro de memorias trata sore la
revuelta militar de Adolfo de la Huerta y las campañas que
lo sojuzgan. En estas páginas se encuentra muy poco sobre
el autor o sobre el carácter y las costumbres mexicanas.
Amezcua está lleno de halagos para los hombres que están de
su lado. También se pueden encontrar fotografías interesantes de la vida militar.

21.   AMOR, GUADALUPE (1920-)
          Yo soy mi casa. [México] Fondo de Cultura
             Económica [1957]. 350 p. (I Am My House).

       Genre: Autobiographical Novel

       Period covered: 1920-1929?

       This poet's book interests because of its hybrid
nature, autobiography and imagination. Surely the first
person narrator, also named Pita, reflects the life of the

author, a woman from an upper class Mexican family with the
normal experiences of girlhood: religion, family relationships and surroundings.   Numerous details and the total
recall of conversation, techniques more common to the novel
than to the life story, remove this from standard autobiography.   Yet the intervention of the imagination enables
Amor to create perhaps a more satisfying autobiography than
comparable works more susceptible to verification.

El libro de esta poetisa interesa debido a su
naturaleza híbrida, autobiografía e imaginación.   Segura-
mente la narradora en primera persona, también llamada Pita,
refleja la vida de la autora, una mujer de familia mexicana
de clase alta con las experiencias normales de la niñez:
religión, relaciones familiaries y alrededores.   Los numerosos detalles y la completa recordación de conversaciones,
técnicas más comunes en la novela que en el recuento de una
vida, apartan a esta obra de ser una autobiografía clásica.
Sin embargo, la intervención de la imaginación capacita a
Amor a crear quizás una autobiografía más satisfaciente que
otras obras comparables que son más susceptibles a verifica-
ción.

22.   ANDREU ALMAZAN, JUAN (1891-1965)
       Memorias; informe y documentos sobre la campaña
          política de 1940.   México, E. Quintanar, 1941.
          206 p.   (Memoirs: Report and Documents on the
          Political Campaign of 1940).

       Genre: Memoirs

       Period covered: 1940

Andreu Almazán, a military man who fought against
Madero, joined the Zapatistas and became a Huertista.   The
most significant moment in his life was his unsuccessful
campaign as an independent presidential candidate in 1940.
Incumbent Lázaro Cárdenas preferred Avila Camacho.   These
memoirs, mixed with document, tell of his struggle.

Andreu Almazán era un militar que peleó en contra
de Madero; se unió a los zapatistas y se convirtió en
huertista.   El momento más significativo de su vida lo fue
su campaña sin éxito como candidato presidencial independiente en 1940.   El incumbente Lázaro Cárdenas prefirió a
Avila Camacho.   Estas memorias mezcladas con documentos
narran su lucha.

23.   ARCE, MANUEL JOSE (1770?-)
       Memoria de la conducta pública y administrativa de
          Manuel José Arce durante el período de su presi-
          dencia.   México, Impr. de Galván, 1830.   63 p.
          (Memoir of the Public and Administrative Conduct
          of Manuel José Arce during the Period of His
          Presidency).

Genre: Memoirs

Period covered: 1811-1826

Arce was president of the Federation of Central America but due to irregularities in the election process he was overthrown in 1829 by liberal forces. These memoirs are an effort to vindicate his regime. Author relates only governmental affairs with little intervention of the self.

Arce era presidente de la Federación de América Central, sin embargo, debido a irregularidades en el proceso electoral fue derrocado en 1829 por fuerzas liberales. Estas memorias son un intento de justificar a su régimen. El autor relata únicamente los asuntos gubernamentales con una limitada intervención propia.

24.   ARENAS, FRANCISCO JAVIER (1917-)
       La flota; cuadernos universitarios. México: AUM,
          1963. 223 p. (My Gang; A University Journal).

Genre: Memoirs

Period covered: 1940's

Arenas traces his life as a student in Mexico City before the university moved to Ciudad Universitaria. In his efforts to obtain a law degree, he gives vignettes of some professors and close companions. He notes the favorite ren- dezvousing place of the students. Possibly of more interest are the political factions endemic among university students.

Arenas delinea su vida como estudiante en la Ciudad de México antes de que la universidad se mudara a la Ciudad Universitaria. En sus esfuerzos por obtener un diploma de Derecho, él provee viñetas de algunos profesores y com- pañeros. También nota el lugar de reunión favorito de los estudiantes. Posiblemente de mayor interés son las fac- ciones políticas endémicas entre los estudiantes universitarios.

25.   ARGUDIN, RAUL S. (1900?-)
       De la vida y aventuras de un médico de provincia.
          México [Editorial Citlatepetl] 1964. 326 p.
          (The Life and Adventures of a Provincial
          Doctor).

Genre: Memoirs

Period covered: 1926-1960

For most of his life Argudín was a practicing doc- tor in San Andrés Tuxtla, Veracruz where in addition to nor- mal problems he also combated snakes and yellow fever. He spends little time on his childhood but starts immediately with medical school.

Durante la mayor parte de su vida Argudín fue un doctor practicante en San Andrés Tuxtla, Veracruz, en donde aparte de los problemas normales él también combate serpientes y fiebre amarilla. El otorgó muy poco tiempo a su niñez ya que comienza inmediatamente con la Escuela de Medicina.

26.   ARIDJIS, HOMERO (1940-)
       El poeta niño; [narración. México] Fondo de
          Cultura Económica [1971] 178 p. (The Child
          Poet).

       Genre: Memoirs

       Period covered: 1944?

Aridjis the poet rather than prosist emerges here in this evocative recall of childhood in Contepec, Michoacán. Some of the moments are typical of this age as relationship with parents, unusual perspective on adult family members, competition with brothers, and illness. Yet not action but description carries the reader.

Aridjis el poeta, en lugar del prosista, es él que resalta en este recuento evocativo de su niñez en Contepec, Michoacán. Algunos de los momentos son típicos de esta edad tales como las relaciones con los padres, perspectivas poco frecuentes sobre los miembros adultos de la familia, la competencia con los hermanos y enfermedad. Es principalmente la descripción, en vez de la acción, la que lleva al lector.

27.   ARRUZA, CARLOS with BARNABY CONRAD (1920-)
       My Life as a Matador; the Autobiography of Carlos
          Arruza with Barnaby Conrad). Boston: Houghton
          Mifflin Company, 1959. 246 p.

       Genre: Autobiography

       Period covered: 1930?-1951?

Ghost written autobiography of successful Mexican matador, his training and his successes in Spain, Portugal and México. Career probably typifies that of bullfighter: apprenticeship, trials and triumphs in the ring, capriciousness of the aficionados, and Arruza's contributions to the spectacle.

Una autobiografía compuesta del exitoso matador mexicano, su entrenamiento y sus éxitos en España, Portugal, y México. La carrera probablemente tipifica la de un torero: el aprendizaje, pruebas y triunfos en el redondel, lo caprichoso de los aficionados y las contribuciones de Arruza al espectáculo.

28.   AZCARATE, JUAN F. (1890?)
          Esencia de la Revolución. (México, B. Costa-Amic,
          1966. 277 p. (Essence of the Revolution).

       Genre: Memoirs

       Period covered. 1910-1946

       A Maderista soldier in the Mexican Revolution,
Azcárate focuses on his military activites in northern and
central México. Stangely enough, the final pages concern
Vasco de Quiroga.

       Un soldado maderista en la Revolución mexicana,
Azcárate hace su enfoque en las actividades militares en el
norte y el centro de México. Aunque parezca extraño, las
páginas finales hacen referencia a Vasco de Quiroga.

29.   AZUELA, MARIANO (1873-1952)
          Epistolario y archivo. Recopilación y apéndices de
          Beatrice Berler. México, Universidad Nacional
          Autónoma de México, 1969. 324 p. (Collection
          of Letters and Archives).

       Genre: Letters

       Period covered: 1898-1943

       Like Azuela's other work, Páginas autobiográficas,
Epistolario is casual autobiography in that the author had
no premediated plan of revealing himself in letters later to
be collected and in toto evoking an image of the novelist.
They reveal Azuela as a man of honor, generous with friends
and impatient with enemies. Yet little of the personality
emerges. Most important correspondents are Alfonso Reyes,
Waldo Frank, Manuel Pedro González, José María González de
Mendoza, John Englekirk, Lawrence B. Kiddle, Enrique
Munguía, and Anita Brenner.

       Así como las otras obras de Azuela, Páginas auto-
biográficas, Epistolario es una autobiografía casual en
términos de que el autor no tenía un plan premeditado para
descubrirse a sí mismo, en cartas que luego iban a ser recopiladas y que en su totalidad evocan una imagen del novelista. Las mismas revelan a Azuela como hombre de honor,
generoso con sus amigos e impaciente con sus enemigos. Sin
embargo, se descubre muy poco acerca de su personalidad.
Los correspondientes más importantes son Alfonso Reyes,
Waldo Frank, Manuel Pedro González, José María González de
Mendoza, John Englekirk, Lawrence B. Kiddle, Enrique
Murguía, y Anita Brenner.

30.   AZUELA, MARIANO (1873-1952)
          Páginas autobiográficas. México: Fondo de Cultura
          Económica, 1974. 276 p. (Autobiographical
          Pages).

Genre: Memoirs?

Period covered: 1873-195?

Appears to be a selection of writing not done by the author himself but posthumously. Fragmented and with little editing, the pieces leave the reader with an inability to find a unifying thread other than Azuela. Of interest are his confessions on how he writes and the history surrounding seven of his novels including Los de abajo. In "Autobiografía del otro," he allows his creative half an individual personality with whom he can dialogue. Outside of Azuela's attitudes towards his works, little of his inner life is offered. Mentions revolutionary period, Lagos de Moreno, but persons and geographical places are secondary.

Parece ser una selección de sus escritos que no fue hecha por su autor sino de manera póstuma. Fragmentadas y sin ser editadas, las piezas dejan al lector incapaz de encontrar un elemento unificador aparte de Azuela mismo. De interés son sus confesiones sobre su forma de escribir y la historia detrás de siete de sus novelas incluyendo Los de abajo. En "Autobiografía del otro" Azuela utiliza la técnica en la cual él permite que su "yo" creativo adquiera una personalidad propia con quien pueda dialogar. Aparte de las actitudes de Azuela hacia sus obras, muy poco se ofrece con relación a su vida interior. El autor hace mención del período.

31.   BALBONTIN, MANUEL (1824-1894)
       Un día del mes de enero a los 40 grados de latitud
       norte. México, Imp. de V.G. Torres, 1873. 70 p.
       (One Day in January at 40 Degrees North Latitude).

       Genre: Memoirs

       Period covered: 1873

       Delightful account by Mexican military and writer of one day spent in New York City. Balbontín, at least in his impressions, may be described as the innocent traveler. His style is clear and without pretensions.

       Deleitoso relato del militar y escritor mexicano sobre un día en la Ciudad de Nueva York. Al menos en sus impresiones, Balbontín puede ser descrito como el viajero inocente. Su estilo es claro y sin pretensiones.

32.   BALBONTIN, MANUEL (1824-1894)
       La invasión americana. 1846 a 1848. Apuntes del
       subteniente de artillería Manuel Balbontín.
       México, Tip. de G.A. Esteva, 1883. 137 p. (The
       American Invasion, 1846 to 1848. Notes of
       Second Lieutenant of Artillery Manuel Balbontín).

Genre: Memoirs

Period covered: 1846-1848

Both a historian and a soldier, Balbontín fought
against the U.S. in the 1847 invasion. He focuses on
Angostura, the Valley of México, Churubusco and Chapúltepec.
As a witness-participant, he details battles, climate,
recruitment, food, officers, etc. in a clear, succinct style.

Como ambos historiador y soldado, Balbontín peleó
en contra de los Estados Unidos en la invasión de 1847. El
se concentra en Angostura, el Valle de México, Churubusco y
Chapúltepec. Como testigo partícipe, él da detalles sobre
las batallas, el clima, el reclutamiento, la comida, los
oficiales, etc. con un estilo claro y conciso.

33.   BALBONTIN, MANUEL (1824-1894)
       Memorias del coronel Manuel Balbontín. San Luis
           Potosí: Tip. de la Escuela I. Militar, 1896.
           546 p. (Memories of Colonel Manuel Balbontín).

Genre: Memoirs

Period covered: 1845-1876

Military man and historian, Balbontín participated
in many of the 19th century battles: war with the United
States, on the liberal side against the conservatives in
Michoacán, Jalisco and Puebla, and the French Intervention
in 1863. His memoirs are totally devoted to his military
life. He concentrates on number of soldiers, personnel,
supplies, strategy, etc. Personal touches, landscape, and
significantly, views of the self, are missing.

Militar e historiador, Balbontín participó en
muchas de las batallas del siglo XIX: en la guerra con los
Estados Unidos, de parte de los liberales en contra de los
conservadores en Michoacán, Jalisco y Puebla y en la
Intervención Francesa en 1863. Sus memorias están
totalmente dedicadas a su vida militar. El se concentra en
el número de soldados, en el personal, las provisiones,
estrategia, etc. Estas memorias carecen de toques personales, de paisajes y, primordialmente, de su visión de sí
mismo.

34.   BENITEZ, JOSE R. (1882-1957)
       Cómo me lo contaron te lo cuento; por la calle de
           Juárez; [relatos]. Guadalajara, Ediciones del
           Banco Industrial de Jalisco, [1963]. 147 p.
           (As they told It to Me, I will tell it to you).

Genre: Memoirs

Period covered: 1882-1947

Guadalajaran engineer and author of books on

history, Benítez composed these 28 vignettes when plans were
underway to enlarge the major streets of Guadalajara. He
has a subtlety and humor in his writing that are beyond the
skills of most regional writers of Mexico. In fact, at
times he is reminiscent of José Rubén Romero. In these
descriptive scenes of 19th century Guadalajara, he places
himself and records memories of house and inhabitants.

Ingeniero de Guadalajara y autor de libros de historia,
Benítez compuso estas 28 viñetas mientras se estaban lle-
vando a cabo los planes de ampliación de las calles principales de Guadalajara. El tiene una sutileza y humor en su
forma de escribir que van más allá de las habilidades de los
escritores más regionales de México. De hecho, en ocasiones
es él evocador de José Rubén Romero. En estas escenas
descriptivas del Guadalajara del siglo XIX, el autor se
coloca a sí mismo y documenta memorias de su casa y los
habitantes de la misma.

35.   BENITEZ VALLE, MANUEL (1896-)
       Dichas y desdichas de un músico zacatecano.
          [Zacatecas, 1969] 90 p. (Happiness and Unhappi-
          ness of a Zacatecan Musician).

       Genre: Memoirs

       Period covered: 1897-1941

       Benítez Valle, of modest origins, had an early
introduction to music and learned to play the flute. He
tells of his life as a musician and of the Villa-Murgía
struggle in his native state during the Revolution. His
story is the history of music at a provincial level.

       Benítez Valle, de humilde origen, tuvo un temprano
comienzo en la música y aprendió a tocar la flauta. El
narra de su vida como músico y de la lucha de Villa contra
Murguía en su estado de origen durante la Revolución. Su
historia es la de la música en un nivel provincial.

36.   BERG, RICHARD L. (1940- date of birth of Shawan)
       Shawan: A Highland Zapotec Woman. New York:
          Vantage Press, c. 1976. 149 p.

       Genre: Oral Autobiography

       Period covered: 1940-1960

       Another Mexican autobiography done with the inter-
vention of a second party, Shawan in chronological detail is
the life of a Zapotec woman. In narrating her life from age
six to twenty, Shawan reveals the major characteristics of
this Oaxacan Indian culture: childrearing practices, work
patterns, religions, superstitions, intergroup relations,
marriage and death. Berg, authoring the early years, gives
the context for his subject's life.

Otra autobiografía mexicana hecha bajo la intervención de una segunda parte, Shawan, en detalle cronológico, es la vida de una mujer zapoteca. Al narrar su vida desde los 6 hasta los 20 años, Shawan revela las principales características de esta cultura india de Oaxaca: la crianza de niños, los patrones laborales, las religiones, las supersticiones, las relaciones entre grupos, el matrimonio y la muerte. Berg, autor de la sección sobre los primeros años, provee el contexto para la vida de su sujeto.

37.   BETETA, RAMON (1901-1965)
       Camino a Talxcalantongo. México: Fondo de Cultura
          Económica, 1961. (Road to Talxcalantongo).

       Genre: Autobiography

       Period covered: 1920

       Young Beteta details one year of his life as a
Carrancista. Retrospectively he reconstructs the year in
which he and his older brother take part in battles in the
state of Puebla. This autobiography, for its narrative
structure, i.e., to build incidents to a climax, approaches
the novel. Also, because a single year is detailed, the
book has closure with the death of Carranza. Beteta returns
home and supposedly a new cycle of his life begins. For the
thoughts of a naive youth and his initiation into battle,
the autobiography recalls Stephen Crane's The Red Badge of
Courage. It is probably one of the few Mexican autobiographies written by a professional in the field of
writing.

       El joven Beteta detalla un año de su vida como
carrancista. En retrospección, el autor reconstruye el año
en el cual él y su hermano mayor participan en las batallas
en el estado de Puebla. Esta autobiografía debido a su
estructura narrativa, tal como el construir incidentes hasta
llegar a un clímax, se asemeja a la novela. También, debido
a que sólo se dan detalles de un año, el libro concluye con
la muerte de Carranza. Beteta regresa a casa y ahí
comienza, supuestamente, un nuevo ciclo en su vida. Puesto
que se revelan los pensamientos de un joven inocente y su
iniciación en la batalla, esta autobiografía trae a la
memoria el libro The Red Badge of Courage de Stephen Crane.
Esta es probablemente una de las pocas autobiografías mexicanas escritas por un escritor profesional.

38.   BETETA, RAMON (1901-1965)
       Jarano. [México] Fondo de Cultura Económica, 1966.
          207 p.
       Trans.: Jarano. Translated from Spanish by John
          Upton. Austin, University of Texas Press, 1970.

       Genre: Memoirs

       Period covered: 1890?-1940?

Probably one of the better autobiographers that treats of childhood, Beteta fragments this period by describing parents, their deaths, other family relationships, schooling, middle class poverty and the Revolution. No coherent unity in these memoirs of childhood. Yet the book is of great interest. Commendable is Beteta's honesty in depicting his father who at times overshadows his own son, the narrator. Jarano, the father, is created with love, fear and finally understanding. Beteta, as a politician and economist, is interviewed at length in James W. Wilkie's México visto en el siglo XX; entrevistas de historia oral. México, Instituto Mexicano de Investigaciones Económicas, 1969.

Probablemente uno de los mejores autobiógrafos que tratan con la niñez, Beteta fragmenta este período describiendo a los padres, sus muertes, otras relaciones familiares, la escuela, la pobreza de la clase media y la Revolución. No existe una unidad coherente en estas memorias de la niñez. Sin embargo, el libro es de gran interés. Es loable la honestidad con la cual Beteta describe a su padre quien, a veces, eclipsa a su propio hijo, el narrador. Jarano, el padre, es creado con amor, temor y finalmente con entendimiento. Beteta, como político y economista, es extensamente entrevistado por James W. Wilkie en su libro México en el siglo XX; entrevistas de historia oral. México, Instituto Mexicano de Investigaciones Económicas, 1969.

39.   BLANCO, MIGUEL (1816-1900)
       Exposición que hace al pueblo mexicano el ciudadano Miguel Blanco de su conducta política en la época de intervención francesa y el llamado imperio. México: J.S. Ponce de León, 1870. 84 p. (Statement Made to the Mexican People by Citizen Miguel Blanco about His Political Conduct during the Period of the French Intervention and the So Called Empire).

       Genre: Memoirs

       Period covered: 1863-1867

Lawyer and military man from Coahuila, Blanco fought in the war against the United States and on the Constitutional side in the War of Reform. During the French Intervention, he returned to his hacienda. In disharmony with the government following the intervention, Blanco, discredited and bankrupt, presents his case in these memoirs.

Abogado y militar de Coahuila, Blanco peleó en la guerra contra los Estados Unidos y del lado constitucional en la Guerra de la Reforma. Durante la Intervención Francesa, él regresó a su hacienda. En discordia con el gobierno luego de la intervención, Blanco, desacreditado y en quiebra, expone su caso en estas memorias.

40.   BLANCO MOHENO, ROBERTO (1920-)
       A manera de justificación (páginas autobiográ-
          ficas). Published under title, Jicaltepec.
       México, Editorial Diana, 1973. 79 p. (By Way
       of Justification; Autobiographical Pages).

       Genre: Autobiography

       Period covered: 1920-1973?

       The author makes remarkable jumps in this very
brief autobiography, 79 pages. He describes the Veracruz
where his parents met and married, their large family, and
their poverty. He concentrates somewhat on his early and
unsuccessful experiences with the school system of México,
his selling newspapers, and his eventual career as a journalist. However, the work is terribly fragmented with no
consecutive development from childhood to adolescence to
maturity and success as a journalist. He moves from one
period to another with no progression. His focus is his
early life and his struggle. Very briefly does he mention
his own marriage and family. The title of the book is the
name of a village in Veracruz where the author lived when he
was sixteen years old. To complement the book is the second
section with the same name. Here appear to be 13 autobiographical short stories where the protagonist is the
author. In a way they tell more about the village than the
part that is authentically autobiographical.

       El autor da notables saltos en esta corta auto-
biografía de 79 páginas. El describe el Veracruz en donde
sus padres se conocieron y contrajeron matrimonio, su
extensa familia, su pobreza. El se concentra un poco en sus
primeras e infructuosas experiencias a la madurez y su éxito
como periodista. Se mueve de un período a otro sin progre-
sión. Su enfoque lo es su vida temprana y su lucha. Muy
brevemente menciona él su propio matrimonio y su familia.
El título del libro es el nombre de una villa en Veracruz en
donde vivió el autor a la edad de dieciséis años. Como
complemento al libro está una segunda sección con el mismo
nombre. En la misma parecen encontrarse 13 cuentos autobiográficos en donde el protagonista es el autor. Hasta
cierto punto las mismas dicen más sobre la villa que la
parte que es auténticamente autobiográfica.

41.   BLANCO MOHENO, ROBERTO (1920-)
       Memorias de un reportero. México: Editorial V
          Siglos, 1975. 303 p. (Memoirs of a Reporter).

       Genre: Memoirs

       Period covered: 1956?-1964

       The author reveals himself only in his comments
about others. Gives no background on the early days of his
life nor what formed him as a journalist. As a reporter he
comments on what is happening in the news yet not in relation to himself. He is so persistently vitriolic that he

becomes wearisome to read. Furthermore, he forms very
strong likes and dislikes and treats his subjects accordingly. The table of contents indicates some of his topics:
"Los reporteros de cantina," "Cuando cayó Ubico en
Guatemala," "Adolfo Ruíz Cortines," etc. Not really authen-
tic autobiography but mere reportage. Although many prominent Mexicans are mentioned, they are not sketched with any
type of finesse. Consequently we cannot label the articles
and comments of Blanco Moheno as vignettes or cameos.

        El autor revela de sí mismo únicamente a través de
sus comentarios acerca de otros. El no provee trasfondo
alguno sobre las primeras etapas de su vida lo que ocurre en
las noticias sin relación alguna consigo mismo. El es tan
persistentemente vitriólico que resulta pesado para leer.
Por otra parte, él desarrolla fuertes gustos y antipatías y
trata a sus sujetos conforme a los mismos. El índice nota
algunos de los tópicos: "Los reporteros de cantina",
"Cuando cayó Ubico en Guatemala," Adolfo Ruíz Cortines,"
etc. No es realmente auténtica autobiografía sino mero
reportaje. Aunque se menciona a muchos mexicanos prominentes, los mismos no están delineados con delicadeza. Por lo
tanto no se pueden catalogar a los artículos y comentarios
de Blanco Moheno como viñetas o camafeos.

42.   BLASIO, JOSE LUIS (18--?-1923)
       Maximiliano íntimo, el emperador Maximiliano y su
       corte; memorias de un secretario particular.
       París, Vda. de C. Bouret, 1905.   478 p.
       Trans.: Maximilian, Emperor of Mexico; Memoirs of
       His Private Secretary. Translated from the ori-
       ginal Spanish and edited by Robert Hammond
       Murray. New Haven, Yale University Press, 1934.

       Genre: Memoirs

       Period covered: 1863-1867

       This is a memoir that relates to an important and
romantic period in Mexican history, the French Intervention.
Blasio as a young man was selected as Maximilian's private
secretary. He writes well and perceptively even though at
times he is morbidly interested in Maximilian's sex life.
The secretary's sympathies are obviously on the side of the
emperor who is perceived as a liberal. The book is divided
into three parts, the Court, from Miramar to Rome, and
Querétaro. Excellent for insights and interpretations on
this period.

       Esta es una memoria que se relaciona con un impor-
tante y romántico período dentro de la historia mexicana, la
Intervención Francesa. Siendo todavía un joven, Blasio fue
seleccionado para ser el secretario privado de Maximiliano.
El escribe bien y de manera perceptiva aunque ocasionalmente
se ve mórbidamente interesado en la vida sexual de
Maximiliano. Las simpatías del secretario están claramente
del lado del emperador quien es considerado un liberal. El
libro está dividido en tres partes, la Corte, de Miramar a

Roma, y Querétaro. Es excelente para la comprensión e
interpretaciones de este período.

43.   BRAMBILA, DAVID S.J. (?)
           Hojas de un diario. México: Editorial Jus, 1950,
           125 p. (Leaves from a Diary).

       Genre: Memoirs

       Period covered: 1930's

           In spite of the title, these impressions fit more
into the category of memoirs than diary. Their structure is
not dependent upon the chronological form and much of what
is represented is external to the writer. Brambila did
missionary work among the Tarahumara Indians of Chihuahua. A
profoundly religious priest, he deplores the pagan character
of his charges and laments the failure of Christianity to
change their nature. Yet as the memoir progresses, Brambila
becomes more optimistic especially as he describes a devout
Indian or a successful priest. Although laid in the 20th
century, the scenes could be from the colonial period. The
prose is clear and sparse.
           A similar feeling for landscape and Indian character
(illustrated with b/w photographs) is present in De la
tierra herida (México, 1964). However, author's presence is
not as notable.

           A pesar del título, estas impresiones se ajustan
mejor a la categoría de memorias que a la de diario. Su
estructura no depende de una forma cronológica y lo que se
representa es externo para el autor. Brambila trabajó como
misionero con los indios tarahumaras de Chihuahua. Como
sacerdote profundamente religioso, él deplora el carácter
pagano de sus encargados y lamenta el fracaso del
cristianismo al tratar de cambiarles su naturaleza. Sin
embargo, durante el transcurso de las memorias, Brambila se
torna más optimista especialmente al describir a un indio
devoto o a un sacerdote exitoso. Aunque habiendo tomado
lugar en el siglo XX, estas escenas podrían ser del período
colonial. La prosa es clara y escasa.
           Un sentimiento similar hacia el paisaje y el carácter
indio (ilustrado con fotografías en blanco y negro) se puede
encontrar en De la tierra herida (México, 1964). Sin
embargo, la presencia del autor no es tan notable.

44.   BRAVO IZQUIERDO, DONATO (?)
           Un soldado del pueblo. Puebla, [Editorial
           Periodística e Impresora de Puebla] 1964. 23 p.
           (A Soldier of the People).

       Genre: Memoirs

       Period covered: 1911-1925?

       This qualifies as autobiography in a limited sense.

Bravo Izquierdo gives no background on his life, no motivations for his activities, no curiosity as to the outcome. Here autobiography seems closer to the chronicle because that is what this book does. The author and his military experiences are catalogued chronologically with little effort at chapter division or organization of materials thematically. The over attention to details to the boring inclusion of lists of names indicates one of the book's major problems--no selection or development of materials. Bravo Izquierdo does no interpreting or analyzing. He has no eye for the subtle detail. In brief he has compiled a hybrid form, the chronicle/autobiography.

Este cualifica como autobiografía en sentido limitado. Bravo Izquierdo no provee ni el trasfondo de su vida, ni las motivaciones de sus actividades ni la curiosidad por el resultado de las mismas. En ese caso la autobiografía se asemeja más a la crónica ya que es eso precisamente lo que este libro hace. El autor y sus experiencias militares son catalogados cronológicamente con poco esfuerzo en la división de capítulos o en la organización temática de los materiales. La extremada atención a los detalles hasta la inclusión de listas de nombres hace indicación del más grande problema del libro--no existe la selección o el desarrollo de los materiales. Bravo Izquierdo no interpreta ni analiza. El no tiene ojo para el detalle sutil. En resumen, él ha recopilado una forma híbrida, la crónica/ autobiografía.

45.   BREMAUNTZ, ALBERTO (1897-1978)
       Setenta años de mi vida: memorias y anécdotas.
       México, D.F.: Ediciones Jurídico Sociales, 1968.
       234 p. (Seventy Years of My Life: Memoirs and
       Anecdotes).

       Genre: Memoirs

       Period covered: 1897-1967

       Lawyer, professor of economics, high school teacher, and president of the University of Michoacán, Bremauntz was also mayor of Morelia, federal deputy, and founding member of the Socialist Party of Michoacán. His memoirs start as autobiography, i.e., rather a careful attention to childhood, but the later pages take the form of memoir or a view totally of career. Personal life is excluded.

       Abogado, profesor de economía, maestro de escuela superior y presidente de la Universidad de Michoacán, Bremauntz también fue alcalde de Morelia, diputado federal y miembro fundador del Partido Socialista de Michoacán. Sus memorias comienzan como autobiografía, por ejemplo, con una cuidadosa atención a la niñez, pero en las siguientes páginas las mismas toman la forma de memoria o de una visión exclusiva de su carrera. La vida personal queda excluída.

46.   BRONDO WHITT, E. (1878-)
       La división del norte (1914) por un testigo presen-
       cial. México, D.F., Editorial Lumen, 1940. 363
       p. (The Division of the North (1914) by an
       Eyewitness.)

       Genre: Memoirs

       Period covered: 1914-1915

       Brondo Whitt, a writer and medical doctor, prac-
ticed both professions on behalf of Villa in a military
train passing through Chihuahua and other parts of northern
Mexico. More than most memorialists of the Mexican
Revolution, Brondo Whitt relates himself directly to both
environment and action. He is not the impersonal spectator,
but a subjective recorder of events and moods. As a doctor,
he focuses on medical concerns; as an observer, he sees the
supposedly insignificant detail. This and the recording of
his own moods combine to make La división del norte a more
personal document than most memoirs of the period.

       Brondo Whitt, escritor y doctor en medicina, prac-
ticaba ambas profesiones para Villa en un tren militar que
pasaba por Chihuahua y otras partes del norte de México.
Más que muchos de los memorialistas de la Revolución
mexicana, Brondo Whitt se relaciona a sí mismo directamente
con el ambiente y con la acción. El no es el espectador
impersonal sino un registrador subjetivo de los eventos y
los ánimos. Como doctor, él hace enfoque en las preocupaciones de carácter médico; como observador, él ve el detalle
supuestamente insignificante. Esto y el registro de sus
propios estados anímicos se combinan para hacer de La división del norte un documento más personal que muchas de las
memorias de este período.

47.   BRONDO WHITT, E. (1887-)
       Nuevo León; novela de costumbres, 1896-1903. México
       Nuevo León, Chihuahua. México, Editorial Lumen,
       1935. 364 p. (Nuevo León; A Novel of Customs,
       1896-1903).

       Genre: Memoirs

       Period covered: 1896-1903

       In spite of the title, the present work is an auto-
biography relating this doctor's youth and medical experiences. He focuses on contemporaries but his memoirs are
mainly costumbristic with profiles of regional personalities
presented through anecdotes. His later autobiography, La
división del norte, is far superior in unity, style, and
mood.

       A pesar del título, la presente obra es una auto-
biografía que relata la juventud y las experiencias médicas
de este doctor. El se concentra con perfiles de personalidades regionales presentadas a través de anécdotas.

Su posterior autobiografía, La división del norte, es superior en unidad, estilo y (estado anímico).

48.   BURNS, ARCHIBALDO (1914-?)
       En presencia de nadie.   [México] M. [Ortiz, 1964]
          252 p.   (In the Presence of No One).

       Genre: Autobiography

       Period covered: -1939?

       One of the better Mexican autobiographies that belongs to the rather pure form of this genre, En presencia de nadie captures the ennui of the Mexican upper classes. The narrator, un niño bien, begins life in México, travels to Europe for his education and returns to his own country during the administration of Cárdenas and the expropriation of family properties. Notable is the author's involvement with each moment and his realistic depiction of the normally idealized Mexican parents. The style is that of a professional writer.

       Una de las mejores autobiografías mexicanas que pertenece a la forma pura de este género, En presencia de nadie capta el tedio de las clases altas mexicanas. El narrador, un niño bien, comienza su vida en México, viaja a Europa para su educación y regresa a su propio país durante la administración de Cárdenas y la expropiación de las propiedades familiares. Es notable el envolvimiento del autor con cada momento y su descripción realista de los padres mexicanos que son normalmente idealizados. El estilo es el de un escritor profesional.

49.   BURSTEIN, JOHN (?)
       En sus propias palabras: cuatro vidas
          Tzotziles/una compilación de John Burstein,
          Amber Past, y Robert Wasserstrom.   Chiapas,
          México: Fray Bartolomé de las Casas, c. 1979.
          217 p. (In Their Own Words; Four Lives of the
          Tzotziles).

       The three editors, anthropologists from Columbia University, recorded in first person singular the lives of four Indians: Juan Santis Velio, Salvador López Pérez, Margarita Vázquez Gómez and one simply labeled "una mujer de Magdalena." The bilingual autobiographies, Tzotzil and Spanish, collect either episodes or a summarized life of twentieth century Indians living in economic poverty.

       Los tres editores, antropólogos de la Universidad de Columbia, documentaron en primera persona singular la vida de cuatro indios: Juan Santis Velio, Salvador López Pérez, Margarita Vázquez Gómez y una a quien simplemente llamaron "una mujer de Magdalena." Las autobiografías bilingües, en tzotil y en español, recopilan episodios o la vida resumida de indios del siglo XX viviendo en pobreza económica.

50.   BUSTILLO ORO, JUAN (1904-)
       México de mi infancia. México: Colección Metro-
       politana, 1975. 176 p. (Mexico in My Childhood).

       Genre: Memoirs

       Period covered: 1908?-1914?

       Mexican writer and film director who witnessed much
of the Mexican Revolution as a child in the besieged capital. His work focuses on the day-to-day problems of the
non-combative and neutral civilians who tried to survive in
the chaos of the Revolution. Bustillo Oro's memoirs are
more the result of a special perspective on Revolution than
an organized attempt at depicting the growth of a personality. Also the few years involved make it more a memoir
than an autobiography. A baroque vocabulary at times impe-
des easy reading. Also the final chapters thematically do
not follow the major portion of the book.

       Escritor mexicano y director de cine quien fue
testigo de gran parte de la Revolución mexicana cuando niño
en la ciudad capital. Su obra se concentra en los problemas
diarios de los ciudadanos civiles y neutrales que trataban
de sobrevivir el caos de la Revolución. Las memorias de
Bustillo Oro son más el resultado de una perspectiva especial sobre la Revolución que un esfuerzo organizado de
describir el crecimiento de una personalidad. También los
pocos años la misma encierra la hacen más una memoria que
una autobiografía. El vocabulario barroco dificulta a veces
la lectura. Además los capítulos finales no siguen la
temática de la mayor parte del libro.

51.   BUSTILLO ORO, JUAN (1904-)
       Vientos de los veintes. México, SepSetentas, 1973.
       183 p. (Winds of the Twenties).

       Genre: Memoirs

       Period covered: 1920's

       The main figure in these memoirs is not the author,
but José Vasconcelos. (See entries nos. 317-321) Juan
Bustillo Oro, then a young man, was swept up by the idealism
of the Vasconcelos movement in México in the 1920's. The
book actually gives us very little about the writer, but
tells us about the young men who surrounded Vasconcelos and
shared his ideas. (See also entries nos. 183 and 229) As
memoirs, this autobiography relates more to the Mexican
political system than a single life.

       La figura principal de estas memorias lo es José
Vasconcelos en vez del autor. (Ver artículos nos. 317-321)
Juan Bustillo Oro, entonces un joven fanatizado por el
idealismo del movimiento de Vasconcelos en el México de los
años '20. El libro realmente nos provee muy poco acerca del
escritor, pero nos dice sobre los jóvenes que rodeaban a
Vasconcelos y que compartían sus ideas. (Ver también las

partidas nos. 183 y 229) Como memorias, esta autobiografía
se relaciona más con el sistema político mexicano que con
una vida individual.

52.   CALDERON, MIGUEL G. (1885-)
       Aventuras: versión abreviada de las memorias de
       Lic. Miguel G. Calderón/editadas por Y.C. de
       Carter. Austin, Texas: Amistad Press, c 1975.
       85 p. (Adventures: an Abbreviated Version of
       the Memoirs of Attorney Miguel E. Calderón).

       Genre: Memoirs

       Period covered: 1885-1920?

       Author, who eventually became a lawyer, judge and
Mexican Consul in Denver, relates a Huck-Finn type childhood
in Oaxaca. He was also in the Revolution.

       El autor, quien eventualmente se hizo abogado, juez
y cónsul mexicano en Denver, relata una niñez en Oaxaca tipo
Huck Finn. El también estuvo en la Revolución.

53.   CAMARILLO DE PEREYRA, MARIA ENRIQUETA (1872-1968)
       Del tapiz de mi vida. [Madrid] Espasa-Calpe,
       [1931] 258 p. (The Tapestry of My Life).

       Genre: Meditations

       Period covered: 1890-1929

       The author is a Mexican poetess who spent much of
her life in Europe. These autobiographical meditations
relate to her childhood. She is always the thoughtful,
innocent, correct child mature for her years. Book is not
unified but is a series of 31 moments of childhood and early
youth. Everything is from the perspective of the first person and each chapter has a rather thoughtful gemlike quality.
No violence appears or mars the tranquility of this person's
early years. Although she has suffered as indicated in the
vignette about her imagining her mother's death, María
Enriqueta has led an ideal childhood. Perhaps because the
author is living in Europe at the time of composing these
passages, little of México appears. These qualify as autobiography only in a limited way. They have no progression
and they are selected thoughful moments in the life of the
poetess. At times some of the mediations cloy because of
the sweetness of the subject and knowing her in one study
automatically makes the next one predictable.

       La autora es una poetisa mexicana que pasó la mayor
parte de su vida en Europa. Estas meditaciones autobiográficas se relacionan con su niñez. Ella es siempre la
considerada, inocente y correcta niña, muy madura para su
edad. El libro no contiene unidad sino 31 momentos de su
niñez y de su temprana juventud. Todo aparece bajo la

perspectiva de primera persona y cada capítulo tiene el
detalle y la calidad de una joya. Ningún tipo de violencia
aparece o echa a perder la tranquilidad de los primeros años
de esta persona. Aunque ella ha sufrido, como se indica en
la viñeta sobre su propia imaginación de la muerte de su
madre, María Enriqueta ha vivido una niñez ideal. Tal vez
debido a que la autora se encuentra viviendo en Europa al
momento en que compone estos pasajes, aparece dentro de la
obra muy poco sobre México. Estos escritos cualifican como
autobiografía sólo de manera limitada. No contienen progre-
sión ya que son una selección de momentos de reflexión en la
vida de la poetisa. A veces, algunas de las meditaciones
tienden a empalagar debido a la dulzura del tema. Cono-
ciendo a la autora en uno de sus estudios, automáticamente
hace que el próximo sea predecible.

54.   CAMPA S., VALENTIN (1904-)
       Mi testimonio; experiencias de un comunista mexi-
       cano. México: Ediciones de Cultura Popular,
       1978. 361 p. (My Testimony; Experiences of a
       Mexican Communist).

       Genre: Memoirs

       Period covered: 1911-1977

       Valentín Campa is a militant communist who has
spent, by his own admission, almost 14 years in prison.
Rather than focus on the self, Campa gives a history of com-
munism and the labor movement in México.

       Valentín Campa es un comunista militante quien, por
admisión propia, ha pasado casi 14 años en prisión. Más que
hacer un enfoque en sí mismo, Campa provee una historia del
comunismo y del movimiento laboral en México.

55.   CAMPOBELLO, NELLIE (1909-)
       Cartucho; relatos de la lucha en el norte de
       México. México: Compañía General de Ediciones,
       1960. 143 p. (Cartridge Case; Tales of the
       Struggle in Northern Mexico).

       Genre: Memoirs

       Period covered: 1911?-1971?

       Series of staccato portraits of military men and
civilians suffering in the Revolution of northern México.
Place, naive perspective, and the violence of the Revolution
unite the autonomous images into a whole of cruelty, irony
and gratuitous violence. The title, Cartridges is aptly
given for the individual nature of each episode and its
explosive quickness. Almost all Villistas, the men
portrayed from the author's memory, locate these writings as
memoirs. All of the aspects classifying the work as a novel
can as easily be applied to the memoir.

Una serie de retratos episódicos de hombres militares y civiles en la Revolución del norte de México. El
lugar, la perspectiva inocente y la violencia de la
Revolución unen las imágenes autónomas para formar un todo
de crueldad, ironía y violencia gratuita. El título
Cartuchos es adecuado debido a la naturaleza individual de
cada episodio y a su rapidez explosiva. Casi todos los
villistas, los hombres que la autora describe de memoria,
colocan estos escritos dentro del área de las memorias.
Todos los aspectos que clasifican esta obra como novela también pueden ser aplicados al género de memorias.

56.   CAMPOBELLO, NELLIE (1909-)
       Las manos de mi mamá. México: Compañiá General de
          Ediciones, 1960. 75 p. (My Mother's Hands).

       Genre: Memoirs

       Period covered: 1911?-1971?

       Collection of lyrical memoirs of the Revolution
centered around the figure of the mother. The incidents
relate to one another mainly by the presence of the mother
and the geographical location of northern México. The
recently widowed woman must fend for her own children. As
in Cartuchos, the events and persons are filtered through the
naive perspective of a child. Although generally labelled
as a novel, this work because of its evocation of the revolutionary past and the incorporation of actual places and
personalities, falls into the category of the memoir.

       Una colección de memorias líricas de la Revolución
que gira en torno de la figura de la madre. Los incidentes
se relacionan entre sí principalmente por la presencia de la
madre y la localización geográfica del norte de México. La
mujer, que acaba de enviudar, debe velar por sus hijos.
Aunque consideraba generalmente como novela, esta obra,
debido a su evocación del pasado revolucionario y la incorporación de lugares y personalidades reales, cae dentro de
la categoría de memoria.

57.   CAPISTRAN GARZA, RENE (?)
       Andanzas de un periodista y otros ensayos. México?
          [195-] 224 p. (Adventures of a Reporter and
          Other Essays).

       Genre: Memoirs

       Period covered: 1919

       Capistrán Garza describes a single experience of
harrassment of journalists under Carranza. Kidnapped and
taken to Chihuahua, the author later escapes. An exciting
narrative well written by a combative personality.

       Capistrán Garza describe una sola experiencia del

hostigamiento de periodistas bajo Carranza. Secuestrado y
llevado a Chihuahua, el autor más tarde escapa. Esta es una
emocionante narrativa, bien ecrita por una personalidad combatiente.

58.   CARBAJAL, FRANCISCO (1812?-)
       Vindicación de D. Francisco Carbajal. México:
       Imprenta de Vicente García Torres, 1845. 53 p.
       (Vindication of D. Francisco Carbajal).

       Genre: Memoirs

       Period covered: 1812-1845

       Carbajal, printer, archivist, and with various
positions in the military, Department of State and the
National Treasury, defends himself in these brief pages.
Apparently attacked by Carlos Bustamante, a journalist,
Carbajal felt compelled to write these pages. Gives idea of
Mexican political life for the period indicated.

       Carbajal, un impresor, archivero y con varias posi-
ciones en la milicia, el Departamento de Estado y la
Tesorería Nacional, se defiende a sí mismo en estas breves
páginas. Aparentemente atacado por Carlos Bustamante, un
periodista, Carbajal se sintió obligado a escribir estas
páginas. La obra provee ideas sobre la vida política mexicana durante las fechas indicadas.

59.   CARDENAS, LAZARO (1895-1970)
       Apuntes, 1913-1940, 1941-1956, 1957-1966,
       1967-1970, 1974-1975. México: Siglo Veintuno
       Editores, 1974-1975. (Notes).

       Genre: Journal

       Period covered: 1913-1975

       These memoirs in diary form cover the most active
years of their author: an 18-year old in the Revolution and
two years later a lieutenant colonel and a general of a
division in 1928; in the same year he was governor of
Michoacán; later, Secretary of Gobernación under President
Ortiz, president of PRI, Secretary of War, and president of
México from 1934 to 1940. The entries are chronological and
perfunctory. Rarely does he reveal an emotion or provide
insight into the operations of Mexican government. Volumes
II, III, and IV show no suprises. Cárdenas follows the same
formula: comments on México's political and economic
situation with a emphasis on the agrarian, succinct iti-
neraries of journeys noting only place and time, and occasional references to family members. Pervasive bland
neutrality interrupted only by the sorrow of death of close
friends. These journals show the president of México at
work; they also hide a human personality. Perhaps more of
Cárdenas's personality is discernible in Fernando Benítez's

(Entrevistas con un solo tema: Lázaro Cárdenas (México:
Universidad Nacional Autónoma de México, 1979) where six
Mexicans, intimates of the ex-president, record their
impressions.

        Estas memorias en forma de diario cubren los años
más activos de su autor: un joven de 18 años en la
Revolución, dos años más tarde un teniente coronel y un
general de una división en 1928; en el mismo año él fue
gobernador de Michoacán; más tarde, Secretario de
Gobernación bajo el Presidente Ortiz, presidente del PRI,
Secretario de Guerra y presidente de México de 1934 a 1940.
Las anotaciones son cronológicas y perfunctorias. Rara vez
revela él alguna emoción o provee detalles sobre las
operaciones del gobierno mexicano. Los volúmenes II, III y
IV no contienen sorpresas. Cárdenas utiliza la misma fórmula: comentarios sobre la situación política y económica de
México con un énfasis en lo agrario, breves itinerarios de
viajes indicando sólo lugar y tiempo y referencias poco frecuentes a miembros de la familia. Domina una suave neutra-
lidad interrumpida únicamente por el sufrimiento por la
muerte de amigos cercanos. Estos diarios muestran al presidente de México trabajando; también esconden una personalidad humana. Tal vez se pueda discernir más sobre la
personalidad de Cárdenas en el libro de Fernando Benítez,
Entrevistas con un solo tema: Lázaro Cárdenas (México:
Universidad Nacional Autónoma de México, 1979), en donde
seis mexicanos, amigos íntimos del ex-presidente, registran
sus impresiones.

60.   CARDENAS, LAZARO (1895-1970)
        Epistolario de Lázaro Cárdenas. México, Siglo XXI,
        [1974], 2 vols. (Collected Letters of Lázaro
        Cárdenas).

        Genre: Letters

        Period covered: 1925-1970?

        The division of the letters into two parts, inter-
nal and external affairs, indicates the direction of the
book in giving the reader an image of Cárdenas. Here we
have almost totally his public persona or the liberal president who worried about the U.S.'s machinations towards its
weaker neighbor, the fulfillment of agrarian reform, the
Mexican program of education, etc. What is revealed in
these letters is the formality of the statesman. Nothing of
the inner Cárdenas ever escapes to reveal the human
character of one very successful Mexican. Did Cárdenas
write these letters or were they drafted by a competent
secretary? The book has value only to the student of
Mexican political affairs and history. Vol. II focuses on
international themes.

        La división de las cartas en dos partes, asuntos
internos y externos, indican la dirección del libro al darle
al lector una imagen de Cárdenas. En este libro podemos ver
casi en su totalidad su personalidad pública o el presidente

liberal que se preocupaba por las maquinaciones de los
Estados Unidos hacia su vecino más débil; también, la realización de reformas agrarias, el programa mexicano de educación, etc. Lo que se revela en estas cartas es la
formalidad del hombre de Estado. Ningún aspecto del ser
interior de Cárdenas deja de revelar el carácter humano de
un exitoso mexicano. ¿Fue Cárdenas el que escribió estas
cartas o son ellas el producto de un(a) secretario(a) sumamente competente? El libro tiene valor únicamente para el
estudiante de historia y política mexicana. El volumen II
hace su enfoque en temas internacionales.

61.   CARDENAS HERNANDEZ, GREGORIO (?)
          Adiós, Lecumberri. México: Editorial Diana, 1981.
          391 p. (Goodby, Lecumberri).

      Genre: Memoirs

      Period covered: 1942-

          As in his earlier work, Celda 16 (see below),
Cárdenas Hernández vacillates between sociology and autobiography. He is more the observer and recorder rather than
an emotional sentient being. The initial chapters, a brief
history of prisons in México, prelude the sociological
nature of his work. Thus we have life in prison rather than
the life of a prisoner.

          Así como en su más temprana obra, Celda 16 (ver
suscrito), Cárdenas Hernández vacila entre la sociología y
la autobiografía. El es más el observador y anotador que el
ser emocional y sensitivo. Los capítulos iniciales, una
breve historia de las prisiones en México, dan el preludio a
la naturaleza sociológica de su obra. Por lo tanto, podemos ver la vida en prisión en vez de la vida de un
prisionero.

62.   CARDENAS HERNANDEZ, GREGORIO (?)
          Celda 16. México, Editorial Diana [1970] 236 p.
          (Cell 16).

      Genre: Memoirs

      Period covered: 1954

          Apparently a headliner criminal in México, Cárdenas
Hernández was apprehended and jailed. This is his story of
the infrastructure of prison life. Although he catalogs
this type of life, he fails the reader at an emotional
level. In fact, he seems more the sociologist-observer than
the suffering human being.

          Aparentemente un criminal famoso por los titulares
en México, Cárdenas Hernández fue detenido y encarcelado.
Este es su relato de la infraestructura de la vida de prisión. Aún cuando el autor hace una clasificación de este

tipo de vida, él le falla al lector en el plano emocional.
De hecho, él se asemeja más al sociólogo-observador que al
ser humano en sufrimiento.

63.   CARDONA PEÑA, ALFREDO (1886-1957 dates of Diego Rivera)
        El monstruo en su laberinto. México, D.F.:
            Editorial Diana, 1980. 202 p. (The Monster in
            His Labyrinth).

        Genre: Oral Autobiography

        Period covered: 1948-1950

        This is another autobiography realized by
questioning the subject and then noting his response.
Rivera, 63 years old at the time of the interview, reflects
mainly on the following topics: primitive art, folk art,
pre Hispanic art, Mexican paintings and art critics.
Invariable with Rivera, anecdotes from childhood grace the
earlier pages.

        Esta obra es otra autobiografía llevada a cabo
mediante una interrogación al personaje y la anotación de
sus respuestas. Rivera, quien contaba 63 años en el momento
de la entrevista, reflexiona principalmente sobre los
siguientes temas: el arte primitivo, el arte folklórico, el
arte pre-hispánico, las pinturas mexicanas y los críticos de
arte. Y, como es natural del estilo de Rivera, algunas
anécdotas de su niñez dan vida a las primeras páginas de
esta obra.

64.   CAREAGA, GABRIEL (1951- date of birth of Omar Martínez)
        Biografía de un joven de la clase media. México:
            Ediciones Océano, 1977. 177 p. (Biography of a
            Young Man of the Middle Class).

        Genre: Oral Autobiography

        Period covered: 1965-1976

        Careaga based his manuscript on tape recordings,
dictations and observations of his subject, Omar Martínez.
The result is a pessimistic oral autobiography with the
desperate air and tone anachronistically more fitting to the
1950's than the late 1970's. Omar, the son of a middle
class couple, passes through various experiences of adolescence and young adulthood: school, family, women and
liquor. Devoid of values and relating to no one, he is pat-
terned after the existentialist anti-hero. This autobiography contrasts sharply with the image of youth in most
Mexican memoirs.

        Careaga basó sus manuscritos sobre grabaciones,
dictados y observaciones del joven que estudiaba, Omar
Martínez. El resultado es una pesimista autobiografía oral
con un aire y un tono desesperados que, a modo anacrónico,

encajan más en los años '50 que en los '70. Omar, el hijo
de una pareja de clase media, pasa por las diversas
experiencias de la adolescencia y la temprana adultez: la
escuela, la familia, mujeres y el licor. Carente de valores
y sin poder relacionarse con nadie, él toma la forma del
anti-héroe existencialista. Esta autobiografía contrasta
drásticamente con la imagen de la juventud en la mayoría de
las memorias mexicanas.

65.   CARREÑO, ALBERTO MARIA (1865-1938)
       El cronista Luis González Obregón. (Viejos
          cuadros) México, Ediciones Botas, 1938.   215 p.
       (The Chronicler Luis González Obregón).

       Genre: Memoirs

       Period covered: 1833-1938

       The present work suggests the occasionally sym-
biotic nature of the relationship between biographer and
biographee. The dying González Obregón, famous historian
and author of Las calles de Mexico (1922), collaborated with
Carreño to produce these memoirs. Although in the third
person, the writings betray the influence of their subject
who describes briefly his childhood, education, professors,
books and research.

       Esta obra sugiere la ocasional naturaleza sim-
biótica de la relación entre el biógrafo y aquél de quien se
escribe. González Obregón, famoso historiador y autor de
Las calles de México (1922) estando ya al borde de la
muerte, colaboró con Carreño para producir estas memorias.
Aunque en tercera persona, estos escritos dejan entrever la
influencia de su sujeto quien brevemente describe su niñez,
educación, profesores, libros e investigación.

66.   CASTILLO y PIÑA, JOSE (1888-1964)
       Mis recuerdos. México: Rebollar, 1941.   507 p.
          (My Memories).

       Genre: Memoirs

       Period covered: 1900-1941?

       Mexican writer and priest, Castillo y Piña was edu-
cated in the Colegio de Infantes and selected to study in
Rome for his ordination. In several chapters he describes
religious persecution in México before the Calles era.
Travelogue and personality profiles, mainly of literary
figures, comprise much of these memoirs.

       Escritor y sacerdote mexicano, Castillo y Piña
recibió su educación en el Colegio de Infantes y fue seleccionado para estudiar en Roma para su ordenación. En varios
de los capítulos él describe la persecución religiosa en
México antes de la era de Calles. Documentales de viajes y

perfiles de personalidades, principalmente de figuras
literarias, son los elementos que constituyen la mayor parte
de estas memorias.

67.   CEVALLOS, MIGUEL ANGEL (1887-)
       Un hombre perdido en el universo. Prólogo del Dr.
       José Gaos. México, Editorial Cultura, 1954.
       489 p. (A Man Lost in the Universe).

       Genre: Autobiography

       Period covered: 1891-1947

       Within the trajectory of Mexican autobiography,
Cevallos's contribution is indeed unique. Rather than
memoir, his work is an effort at a recapturing, at least
psychologically, of an entire life in its various stages,
infancy, adolescence, youth, and maturity. Cevallos first
renames himself with a pseudonym and then objectifies himself in third-person narration. With this distance he
exteriorizes his inner life thus presenting an autobiography
of emotional life. The external world, at least for this
philosopher, is limited to his teachings, his marriage, and
his contact with Antonio Caso.

       Dentro de la trayectoria de la autobiografía mexi-
cana, Cevallos hace una contribución, en efecto, única. En
vez de memorias, su obra es un intento de recuperar, por lo
menos psicológicamente, una vida completa en sus varias etapas: infancia, adolescencia, juventud y madurez. Primeramente Cevallos utiliza un seudónimo y luego se objetiva a sí
mismo a través de una narración en tercera persona. Con
esta distancia él externaliza su vida interior, presentando
así una autobiografía de la vida emocional. El mundo
exterior, al menos para este filósofo, se limita a sus
enseñanzas, su matrimonio y su contacto con Antonio Caso.

68.   CHAVEZ, EZEQUIEL ADEODATO (1868-1949)
       ¿De dónde venimos y a dónde vamos? México, El
       Colegio Nacional, 1946. 268 p. (Where Did We
       Come from and Where Are We Going?).

       Genre: Memoirs

       Period covered: 1872-1942

       Lawyer, educator and philosopher, Chávez held
important positions during his successful career: subsecretario de Instrucción Pública y Bellas Artes, head of
the preparatory and university rector. He also taught in
the U.S. His memoirs combine both autobiographical data and
educational and philosophical theory for he is a man of universal culture. As a writer, he has one of the better sty-
les in Mexican memoirs.

       Abogado, educador y filósofo, Chávez ocupó impor-

tantes puestos durante su exitosa carrera: subsecretario de
Instrucción Pública y Bellas Artes, director de la
preparatoria y rector universitario.   También enseñó en los
Estados Unidos.   Sus memorias combinan información autobiográfica y teoría personal ya que es él un hombre de
cultura universal.   Como escritor, él tiene uno de los
mejores estilos de las memorias mexicanas.

69.   CHAVEZ, LETICIA (?)
            Recordando a mi padre.   México, Asociación Civil:
            "Ezequiel A. Chávez" [1967] 4 vols.
            (Remembering My Father).

        Genre: Memoirs

        Period covered: 1875-1946?

        The daughter of the famous Mexican educator,
Ezequiel A. Chávez, incorporates her own life with her
father's biography and writings. The daughter's adoration of
her father makes her somewhat subjective in her views of
family life and relationships.   (See entry #68).

        La hija del famoso educador mexicano, Ezequiel A.
Chávez, incorpora su propia vida con la biografía y los
escritos de su padre.   La adoración de la hija hacia su padre
le dan un toque subjetivo a sus visión de la vida familiar y
las relaciones.   (Ver partida #68).

70.   CLARAVAL, BERNARDO (1909?-)
            Cuando fui comunista.   México, D.F.:   Ediciones
            Polis, 1944.   232 p.   (When I Was a Communist).

        Genre: Memoirs

        Period covered: 1928-1940?

        Author is a disillusioned ex communist who as a
young man joined the party in México and the Comité Central
de la Juventud. Concentrating on the years 1928 to 1932,
Claraval notes government persecution of communists but also
his growing disenchantment with Russia.   He mentions various
foreign personalities belonging to the party including the
Cuban, Julio Antono Mella, who was assassinated in Mexico
City in 1929.

        El autor es un ex-comunista desilusionado quien
durante su juventud se unió al Partido en México y al Comité
Central de Juventud.   Al hacer énfasis en los años del 1928
al 1932, Carvajal nota la persecución de comunistas por el
gobierno y también su creciente desilusión con Rusia.   El
menciona a varias personalidades extranjeras pertenecientes
al Partido incluyendo al cubano Julio Antonio Mella quien
fue asesinado en la Ciudad de México en 1929.

71.   COMONFORT, IGNACIO (1812-1863)
      Política del general Comonfort durante su gobierno
      en Méjico. Nueva York: Imprenta de Hallet,
      1858. 24 p. (The Politics of General Comonfort
      during His Government in Mexico).

      Genre: Memoirs

      Period covered: 1853-1957?

      Written during his exile in New York, these memoirs
are a defense of his presidency and the Plan de Ayutla of
1854.

      Escritas durante su exilio en Nueva York, estas
memorias son una defensa de su presidencia y del Plan de
Ayutla de 1854.

72.   CORONA OCHOA, JOSE (?)
      Pepito; [Cocula] [la vida alegre de un pueblo
      triste]. México, B. Costa-Amic [c. 1972] 420
      p. (Pepito; [Cocula] The Happy Life of a Sad
      Village).

      Genre: Memoirs

      Period covered: 1900-1972?

      Very little is autobiographical in this work that
describes an arcadian Mexican village in Jalisco about 1900.
The author rarely reveals himself in his picaresque escapa-
des in which he is usually the victor. Lacking seems to be
the bitterness about small town life expressed in the North
American novel. Perhaps the perspective of an older man
repossessing his past allows for the selective remembering
of only happy events. Occasional chapters, such as "La
institutriz" and "Mujeres de mi tierra," do illuminate facets
of Mexican life.

      Esta obra describe una villa mexicana idealizada en
el Jalisco del 1900. En la misma, sin embargo, muy poco es
autobiográfico. El autor rara vez revela sobre sí mismo
cuando escribe sobre las travesuras picarescas de las cuales
siempre sale triunfante. La obra no tiene la amargura
sobre la vida en un pueblo pequeño que se expresa en la
novela norteamericana. Tal vez la perspectiva de un hombre
mayor permite una recordación selectiva de eventos felices.
Uno que otro capítulo, como el de "La institutriz" y el de
"Mujeres de mi tierra," esclarece algunas facetas de la vida
mexicana.

73.   CORREA, JOSE MANUEL (?)
      Datos de la vida del cura de Nopala. México:
      Biblioteca de Historiadores mexicanos, 1954. 66
      p. (Data on the Life of the Curate of Nopala).

Genre: Memoirs

Period covered: 1810?

An insurgent priest in charge of the curacy of Nopala in Hidalgo, Correa writes of his revolutionary activities. These memoirs were intended for the Junta Calificadora, a body invested with the power to reward insurgents. Naturally Correa speaks well of all his activities.

Como sacerdote insurgente a cargo del vicariato de Nopala en Hidalgo, Correa escribe sobre sus actividades revolucionarias. Estas memorias estaban dirigidas a la Junta Calificadora, un cuerpo que tenía el poder de recompensar a los insurgentes. Naturalmente, Correa habla bien de todas sus actividades.

74.   COSIO VILLEGAS, DANIEL (1900-1976)
       Memorias. México: Joaquín Mortiz, 1977.   320 p.
       (Memories).

Genre: Memoirs

Period covered: 1900-1968

Cosío Villegas exemplifies the multifaceted scholar unique to Latin America. Diplomat, journalist, professor, and scholar of philosophy, sociology, law, economics, history and political science, Cosío Villegas was also the founder of the Casa de España, the Colegio de México and various journals under the auspices of the Colegio. His memoirs start as autobiography in their attention to detail of his early years. However, his later concentration on his active diplomatic and intellectual life transforms the view of self into memoirs. As such they show his relationship to México's leaders and simultaneously something of the functioning of the political system. Unfortunately, the final chapters deteriorate in their efforts to vindicate the memorialist in his quarrel with President Echeverría Alvarez. Cosío Villegas is possibly the only intellectual to discuss the problem of autobiographical writing of México in his introduction. His book is one of the best examples of this genre in México.

Cosío Villegas ejemplifica al erudito polifacético exclusivo de América Latina. Diplomático, periodista, profesor, y docto en filosofía, sociología, leyes, economía, historia y ciencias políticas, Cosío Villegas fue también el fundador de la Case de España, el Colegio de México y varios periódicos bajo el auspicio del Colegio. Sus memorias comienzan como autobiografía en su enfoque y detalles de sus primeros años. Sin embargo, su posterior concentración en su actividad diplomática y su vida intelectual transforman la visión de sí mismo en memorias. Como tal demuestran su relación con los líderes de México y simultáneamente, un poco sobre el funcionamiento del sistema político. Desafortunadamente los capítulos finales se deterioran en

sus esfuerzos por justificar al memorialista en su disputa
con el presidente Echeverría Alvarez. Cosío Villegas es
posiblemente el único intelectual en discutir el problema de
la literatura autobiográfica de México en su introducción.
Su libro es uno de los mejores ejemplos de este género en
México.

75.   CRUZ, PABLO (1930-)
       Pablo Cruz and the American Dream; the Experiences
       of an Undocumented Immigrant from Mexico.
       Compiled by Eugene Nelson. [Salta Lake City]
       Peregrine Smith, 1975. 171 p.

       Genre: Oral Autobiography

       Period covered: 1934-1959

       Few oral autobiographies are as yet extant among
Mexican Americans. Nelson met Cruz in 1964 in Fresno,
California and recorded his story. Born in Jalisco, Cruz
had few opportunities. As a young man, he migrated to
Mexicali and became an illegal alien. His life story is
mainly about job conditions, problems with immigration, and
efforts to become a citizen. Herein lies the problem of the
autobiography. Nelson gave it such a perspective from the
point of view of the bracero that Cruz, the human being is
too narrowly defined. Although we occasionally see him in
relation to his mother, wife and brother, he is one
dimensional.

       Al momento existen muy pocas autobiografías orales
entre los mexicanos-americanos. Nelson conoció a Cruz en
1964 en Fresno, California y anotó su historia. Cruz nació
en Jalisco y tuvo muy pocas oportunidades. Cuando joven, él
emigró a Mexicali y se convirtió en inmigrante indocumentado.
La historia de su vida trata principalmente sobre las con-
diciones de trabajo, problemas con la inmigración y los
esfuerzos por convertirse en ciudadano. Es aquí donde recae
el problema de la autobiografía. Nelson hace tal énfasis en
el contexto bracero de la vida de Cruz que apenas lo define
como ser humano.

76.   CRUZ, ROBERTO (1888-)
       Roberto Cruz en la Revolución mexicana. México:
       Editorial Diana, 1976. 191 p. (Roberto Cruz in
       the Mexican Revolution).

       Genre: Memoirs

       Period covered: 1910-1946

       One of the better memoirs of the Mexican
Revolution, these concern the military career of a soldier
who was a Maderista and later a supporter of Obregón and
Calles. Because of his importance, Cruz knew many of the
important revolutionaries. The memoirs, for clarity, bre-

vity and personal perspective of author, are superior to
most works of this genre.

Unas de las mejores memorias de la Revolución
mexicana, éstas tratan sobre la vida militar de un soldado
que fue maderista y luego partidario de Obregón y Calles.
Debido a su importancia, Cruz conoció a muchos de los revolucionarios prominentes. Estas memorias, por su claridad,
brevedad y perspectiva personal del autor son superiores a
la mayor parte de las obras de este género.

77.   CUERO, DELFINA (1900?-)
       The Autobiography of Delfina Cuero, a Diegueño
       Indian, as Told to Florence C. Shipek.
       Interpreter: Rosalie Pinto Robertson. Los
       Angeles, Dawson's Book Shop, 1968. 67 p.

       Genre: Oral Autobiography

       Period covered: 1900-1967

This is another autobiography prompted by the
interview. Although born in California, apparently Delfina
Cuero and her parents migrated to northern Baja California,
an area that encompasses the Diegueño Indians along with
portions of the U.S. Her brief narrative is mainly
costumbrista: labor, games, food, dance, taboos, puberty
rites, birth rituals, religion and marital customs. Her
life delineates more the culture of an entire ethnic group
rather than that of one individual.

Esta obra es otra autobiografía provocada por la
entrevista. Aunque nacidos en California, aparentemente
Delfina Cuero y sus padres emigraron al norte de Baja
California, área que abarca a los indios diegueños así como
algunas porciones de los Estados Unidos. Su breve narrativa
es principalmente costumbrista: el trabajo, juegos, la
comida, el baile, los tabús, los ritos de pubertad, los
ritos de nacimiento, la religión y las costumbres matrimo-
niales. Su vida delinea más la cultura de un grupo étnico
en su totalidad que la vida de un individuo.

78.   CUEVAS, JOSE LUIS (1934-)
       Cuevario. México: Editorial Grijalbo, 1973.   215
       p. (About Cuevas).

       Genre: ?

       Period covered: 1962?-1973

Cuevas in continuation of his other autobiographical works and his own personality, reveals a frank, polemical and iconoclastic nature. Letters, essays on art,
autobiographical pieces, and his own illustrations comprise
the work. Cuevas can write as well as paint and is uninhi-
bited in expressing his personal feelings. Although the

book is far more autobiographical than most Mexican memoirs, it is impossible to categorize as to genre.

Cuevas, a modo de continuación de sus otras obras autobiográficas y de su propia personalidad, revela una naturaleza franca, polémica e iconoclasta. Cartas, ensayos sobre arte, piezas autobiográficas y sus propias ilustraciones forman la obra. Cuevas es tan capaz de escribir como de pintar y no se cohibe de expresar sus sentimientos personales. Aunque el libro es mucho más autobiográfico que la mayoría de las memorias mexicanas, es imposible categorizarlo en términos de género.

79.   CUEVAS, JOSE LUIS (1934-)
        Cuevas por Cuevas; notas autobiográficas. México:
          Ediciones ERA, 1967. 223 p.
        Trans.: Cuevas by Cuevas (bilingual edition).

        Genre: Memoirs

        Period covered: 1934-1954?

        Hybrid effort including memoirs, biography of a fictional Mexican artist, and a vindication of Cuevas and his art, this book is always entertaining. Cuevas spends little time on his own autobiography for he is more interested in attacking the accepted canons of Mexican art and the artists who best represent these. Especially vulnerable are Rivera and Tamayo. Caustic and succinct, Cuevas is eager to attack anyone and anything that inhibited his success. Bilingual edition with many illustrations.

        In 1983, was published Jose Luis Cuevas, Self Portrait with Model/introduction, José Gómez Sicre; letters, José Luis Cuevas. [translation by Kenneth Lyons] New York: Rizzoli. 162 p. This book was the result of a challenge to the artist to fill a notebook with drawings and never to repeat himself. The 105 drawings are variations of the artist's self portrait. Accompanying each illustration are Cuevas' thoughts on drawing and art and paper.

        La combinación de las memorias, la biografía de un artista mexicano de ficción y la justificación de Cuevas y su arte hacen que esta obra resulte entretenida. Cuevas dedica muy poco tiempo a su propia autobiografía ya que está más interesado en atacar los aceptados cánones del arte mexicano y los artistas que mejor los representan. De éstos, los más vulnerables son Rivera y Tamayo. A modo sarcástico y sucinto Cuevas está presto a atacar a cualquier persona o elemento que haya impedido su éxito. Esta es una edición bilingüe que contiene muchas ilustraciones.

        En 1983 se publicó José Luis Cuevas, autorretrato con modelo/introducción, José Gómez Sicre; cartas, José Luis Cuevas. (traducción por Kenneth Lyons) New York: Rizzoli. 162 p. Este libro resultó de un reto que se le hizo al artista de llenar una libreta con dibujos sin hacer repeti-

ción alguna. Los 105 dibujos son variaciones del
autorretrato del artista. Acompañando cada ilustración se
encuentran las ideas de Cuevas sobre el dibujo, el arte y el
papel.

80.   CUSI, EZIO (1879-)
          Memorias de un colón. México, Editorial Jus, 1969.
          335 p. (Memoirs of a Foreign Landholder).

      Genre: Memoirs

      Period covered: 1884-1938

          Born in Italy, and strictly speaking outside of the
limits of the present bibliography, Ezio Cusi immigrated to
México with his family in 1887. In Michoacán, his father,
Dante Cusi, acquiring and developing thousands of acres of
land, became a rich hacendado. Yet the Cusi story is not
one of diletantish existence of a Mexican hacendado but that
of a successful agricultural entrepreneur who developed
irrigation systems and rich rice fields. In the final chapters, Ezio Cusi laments the expropriation of 64,000 hectares
transformed into a cooperative ejidal in 1938.

          Nacido en Italia, y hablando estrictamente desde
afuera de los límites de la presente bibliografía, Ezio Cusi
emigró a México con su familia en 1887. En Michoacán, su
padre Dante Cusi se convirtió en un rico hacendado al
adquirir y desarrollar miles de acres de tierra. Sin
embargo, la historia de Cusi no es una de la diletante
existencia de un hacendado mexicano sino la de un exitoso
empresario agrícola quien desarrolló sistemas de irrigación
y ricos sembrados de arroz. En los capítulos finales, Ezio
Cusi lamenta la expropiación de 64,000 hectáreas que fueron
convertidas en un ejidal cooperativo en 1938.

81.   DE LA FUENTE, MARIO (1909-)
          I Like You, Gringo...but! by Mario De La Fuente
          with Boye De Mente. Phoenix, Arizona, Phoenix
          Books, [c. 1972] 176 p.

      Genre: Memoirs/Anecdotes

      Period covered: 1914-1969

          Born in Coahuila, De La Fuente, because of the
Revolution, immigrated to Texas in 1914. He experienced
Anglo prejudice in his new environment, but yet managed to
graduate from the University of Texas where he was a base-
ball star. The rest of the autobiography centers on him as
a successful business man living in Nogales, Sonora. Much
of the book, comprised of anecdotes, focuses on De La Fuente
as a macho and as a mediator for Gringo friends on the
Arizona border.

          Nativo de Coahuila, De La Fuente emigró a Texas en

1914 debido a la Revolución. El experimentó el prejuicio
del estadunidense en su nuevo ambiente pero logró graduarse
de la Universidad de Texas en donde fue una estrella del
béisbol. El resto de la autobiografía se concentra en su
vida como exitoso hombre de negocios viviendo en Nogales,
Sonora. La mayor parte del libro, compuesto de anécdotas,
hace enfoque sobre De La Fuente como macho y como mediador
de sus amigos gringos en la frontera de Arizona.

82.   DEGOLLADO GUIZAR, JESUS (?)
        Memorias de Jesús Degollado Guízar, último general
          en jefe del ejército cristero. México:
        Editorial Jus, 1957. 319 p. (Memoirs of Jesús
        Degollado Guízar, Last General in Charge of the
        Cristero Army).

        Genre: Memoirs

        Period covered: 1920-1928

        The author subititles his own name, "último general
en jefe del ejército cristero." This suggests both his political and religious posture during the Cristero rebellion in
Michoacán and Jalisco. Valuable for presenting Cristero
perspective of moral righteousness.

        El autor subtitula su propio nombre "último general
en jefe del ejército cristero." Esto sugiere tanto su posición política como la religiosa durante la rebelión cristera
en Michoacán y Jalisco. Es valiosa por su presentación de
la perspectiva cristera sobre la rectitud moral.

83.   DIAZ, PORFIRIO (1830-1915)
        Memorias íntimas del general Porfirio Díaz, escri-
          tas por él mismo cuando era presidente. [San
        Antonio, Tex., Casa editora Whitt and Co., 1929]
        433 p. (Intimate Memoirs of General Porfirio
        Díaz Written by Himself When He Was President).

        Genre: Memoirs

        Period covered: 1830-1867

        Memoirs of Díaz that start with his birth in Oaxaca
and incorporate his role in the Guerra de los Tres Años and
the War of the French Intervention. Very detailed
especially in Díaz' military exploits.

        Memorias de Díaz que comienzan con su nacimiento en
Oaxaca e incorporan su rol en la Guerra de los 3 Años y la
Guerra de la Intervención Francesa. La misma es muy
detallada especialmente con referencia a las hazañas militares de Díaz.

84.   DORADOR, SILVESTRE (1871-1930)
       ...Mi prisión, la defensa social y la verdad del
       caso; una página para la historia de la revólu-
       ción constitucionalista en Durango. México,
       Departamento de Tallares gráficos de la
       Secretaría de Fomento, 1916. 253 p. (My
       Prison, the Social Defense and the Truth of the
       Case; A Page for the History of the Constitu-
       tionalist Revolution in Durango).

       Genre: Memoirs

       Period covered: 1911-1915

       Founder of the press, "Propagandista de las
Sociedades Mutualistas de Artesanos y Obreros," and also
founder of a colony for laborers, Dorador became a Maderista
in the Revolution. Accused of collusion with the revolutionaries, he was imprisoned in 1913. In his memoirs he
details his tenure as President Municipal of Durango and
his experiences in prison. He later became a Mexican
senator.

       Silvestre Dorador fue el fundador de la imprenta,
"Propagandista de las Sociedades Mutualistas de Artesanos y
Obreros" y de una colonia para obreros. El se convirtió en
maderista en la Revolución. En 1913 fue encarcelado por
confabulación con los revolucionarios. En sus memorias él
da detalles de su término como Presidente Municipal de
Durango y sus experiencias en prisión. Más tarde se
convirtió en senador mexicano.

85.   DROMUNDO, BALTASAR (1906-)
       Mi barrio San Miguel. México, Antigua Librería
          Robredo, 1951. 136 p. (My Neighborhood San
          Miguel).

       Genre: Memoirs

       Period covered: 1910?-1914

       Mexican writer evokes his childhood neighborhood in
Mexico City recalling architecture, family, local personalities, noises, food, Madero, etc. Dromundo, in his
nostalgia, forgets unhappiness or unpleasantness.

       El escritor mexicano evoca el vecindario de su
niñez en la Ciudad de México recordando la arquitectura, la
familia, las celebridades locales, los ruidos, la comida,
Madero, etc. Dromundo olvida la infelicidad o lo desagra-
dable en su nostalgia.

86.   ECHEAGARAY Y RICARDOS, MIGUEL MARIA DE (1814-1891)
       Memorias. México, Editorial Citlaltépetl, 1973.
          102 p. (Memoirs).

Genre: Memoirs

Period covered: 1847

    Written in 1861 under the title, <u>Apuntaciones para</u>
<u>la defensa del general Echeagaray escritas por él mismo</u>,
these memoirs are an effort to vindicate the military activities of their author, Mexican officer who fought against
the Americans at Molina del Rey and Chapúltepec.   Although
supposedly a liberal, he was considered a traitor by the
Juárez government.

    Estas memorias fueron escritas en 1861 bajo el
título de <u>Apuntaciones para la defensa del general</u>
<u>Echeagaray escritas por él mismo</u>.   Las mismas son un
esfuerzo para reivindicar las actividades militares de su
autor, un oficial mexicano que peleó contra los americanos
en Molino del Rey y Chapúltepec.   El autor fue considerado
traidor por el gobierno de Juárez a pesar de que era,
supuestamente, un liberal.

87.   ECHEVERRIA A. MARQUINA, JAVIER (1895?-)
      ¡Viva Carranza!   Mis recuerdos de la Revolución.
      México Tall.   Gráf e Impresos "Marvel" 1963.
      263 p.   (Long Live Carranza!   My Memories of the
      Revolution).

      Genre: Memoirs

      Period covered: 1913-1961

    Military memoirs of a Carrancista.   Has the obliga-
tory lauds for this revolutionary chieftain.   Of more importance are the personal elements that the author imparts in
his somewhat garrulous style.   Curiously, he often begins a
chapter in a philosophical mood putting Mexican events into
a more universal context.

    Memorias militares de un carrancista.   Contiene las
loas obligatorias para este comandante revolucionario.   Los
elementos personales que el autor imparte dentro de su
estilo locuaz son de mayor importancia.   Curiosamente, el
autor a menudo comienza un capítulo de forma filosófica.
Esto lo hace al poner los eventos mexicanos dentro de un
contexto más universal.

88.   ELIZONDO, SALVADOR (1932-)
      <u>Salvador Elizondo</u>.   México, Empresas Editoriales
      [1966], 61 p.

      Genre: Autobiography

      Period covered: 1936?-1966?

     Very brief but very thoughful intellectual auto-
biography of famous Mexican author. As a creative writer,
he defines autobiography as the flight of the lark, "Una
autobiografía es a la vida lo que ese momento es al vuelo de
la alondra." (p. 13) The author has very little concern for
other human beings in this work and is more interested in
giving us an idea of his makeup as an artist. Creativity is
the most important aspect of this self revelation: poetry,
the function of the poet, painting, film and film criticism,
reading preferences and the writing of Farabeuf, la crónica
de un instante. Of lesser importance is the discussion of
the author's emotional life. He mentions his preference for
solitude, the secret inner world that he has created, and
his perception of insanity. Here he creates an interesting
metaphor. "La locura no es más que una forma paroxística de
la soledad." or "La locura consiste en no comprender la
razón de su propia locura."

     The concrete part of Elizondo's life is much less
interesting: his hatred of school, travels in Europe and
the U.S., love for Silvia (ex-wife) and her sister, need for
alcohol, marriage, birth of daughters, and scholarship from
the Centro Mexicano de Escritores.

     Although too brief, this autobiography satisfies
more than many of the longer ones done by Elizondo's com-
patriots. Here there are intense moments of honesty that
most Mexicans usually avoid. Also this author seems to have
found even at the young age of 34 the determining pattern of
his life.

     Esta es una muy bien pensada autobiografía intelec-
tual del famoso autor mexicano. Como escritor creativo, él
define autobiografía como el vuelo de la alondra, "Una autobiografía es a la vida lo que ese momento es al vuelo de la
alondra."(p. 13) En esta obra, él se preocupa muy poco por
otros seres humanos. Se interesa más en darnos una idea de
su carácter de artista. La creatividad es el aspecto más
importante de esta revelación de su "yo": la poesía, la
función del poeta, la pintura, cine y crítica de cine, preferencias en la lectura y Farabeuf, la crónica de un
instante. La discusión de la vida emocional del autor es de
menor importancia. El menciona sus preferencias: la soledad, el mundo interior secreto que ha creado y su percepción
de la locura. Sobre esta última él crea una metáfora
interesante. "La locura no es más que una forma paroxística
de la soledad." O, "la locura consiste en no comprender la
razón de su propia locura."

     La parte concreta de la vida de Elizondo es mucho
menos interesante: su odio por la escuela, viajes en Europa
y los Estados Unidos, el amor por Silvia (ex-esposa) y su
hermana, la necesidad de alcohol, el matrimonio, el nacimiento de las hijas y la beca del Centro Mexicano de
Escritores.

     Aunque muy breve, esta autobiografía satisface más
que muchas de las de los compatriotas de Elizondo que son
más largas. En ésta, hay muchos de los momentos intensos de
honestidad que evitan muchos mexicanos. Además, este autor

parece haber encontrado, aún a la edad de 34 años, el patrón determinante de su vida.

89.   ELORDUY, AQUILES (1875-1964)
          Puntadas de mi vida. México [Impreso en los tall.
             Graf. de la Nación] 1963. 28 p. (Notes on My
             Life).

      Genre: Anecdotes

      Period covered: 1890-1960?

          Writer, lawyer, and politician, Elorduy shows him-
      self in autobiographical anecdotes to be a master of the
      "salida" or repartee. In a sporadic fashion he tells about
      his schooling, his political life, and other less formal
      incidents.

          El escritor, abogado y político, Aquiles Elorduy se
      muestra en sus anécdotas como un experto en "salidas." El
      habla sobre su educación, su vida política y otros inciden-
      tes menos formales de una forma esporádica.

90.   ESQUIVEL OBREGON, TORIBIO (1861-1945)
          Mi labor en servicio de México. México: Ediciones
             Botas, 1934. 173 p. (My Labor in the Service
             of Mexico).

      Genre: Memoirs

      Period covered: 1908-1914?

          As a memorialist, Esquivel Obregón represents his
      life in critical moments of 20th century history of México:
      the anti-re-election campaign against Díaz, the Decena
      Trágica, and the government of Victoriano de la Huerta. A
      lawyer, the author questions the motives of the Anti-re-elec-
      tionists and the disposition of the Mexican populace for
      political change. Held a cabinet position in the admi-
      nistration of Victoriano de la Huerta. Yet the president's
      inconsistencies and brutalities led to Esquivel Obregón's
      resignation and flight into exile. Has well done verbal
      portraits of the period drawn by one certain of his own
      moral stance.

          Como memorialista, Esquivel Obregón representa su
      vida durante los momentos críticos de la historia de México
      en el siglo XX: la campaña en contra de la re-elección de
      Díaz, la Decena Trágica y el gobierno de Victoriano de la
      Huerta. Como abogado, el autor cuestiona los motivos de los
      opositores de la re-elección y la disposición del pueblo
      mexicano ante un cambio político. El ocupó un puesto en el
      gabinete de Victoriano de la Huerta. Sin embargo, las
      inconsistencias y brutalidades del presidente hicieron que
      Esquivel Obregón renunciara y se fuera al exilio. Tiene
      unos retratos verbales del período muy bien hechos. Esto es

el resultado de alguien que está seguro de su propia posición moral.

91.   ESTRADA, ALVARO (1895?-date of birth of María Sabina)
       María Sabina; Her Life and Chants/Written by Alvaro
          Estrada; translation and commentaries by Henry
          Munn. Santa Barbara: Ross-Erikson, C. 1981.
          238 p.

       Genre: Oral Autobiography

       Period covered: 1900?-1976

       María, a Mazatec Indian of México, traces the major
contours of her life: parents, marriages, and children. In
focusing on these, she evokes much of the cultural context
of her village. As a healer who consumes mushrooms and has
visions, María makes constant references to the spirit
world and its benevolent or evil influence on man.

       María, una india mazateca de México, señaló los más
importantes contornos de su vida: sus padres, matrimonios e
hijos. Al concentrarse en éstos, ella evoca gran parte del
contexto cultural de su villa. Ella es una curandera que
come setas y tiene visiones. Por lo tanto, ella se refiere
constantemente al mundo espiritual y a sus influencias
benévolas y maléficas sobre el hombre.

92.   ESTRADA, FRANCISCO JAVIER (1801-1885)
       Recuerdos de mi vida. [San Luis Potosí]
          Universidad Autónoma de San Luis Potosí, 1954.
          319 p. (Memories of My Life).

       Genre: Autobiography

       Period covered: 1801-1870

       Estrada, a semi orphan, grew up without a family.
Educated sporadically, he worked in a pharmacy, became owner
of a new printing press in San Luis Potosí, studied medicine, and fought on the side of the Iturbidistas. For most
of his active life he was involved in the politics of San
Luis Potosí. His autobiography, reflecting his own life
rather than outside experiences, is original for 19th century México. Has clear style.

       Estrada, un semi-huérfano, creció sin familia. El
fue educado esporádicamente, trabajó en una farmacia, se
convirtió en el dueño de una imprenta en San Luis Potosí,
estudió medicina y peleó del lado de los Iturbidistas.
Estrada estuvo activo en la política de San Luis Potosí
durante la mayor parte de su vida. Su autobiografía refleja
su propia vida en vez de experiencias externas. La misma es
original del México del siglo XIX. Tiene un estilo claro.

93.   FABELA, ISIDRO (1882-1964)
      Isidro Fabela: epistolario a su discípulo Mario
      Colín. Atlacomulco, 1962. 85 p. (Isidro
      Fabela: Letters to His Follower, Mario Colín).

      Genre: Letters

      Period covered: 1942-1960

      Writer, politician and diplomat, Fabela carried on
a sporadic correspondence with Mario Colín. The letters
reveal much of their author: work on the International Court
of Justice, understanding of the Mexican political system
and constant encouragement of Colín, travels, and family.

      El escritor, político y diplomático. Isidro Fabela
sostuvo correspondencia esporádica con Mario Colín. Las
cartas revelan mucho del autor: trabajo en la Corte
Internacional de Justicia, conocimiento del sistema político
mexicano y un constante aliento a Colín, los viajes y la
familia.

94.   FABELA, ISIDRO (1882-1964)
      Mis memorias de la Revolución. México: Editorial
      Jus, S.A., 1977, 316 p. (My Memoirs of the
      Revolution).

      Genre: Memoirs

      Period covered: 1847

      Fabela, who reached the position of Secretary of
Foreign Affairs, remembers his younger years as a Maderista,
fervent Carrancista, and deputy to the Congreso de la Unión.
The narration follows a chronological if fragmented path.
Fabela, not only a military man, a man of letters, a journalist and a professor, extremely disappoints. Although he
enlivens his reportage with anecdotes, the impersonal dominates. The very brief collection of letters (see) gives
much more of the intimate Fabela.

      Fabela, que llegó a ser Secretario de Relaciones
Exteriores, recuerda su juventud como maderista, carrancista
ferviente y diputado al Congreso de la Unión. La narración
sigue un camino cronológico aunque fragmentado. Fabela, que
no es sólo un hombre militar sino también un hombre de
letras, periodista y profesor, desilusiona grandemente. Lo
impersonal predomina aún cuando él aviva su reportaje con
anécdotas. La breve colección de cartas provee mucho más de
lo íntimo de Fabela.

95.   FERNANDEZ MACGREGOR, GENARO (1883-1959)
      El río de mi sangre. México: Fondo de Cultura,
      1969. 542 p. (The River of My Blood).

      Genre: Memoirs

Period covered: 1883-1956?

Fernández MacGregor is a scholar and a writer and his autobiography reflects an early interest in books. He typifies a type of Latin American male whose intellectual scope makes him almost a renaissance type. The reader knows the public man, i.e., the diplomat, the lawyer, and the rector of the university. One also sees him in love and devoted to his wife. However, the inner man is rarely seen. Fernández MacGregor always presents an acceptable and even laudatory view of himself. He never has ambivalent feelings towards his wife, sons or other family members. It is difficult to assess what he contributes to an understanding of the Mexican character unless it is to reinforce the desire to mask the self. Curiously enough he feels it necessary to sum up his character in the last chapter rather than let his personality emerge from the text itself.

Fernández MacGregor es un hombre de letras y un escritor cuya autobiografía refleja un temprano interés en los libros. El tipifica al tipo de hombre latinoamericano cuyo alcance intelectual casi lo convierte en el tipo del hombre renacentista. El lector conoce al hombre público, esto es, al diplomático, al abogado y al rector universitario. Uno también lo ve enamorado y dedicado a su esposa. Sin embargo, casi no se ve el hombre interior. Fernández MacGregor siempre presenta una imagen aceptable y hasta halagadora de sí mismo. Nunca experimenta sentimientos ambivalentes hacia su esposa, hijos u otros familiares. Es difícil determinar qué es lo que MacGregor contribuye al entendimiento del carácter mexicano aparte de que refuerza la idea del deseo de disfrazar el "yo." Curiosamente él siente necesario dar un resumen de su propio carácter en el último capítulo en vez de dejar que el texto mismo hable de su personalidad.

96.   FIERRO VILLALOBOS, ROBERTO (1897-)
       Esta es mi vida. México, Tall. Graf. de la Nación,
       1964. 385 p. (This Is My Life).

Genre: Memoirs

Period covered: 1910-1959

Memoirs of celebrated Mexican pilot who recalls the beginnings of aviation in his country. A Mexican equivalent of Lindberg, Fierro Villalobos was head of the air academy in Monterrey and also chief of the air force. His writings are useful mainly for the history of aviation and not the development of a life.

Memorias del célebre piloto mexicano que recuerda los comienzos de la aviación en su país. El equivalente de Lindberg, Fierro Villalobos era el director de la academia aérea en Monterrey y el jefe de la Fuerza Aérea. Sus escritos son útiles principalmente por la historia de la aviación y no por el desarrollo de una vida.

97.   FLORES, EDMUNDO (1918-)
       Historias de Edmundo Flores: autobiografía,
       1919-1950. México: Martín Casillas Editores,
       1983. 454 p. (Histories of Edmundo Flores:
       Autobiography 1919-1950).

       Genre: Autobiography

       Period covered: 1919-1950

       The present work is the first of three projected
volumes that will eventually bring Flores' life up to the
present. The recent date of the publication of the initial
volume (1983) leads one to hope, perhaps naively, that the
field of Mexican autobiography may be shifting in favor of
candor both in views of self and family. A Ph.D. in economics from the University of Wisconsin and author of at least
six books on México, Flores with surprising honesty, given
the reticence of Mexicans about their personal lives,
recreates childhood, concentrating on Chapingo in the
national school of agriculture and his graduate work at the
University of Wisconsin. Simultaneously, he goes through
several love affairs and marriages. That Flores, a public
figure, searches for self in autobiography rather than
memoir, by far the preferred mode of the Mexican, augurs
well for life writing in this country.

       La presente obra es una de tres volúmenes proyec-
tados que traerán la vida de Flores hasta el presente. La
tan reciente fecha de publicación del primer volumen (1983)
lleva a uno a esperar, tal vez inocentemente, que el campo
de la autobiografía mexicana esté girando hacia un nuevo
candor ambos en la visión del "yo" y en la imagen de la
familia. Flores tiene un doctorado en economía y es el
autor de por lo menos seis libros. Su honestidad es asombrosa
dada la reticencia de los mexicanos en cuanto a sus vidas
personales. En este libro él recrea su niñez, concentrándose
en Chapingo en la escuela nacional de agricultura, y sus
estudios graduados en la Universidad de Wisconsin. Simultáneamente a través de varios amoríos y matrimonios. El hecho
de que Flores, una figura pública, prefiera la autobiografía
por sobre las memorias para la búsqueda de su ser, es un
buen augurio para el arte mexicano de escribir sobre una
vida.

98.   FLORES, MANUEL MARIA (1840-1885)
       Mi destierro en Xalapa, 1865. México: Editorial
       Citlaltépetl, 1962. (My Exile in Xalapa, 1865).

       Genre: Memoirs

       Period covered: 1865

       Very sentimental memoirs of Flores's love life. In
a single year he flirts and philanders with many women iden-
tified only by first name. Mistaken identities at masked
balls and complicated love triangles suggest the influence
of earlier literary conventions. His outpouring of emotions

places him directly in the romantic movement of the 19th
century.

Estas son unas memorias sumamente sentimentales de
la vida amorosa de Flores. En sólo un año él coquetea y
galantea con muchas mujeres a quienes identifica únicamente
con el primer nombre. Identidades equívocas en bailes de
disfraces y complicados triángulos amorosos sugieren la
influencia de convenciones literarias anteriores. Su efu-
sión de emociones lo coloca directamente en el movimiento
romántico del siglo XIX.

99.   FLORES, MANUEL MARIA (1840-1885)
          Rosas caídas; ed. de Margarita Quijano. México,
             Imprenta Universitaria, 1953. 255 p. (Fallen
             Roses).

       Genre: Memoirs?

       Period covered: 1864-?

       "Autobiographical pages" is the term most accurate
for these writings. They have more the intimacy of the
diary than the external focus of the memoirs. For their
exhuberant emotion and subjectivity, they belong to the
romantic period of literature. Flores's love life is auto-
biographized.

       "Páginas autobiográficas" es el término más exacto
para describir estos escritos. Los mismos tienen más de la
intimidad del diario que del enfoque externo de las
memorias. Estas pertenecen al período romántico de la
literatura debido a su emoción exuberante y a su sub-
jetividad. La vida amorosa de Flores se ve autobiografiada.

100.   FLORES MAGON, ENRIQUE (1877-1952)
           Peleamos contra la injusticia. Enrique Flores
           Magón, precursor de la Revolución mexicana,
           cuenta su historia a Samuel Kaplan. México,
           1960, 2 vols. (We Fight against Injustice
           Enrique Flores Magón Tells His Story to Samuel
           Kaplan).

        Genre: Oral Autobiography

        Period covered: 1885-1952

        One of the more exciting Mexican memoirs, Peleamos
is the Flores Magón fight against Porfirio Díaz in effort to
impose a new regime. Enrique Flores Magón was active in the
Liberal Party and spent years in the U.S. editing
Regeneración, eluding the authorities, or serving time in
prison. His memoirs illuminate the early struggle against
the Porfiriato and the collaboration of the U.S. in support
of the dictator.

Peleamos es una de las memorias mexicanas más emo-
cionantes. La misma es la pelea de Flores Magón contra
Porfirio Díaz en su intento por imponer un nuevo régimen.
Enrique Flores Magón estuvo activo en el Partido Liberal y
pasó años en los Estados Unidos editando Regeneración, eva-
diendo a las autoridades o en prisión. Sus memorias dan luz
a la temprana lucha contra el Porfiriato y la colaboración
de las Estados Unidos para con el dictador.

101. FLORES MAGON, RICARDO (1873-1922)
      Epistolario revolucionario e íntimo. 1925 (3 vols.
         or 240 p.). (Private Letters of the Revolution).

      Genre: Letters

      Period covered: 1919-1922

      The letters of the Mexican anarchist, Ricardo
Flores Magón, reveal the passion of the true believer and
must have a significant place in the subgenre of prison
literture. In prison in Leavenworth, Kansas in the 1920's,
Flores Magón wrote with the belief and the illusion that the
doctrines of anarchy were winning as capitalism was failing.
His letters detail no plan, but only convictions. Written
between 1919 and 1922, they show deteriorating health,
belief in anarchy, hope of an early release through the
efforts of his lawyer, Harry Weinberger, constant refusal to
recant from an earlier position, and belief in comradeship.
The recantation would have given him immediate freedom. The
correspondents are Gus Teltsch, Elena White, Nicolas Bernal,
Irene Benton, Erma Barsky, Harry Weinberger, and Winnie E.
Branstetter. It is difficult to note Flores Magón's Mexican
background because anarchy internationalizes its adherents
to a degree that nationality and family are obliterated.

      Las cartas del anarquista mexicano Ricardo Flores
Magón revelan la pasión de un verdadero creyente y deben
ocupar un lugar significativo en el subgénero de literatura
de prisión. Estando en prisión en Leavenworth, Kansas
durante la década de los 20, Flores Magón escribió con la
creencia y la ilusión de que las doctrinas anarquistas estaban triunfando a medida de que el capitalismo iba fraca-
sando. Sus cartas no detallan plan alguno, sólo
convicciones. Escritas entre 1919 y 1922, las mismas
muestran una salud en deterioro, creencias en anarquismo,
esperanzas de una temprana excarcelación como resultado de
los esfuerzos de su abogado Harry Weinberger, la negación
constante a retractarse de una anterior posición y la creencia en la camaradería. La retractación le hubiera propor-
cionado su libertad inmediata. Los corresponsales son Gus
Teltsch, Elena White, Nicolas Bernal, Irene Benton, Erma
Barsky, Harry Weinberger y Winnie E. Branstetter. Se hace
difícil notar los antecedentes mexicanos de Flores Magón ya
que la anarquía internacionaliza a sus partidarios a tal
grado que la nacionalidad y la famila son destruídas.

102.   FLORES MAGON, RICARDO (1873-1922)
        Epistolario y textos de Ricardo Flores Magón.
        México: Ediciones Antorcha, c. 1978. 243 p.
        (Collection of Letters and Texts of Ricardo
        Flores Magón).

        Genre: Letters

        Period covered: 1904-1921

        As the title indicates, this is a collection of
documents on Ricardo Flores Magón. Many are documents ori-
ginated by him; others are by those around him. Probably
the most autobiographical ones are the letters which also
complement the collection of his letters. As documents,
these again show an individual who is on fire. However,
they reveal very little about the anarchist cause but mainly
the persecution that Flores Magón and his followers were
subjected to both in the United States and in México. The
main correspondent is María whom Ricardo loves. His letters
are filled with expressions of love, admonishments to be
discreet in regards to the cause of anarchism, and the per-
secutions that he is experiencing in the United States. The
best letter and the most autobiographical is the last one
written to Weinberger from Leavenworth. Here Flores Magón
summarizes his life and naturally its relation to anarchism.
This collection is not as valuable as the earlier one
because mainly one correspondent is involved. However,
there is a parallel in the passion expressed be it for
anarchism or for another human being.

        Así como lo indica el título, ésta es una colección
de documentos sobre Ricardo Flores Magón. Muchos de ellos
son documentos originados por el mismo Flores Magón; otros,
de personas cercanas a él. Las más autobiográficas son probablemente las cartas que complementan su propia collección.
En calidad de documentos los mismos muestran a un individuo
fanatizado. Sin embargo, revelan muy poco sobre la causa
anarquista aparte de la persecución a la que Flores Magón y
sus seguidores fueron sujetos en los Estados Unidos y México.
La correspondiente principal es María, una mujer a quien
Ricardo ama. Sus cartas están llenas de expresiones de
amor, de exhortaciones a ser discretos por la causa del
anarquismo y las persecuciones que está experimentando en los
Estados Unidos. La mejor carta, que es también la más autobiográfica, es la última dirigida a Weinberg desde
Leavenworth. En la misma, Flores Magón resume su vida y,
naturalmente, la relación de ésta con el anarquismo. Esta
colección no es tan valiosa como la anterior principalmente
porque sólo envuelve a un corresponsal. Sin embargo, hay un
paralelo en la pasión que se expresa, ya sea por el
anarquismo o por otro ser humano.

103.   FOPPA, ALAIDE (1934-date of birth of Cuevas)
        Confesiones de José Luis Cuevas. México: Fondo de
            Cultura Económica, 1975. 216 p. (Confessions
            of José Luis Cuevas).

Genre: Oral Autobiography

Period covered: 1973-1974

Spurred by the illusion of his impending death, Cuevas talks freely to his friend Foppa about his family, loves, trips through Latin America, art, films, etc. Always frank and scandalous, Cuevas constantly entertains and debunks.

Cuevas, como consecuencia de la ilusión de la proximidad de su muerte, habla libremente a su amiga Foppa sobre su familia, amores, viajes por América Latina, arte, películas, etc. Cuevas es siempre franco y escandaloso. Aparte de esto él entretiene y expresa la realidad de las cosas.

104.   FRIAS, HERIBERTO (1870-1925)
       Miserias de México.   México: Andrés Botas y
          Miguel, 1916? (Miseries of Mexico).

       Genre: Autobiographical Novel

       Period covered: 1894-1906

Apparently one of three autobiographical novels, Miserias chronologically comes between Tomóchic and El triunfo de Sancho Panza. Perhaps in toto the three works would take the form of an autobiography, i.e., the conscious movement of a life through its various phases to a goal. Frías represents the realities of México through his alter ego, Miguel Mercado. The influence and naturalism is patent in the realistic details of Miguel's alcoholism and use of drugs. Moreover, the novel/autobiography is a condemnation of Mexican journalism. Though rooted mainly in México City, the action shifts to Mazatlán where the author returns after his stunning failure as a dramatist. The final chapters relate more to memoir than autobiography because Frías forms pseudo short stories out of his various experiences.

Miserias es aparentemente una de tres novelas autobiográficas. La misma encaja cronológicamente entre Tomóchic y El triunfo de Sancho Panza. Es posible que, en su totalidad, estas tres obras tomen la forma de una autobiografía; esto es, el movimiento conciente de una vida a través de sus varias etapas hacia una sola meta. Frías representa las realidades de México a través de su ego alterno, Miguel Mercado. La influencia del naturalismo se ve claramente en los detalles realistas del alcoholismo de Miguel y su uso de drogas. Además, la novela/autobiografía es una condenación del periodismo mexicano. La acción se lleva a cabo primordialmente en la Ciudad de México. Sin embargo, en un momento la misma se traslada a Mazatlán a donde regresa el autor luego de su fracaso como dramaturgo. Los capítulos finales parecen ser memorias más que autobiografía ya que Frías forma seudo-cuentos derivados de sus experiencias.

105. FRIAS, HERIBERTO (1870-1925)
      Tomóchic. México: Editorial Porrúa, 1968.   153 p.

      Genre: Autobiographical Novel

      Period covered: 1891-1892

      Autobiography thinly disguised as a novel,
Tomóchic relates the author's military experiences in the
1892 effort of the Díaz government to punish the Indians of
Chihuahua for rebelling against his authority.

      Tomóchic es una autobiografía un poco disfrazada de
novela. La misma relata las experiencias militares del
autor en el esfuerzo del gobierno de Díaz (en 1892) por
castigar a los indios de Chihuahua por rebelarse contra las
autoridades.

106. FRIAS, HERIBERTO (1870-1925)
      El triunfo de Sancho Panza (Mazatlán) novela de
        crítica social mexicana. Continuación de
        "Tomochic". México, Imp. de L. Herrera, 1911.
        232 p. (The triumph of Sancho Panza).

      Genre: Autobiographical Novel

      Period covered: 1906-1909

      A closely autobiographical novel tracing the
author's years in Mazatlán as a journalist. Through Miguel
Mercado, the young idealist, is seen the corruption of the
society of Sinaloa's port city. The title refers to the
city's victory over Mercado, a 20th century don Quixote.

      Una novela casi autobiográfica que reconstruye los
años que el autor estuvo en Mazatlán como periodista. A
través de Miguel Mercado, el joven idealista, se puede ver
la corrupción de la sociedad de la ciudad-puerto de Sinaloa.
El título se refiere al triunfo de la ciudad por sobre
Mercado, un don Quijote del siglo XX.

107. GALARZA, ERNESTO (1905-1984)
      Barrio Boy. Notre Dame [Ind.] University of Notre
        Dame Press, [1971] 275 p.

      Genre: Autobiography

      Period covered: 1905-1918?

      Prominent Mexican American sociologist and educa-
tor, Galarza spent a part of his childhood in the state of
Nayarit before immigrating to Arizona and eventually to
California. Barrio Boy, even though very costumbristic,
belongs more to autobiography than memoir because of the
author's concentration on his own development. He is a keen
observer and recorder of the Mexican ambient in which he was

reared on both sides of the border: family, duties, and sex
roles.

        Prominente sociólogo y educador mexicano-americano
(chicano?), Galarza pasó parte de su niñez en el estado de
Nayarit antes de emigrar a Arizona y luego a California.
Barrio Boy, aunque costumbrista, pertenece más a autobiografía que a memoria debido a la concentración del autor
en su propio desarrollo. El es un observador y un cronista
perspicaz del ambiente mexicano en el que él se crió en
ambos lados de la frontera: familia, deberes y roles
sexuales.

108.   GALEANA, BENITA (1905?-)
        Benita (autobiografía).   México [Impr. "MELS"]
          1940.   238 p.

        Genre: Memoirs

        Period covered: 1905?-1940?

        The life story of this communist, opposed to every
Mexican president from Calles to Cárdenas is divided into
several parts: her desperately poor youth, her migration to
Mexico City and her activities on behalf of the party.   The
early years provide the prologue for her later party commit-
ment.   Her accomplishments are several: spirit to escape an
oppressive rural background, ability to survive economically
without skills, oratory that arouses workers and literacy in
her mature years.

        Esta mujer comunista estuvo opuesta a todo presi-
dente mexicano desde Calles hasta Cárdenas.   La historia de
su vida narra su juventud desesperadamente pobre, su emigra-
ción a la Ciudad de México y sus actividades en beneficio
del Partido.   Los primeros años proveen el prológo para su
subsiguiente compromiso con el Partido.   Varios son sus
logros: el espíritu de escapar de un ambiente rural opre-
sivo, la habilidad para sobrevivir económicamente sin
destrezas, la oratoria que exalta los obreros y el alfabe-
tismo de sus años de madurez.

109.   GALINDO, MIGUEL (1883-1942)
        A través de la sierra (diario de un soldado).
          (Across The Mountain; Diary of a Soldier).

        Genre: Memoirs

        Period covered: 1915

        A doctor who felt that it was more important to be
a soldier than practice medicine, Galindo narrates his
experiences as a Zapatista in Morelia and Oaxaca.   His writings, outstanding in the prolific field of memoirs of the
Revolution, have more involvement of the author than is
typical for this subgenre of autobiography.   Galindo, as a

cultured man, is aware of the problems of México and is pessimistic about the Revolution. Accordingly he has an eye for landscape and historical detail. He is more of a stylist than his contemporaries who create similar documents. He hypothesizes that México's racial problem will diminish with a greater mixture between upper and lower classes.

Miguel Galindo era un doctor que creía que ser soldado era más importante que practicar la medicina. Él narra aquí sus experiencias como zapatista en Morelia y en Oaxaca. Sus escritos son sobresalientes en el campo prolífico de las memorias de la Revolución. Las mismas contienen una mayor participación del autor que lo que es típico de este subgénero de la autobiografía. Galindo, como hombre culto, está consciente de los problemas de México y se presenta pesimista ante la Revolución. Por ende, él tiene buen ojo para el paisaje y para el detalle histórico. Galindo tiene más estilo que sus contemporáneos que crean documentos semejantes. El presenta la hipótesis de que los problemas raciales de México disminuirían si hubiera una mezcla mayor entre las clases altas y bajas.

110.   GALLEGOS C., JOSE IGNACIO (1900?-)
       La casa de la monja; páginas autobiográficas.
          Durango, Talleres del Estado, 1968. 368 p.
          (The House of the Nun; Autobiographical Pages).

       Genre: Memoirs

       Period covered: 1905-1967?

To the author, a view of Durango with its past and its customs is just as important as his life story. Therefore, he locates his family, schooling, boyhood friends, and courtship in a regionalist (Durangueño) setting. The writings are memoirs as they focus on youth, and, of more significance, on the pleasurable external environment. Gallegos's most preoccupying problem was his eventually successful courtship.

Para este autor una visión de Durango con su pasado y sus costumbres es tan importante como la historia de su vida. Por lo tanto, él coloca a su familia, su educación, amigos de juventud y noviazgo dentro de un marco regionalista (durangueño). Estos escritos son memorias ya que se concentran en la juventud y, lo que es más importante, en el placentero ambiente externo. La mayor preocupación de Gallegos era su noviazgo eventualmente exitoso.

111.   GAMBOA, FEDERICO (1864-1939)
       Impresiones y recuerdos. México: E. Gómez de la
          Puente, 1922. (Impressions and Memories).

       Genre: Memoirs

       Period covered: 1880-1893?

First published in 1893, <u>Impresiones y recuerdos</u> may be classified as memoir or reminiscence. In 27 chapters the young Gamboa divulges little of the self. The exterior events are not interpreted as developing a personality. He writes of travels (New York, Guatemala, London, Paris, and Buenos Aires). In each he gives his impressions such as the Spanish language of Argentina. The most personal item is two love affairs refracted through the prism of Romanticism, i.e., he seems to be attracted to fallen women. In short, Gamboa writes an interesting but non revealing memoir. In this characteristic, <u>Impresiones</u> is in accord with <u>Mi diario</u>.

<u>Impresiones y recuerdos</u>, que fuera publicada por primera vez en 1893, puede ser clasificada como memorias o reminiscencia. En los 27 capítulos el joven Gamboa divulga muy poco sobre sí mismo. El no interpreta los eventos externos en su relación con el desarrollo de su personalidad. Gamboa escribe sobre viajes (Nueva York, Guatemala, Londres, París, y Buenos Aires). En cada uno él da sus impresiones tales como el idioma español en Argentina. Lo más personal que incluye son dos relaciones amorosas reflejadas a través del prisma del Romanticismo, esto es, a él parece que le atraen las mujeres caídas. En resumen, Gamboa escribe unas memorias que son interesantes pero que revelan muy poco. Esta característica hace que <u>Impresiones</u> sea similar a <u>Mi diario</u>.

112.   GAMBOA, FEDERICO (1864-1939)
        <u>Mi diario</u>. Guadalajara, Impr. de "La Gaceta de Guadalajara," 1907-20. 3 vols. (My Diary).

        Genre: Journal

        Period covered: 1901-1911

These three volumes of a supposedly five-volume set cover the author's life from 1901 to 1911. Gamboa, an outstanding novelist of the realist period in Mexican literature, was also a dramatist as well as a journalist. In addition to being a man of letters, he served his country in various diplomatic positions from 1888 to 1913: Guatemala, Argentina, Brazil, U.S.A., Spain, Belgium and Holland. The three diaries, better said "journals" for their lack of intimacy, relate more to the diplomatic world than to the world of literature. Yet even his novels and especially <u>Santa</u> are mentioned in passing with nothing said as to their genesis. This inhibition is also noted in Gamboa's public life, i.e., he analyzes minimally, rarely describing his own feelings. Yet his diaries are a testimony to the loyality that Porfirio Díaz inspired in those close to him. Constantly mentioned is Ignacio Mariscal, secretary of foreign relations and Gamoba's protector. In brief, the value of the diaries lies in the perspective of a supporter of the Porfiriato and not in the emergence of a Mexican personality.

Estos tres volúmenes de un supuesto conjunto de

cinco cubren la vida del autor desde 1901 a 1911. Gamboa, aparte de ser dramaturgo y periodista, fue también un novelista sobresaliente del período realista en la literatura mexicana. Además de ser un hombre de letras, Gamboa hizo servicio diplomático desde 1888 hasta 1913 en Guatemala, Argentina, Brasil, Estados Unidos, España, Bélgica y Holanda. Los tres diarios, carentes de intimidad alguna, tratan más sobre el mundo diplomático que del mundo literario. Sin embargo, él menciona de paso sus novelas, especialmente Santa, sin dar detalles sobre su origen. Esta inhibición puede notarse también en la vida pública de Gamboa. El autor hace un análisis mínimo, casi excluyendo sus propios sentimientos. Aún así, estos diarios son un testimonio de la lealtad que Porfirio Díaz inspiraba a aquellos a su alrededor. Ignacio Mariscal, el Secretario de Relaciones Exteriores y protector de Gamboa, recibe aquí mención constante. En resumen, el valor de estos diarios recae en la perspectiva de un partidario del Porfiriato en vez de en la aparición de una celebridad mexicana.

113. GARCIA, INOCENTE (1791-1878)
      Hechos históricos de California: as Told to Thomas
      Savage, 1878: Incidents in the Life of a Soldier
      of Spain and Mexico in Alta California,
      1807-1878 as Related to Thomas Savage for H.H.
      Bancroft. Santa Barbara: Flair Studio of
      Printing [1974?] 194 p. (Historical Facts of
      California).

      Genre: Memoirs

      Period covered: 1807-1878

      This is one of the more interesting of the Bancroft "as told to" autobiographies. 78-year-old García led an adventurous life as a merchant, a soldier, Indian fighter, farmer, and partisan of Fremont. Garcia's narration never lags; he, or his editor, knows what to select. Although the book is 194 pages, Garcia's story is 58 pages.

      Esta es una de las autobiografías dictadas más interesantes de Bancroft. García, de 78 años de edad, vivió una vida aventurera como comerciante, soldado, guerrero indio, campesino y partidario de Fremont. La narración de García no es lenta; él, o su editor, sabe qué escoger. El libro es de 194 páginas pero la historia de García sólo cubre 58 de las mismas.

114. GARCIA ALONSO, AIDA (1890-date of birth of Manuela
      Azcanio Alias)
      Manuela, la mexicana. [Habana] Casa de las
      Américas, 1968. 444 p. (Manuela, the Mexican).

      Genre: Oral Autobiography

      Period covered: 1890-1945?

This oral autobiography received the Casa de Las Américas Award in 1968. Manuela Azcanio Alias was born in Tabasco and at a young age immigrated to Cuba. There she lived for 31 years in a poor neighborhood called Las Yaguas. In reading Manuela's account, the reader can note the talent of the poor for survival. Although Manuela's life is fascinating (servant, cook, suffragette, street vender, and nurse), the reader would like to be apprised of García Alonso's technique for eliciting monologue and the degree of her intervention in editing the final manuscript.

Esta autobiografía oral recibió el Premio Casa de las Américas en 1968. Manuela Azcanio Alias nació en Tabasco y a una edad muy temprana emigró a Cuba. Allí vivió durante 31 años en un vecindario pobre de nombre Las Yaguas. Al leer el recuento de Manuela el lector puede notar el talento que tiene la clase pobre para la supervivencia. A pesar de que la vida de Manuela es fascinante (sirvienta, cocinera, sufragista, vendedora en las calles y enfermera) el lector quisiera estar mejor informado sobre la técnica de García Alonso para producir el monólogo y su intervención al editar el manuscrito final.

115.   GARCIA NARANJO, NEMESIO (1883-1962)
       En los nidos de antaño. Monterrey, Tall. de "El
           Porvenir," 1959. 375 p. (In the Nests of
           Yesterday).

       Genre: Memoirs

       Period covered: 1883-1959?

This collection was inspired by García Naranjo's fiftieth anniversary as a journalist. Intimate for their focus on four generations of the author's family, these memoirs suggest his love for home, country and past. The subjects are idealized perhaps in NGN's attempted recall or, more precisely, in deference to the taboo of publically expressing negative or even neutral sentiments about family. The letters, portraits and tributes and reminiscenses reveal more about family in México than about the García Naranjo family.

Esta colección fue inspirada por el uincuagésimo aniversario de García Naranjo como periodista. Su enfoque sobre cuatro generaciones de la familia del autor le da un toque íntimo a estas memorias que sugieren el amor de García Naranjo por el hogar, el campo y el pasado. Los personajes están, un poco idealizados en los recuerdos del autor tal vez debido a que él acata el tabú de no expresar públicamente nada negativo o neutral en sus sentimientos hacia la familia. Las cartas, retratos, tributos y recuerdos revelan más sobre la familia en México que sobre la familia García Naranjo.

116.   GARCIA NARANJO, NEMESIO (1883-1962)
           Memorias. Monterrey, México, Tallares de "El
           Porvenir" [19- 9 vols.

       Genre: Memoirs

       Period covered: 1883-1946?

       One of Mexico's better known journalist who founded
La tribuna and La Revista Mexicana and contributed to many
other newspapers and magazines of Mexico, García Naranjo
also directed his writing talents to history, political
science, the essay, theatre, and, of course, nine volumes of
memoirs.
       Vol. I. 1883-1896? Panoramas de la infancia. In
the introduction the author justifies his presence in the
Huerta regime. He gives early autobiographical information
such as birth, childhood, and excellent descriptions of
Lampazas, Nuevo León and Encinal, Texas.
       Vol. II. 1897-1902. El colegio civil de Nuevo
Léon. As title implies, he writes of childhood in the colegio and descirbes teachers and their faults.
       Vol. III. 1903-1906. La vieja escuela de jurispru-
dencia. Notes in detail his years in law school in Mexico
City with excellent portraits of law professors, colleagues
in ambient before the fall of the dictator.
       Vol. IV. 1906-1909. Dos bohemios en París.
Impressions of travels, New York, Paris and London. Return
to México and continuation in law school. Tells of job in
the National Museum and gives more vignettes of contemporaries. Author often in touch with literati.
       Vol. V. 1909-1910. El crepúsculo porfirista. The
author notes the last moments of the Porfiriato always indicating his conservative position and admiration for the dictator.
       Vol. VI. 1911-1913. Exaltación y caída de Madero.
Author, married and also elected senator, describes meeting
with Victoriano Huerta.
       Vol. VII. 1913-1914. Mis andanzas con el general
Huerta. Treats of the rise and fall of Huerta with a posi-
tive analysis of his character. While minister of education, NGN goes into exile.
       Vol. VIII. 1914-1923. Nueve años de destierro.
The author's exile first to Buenos Aires and then to New
York, and finally to San Antonio, Texas where he is founder
and editor of "La revista mexicana".
       Vol. IX. 1924-1946? Mi segundo destierro. After a
brief stay in México, NGN, once again exiled by Calles, lives
as a journalist in New York. Later he works for an American
oil firm in Venezuela. More analysis of the Revolution.

       García Naranjo, uno de los periodistas mejor cono-
cidos en México, fundó La tribuna y La Revista Mexicana y
contribuyó a otros periódicos y revistas de México. El también dirigió su talento hacia la historia, las ciencias
políticas, el ensayo, el teatro, y por supuesto, a nueve
volúmenes de memorias.
       Vol. I. 1883-1896. Panoramas de la infancia. El autor
justifica en la introducción su presencia en el régimen de

Huerta. El provee información autobiográfica como el nacimiento, la niñez y descripciones excelentes de Lampazas,
Nuevo León y Encinal, Texas.
          Vol. II. 1897-1902 El colegio civil de Nuevo León.
Así como lo indica el título el autor escribe de la niñez en
el Colegio y describe a los maestros y sus faltas.
          Vol. III. 1903-1906. La vieja escuela de jurispru-
dencia. El nota en detalle sus años en la Escuela de Leyes
en la Ciudad de México. Hace retratos excelentes de profesores de leyes, colegas en el ambiente antes de la caída del
dictador.
          Vol. IV. 1906-1909. Dos bohemios en París.
Impresiones de sus viajes, Nueva York, París y Londres.
Regreso a México y continuación en la Escuela de Leyes.
Habla sobre su trabajo en el Museo Nacional y da más viñetas
de contemporáneos. El autor se ve a menudo en contacto con
literatos.
          Vol V. 1909-1910. El crepúsculo porfirista. El
autor escribe sobre los últimos momentos del Porfiriato.
Siempre indica su posición conservadora y su admiración
hacia el dictador.
          Vol. VI. 1911-1913. Exaltación y caída de Madero.
Ya como autor, hombre casado y electo senador, él describe
cuando conoció a Victoriano Huerta.
          Vol. VII. 1913-1914. Mis andanzas con el general
Huerta. Trata la subida y caída de Huerta con un análisis
positivo de su carácter. Nemesio García Naranjo se va al
exilio durante su término como Ministro de Educación.
          Vol. VIII. 1914-1923. Nueve años de destierro.
El exilio del autor primero a Buenos Aires, luego a Nueva
York y finalmente a San Antonio, Texas, donde es el fundador
y editor de "La Revista Mexicana."
          Vol. IX. 1924-1946? Mi segundo destierro. Luego
de una corta estadía en México, NGN, se va al exilio nuevamente, esta vez enviado por Calles. Durante este tiempo, él
vive en Nueva York como periodista. Más tarde, trabaja con
una compañía petrolera en Venezuela. Más análisis de la
Revolución.

117.   GARCIA PONCE, JUAN (1932-)
          Juan García Ponce. México: Empresa Editoriales
          1966. 62 p.

       Genre: Autobiographical Essay

       Period covered: 1932-1966?

          As is typical of this series, the writer notes what
he considers to be the salient moments in his formation.
Short story writer, dramatist, novelist and essayist, García
Ponce concentrates on intellectual development: desire to
write and early successes, reading preferences and work on
the "Revista de la Universidad." Although brief, the essay
indicates that he has considered the problems of autobiography and understands the travail of the recreation of a
life. One could hope for the fruition of a larger project
that would be his full scale life.

Tal y como es natural en esta serie, el autor hace alusión a los momentos que él considera sobresalientes en su formación. El cuentista, dramaturgo, novelista y ensayista García Ponce se concentra en su desarrollo intelectual: el deseo de escribir, sus primeros éxitos, preferencias en la lectura y su trabajo en la "Revista de la Universidad." Aunque breve, el ensayo indica que el autor ha considerado los problemas de la autobiografía y entiende el trabajo de la recreación de una vida. Uno esperaría el disfrute de un proyecto mayor que comprendiera su vida completa.

118.   GARIBAY, RICARDO (1923-)
        Beber un cáliz. [1. ed.] México, J.M. [ortiz, 1965] 182 p. (To Drink from the Chalice).

        Genre: Memoirs

        Period covered: 1962-1963

Short story writer, poet, essayist and journalist, Garibay in Beber un cáliz draws heavily on his talents as a poet. In this brief account of the agonizing death of his father, he evokes his own emotional responses in poetic imagery. The father, as the focus of the memoir, is catalyst for the reaction of his family.

Escritor de cuentos cortos, poeta, ensayista y periodista, Garibay en Beber un cáliz hace gran uso de sus talentos como poeta. En este corto relato de la agonizante muerte de su padre, él evoca sus propias reacciones emocionales en un conjunto de imágenes poéticas. El padre, como el centro de las memorias, es un catalizador para la reacción de su familia.

119.   GARIZURIETA, CESAR (1904-1961)
        Recuerdos de un niño de pantalón largo; páginas autobiográficas. México: Editorial Ruta, 1952. 210 p. (Memories of a Boy in Long Pants; Autobiographical Pages).

        Genre: Memoirs

        Period covered: 1904-1919?

Properly labelled as autobiographical pages, this book is over too short a period to to be classified as a complete autobiography. Son of a schoolmaster of Veracruz, Garizurieta, orphaned at a young age, attended school sporadically. Almost like a pícaro for his variety of jobs, his cunningness, and his humor, the author evokes the customs of Veracruz of that period. Yet he is always at the center and his development removes the book from mere costumbrismo.

Este libro está correctamente clasificado como "páginas autobiográficas;" el mismo cubre un período de tiempo muy corto para ser una autobiografía completa.

Garizurieta, hijo de un principal de escuela en Veracruz, huérfano a una edad temprana, asistió esporádicamente a la escuela. Su variedad de empleos, su astucia y su humor le dan un aire pícaro al autor mientras evoca las costumbres de Veracruz de esa época. Sin embargo, él se mantiene en el centro y su desarrollo hace que el libro no sea simple costumbrismo.

120.   GARRIDO, LUIS (1898-)
El tiempo de mi vida; memorias. México, Editorial
Porrúa, 1974. 440 p. (The Time of My Life; Memoirs).

Genre: Memoirs

Period covered: 1898-1973

Professor, university rector, civil servant and author of law books, Garrido relates to the variegated aspects of his life. The eleven-page index suggests the number of personalities he knew. The intimate self never appears.

El profesor, rector universitario, servidor público y autor de libros, Luis Garrido hace un relato de diversos aspectos de su vida. El índice de once páginas sugiere la cantidad de celebridades que él conoció. La parte íntima de su personalidad no aparece.

121.   GAVIRA, GABRIEL (1867-1956)
General de brigada Gabriel Gavira, su actuación político-militar revolucionario. [México, Tallares tipográficos de A. del Bosque] 1933. 234 p. (Brigade General Gabriel Gavira, His Political-Military Participation in the Revolution).

Genre: Memoirs

Period covered: 1867-1932

Gavira was one of the founders of Círculo Liberal Mutualista of Orizaba, provisional governor of San Luis Potosí and Durango, head of the expeditionary forces of the Northwest during the Villa years, and Chief of Staff of the War Department. Here he narrates the external events of his life. Further autobiographical data on this autor can be found in Polvos de aquellos lodos-unas cuantas verdades. (México, Impresora Bucareli, 1949).

Gavira fue uno de los fundadores del Círculo Liberal Mutualista de Orizaba, gobernador interino de San Luis Potosí y Durango, director de las fuerzas expedicionarias del Noroeste durante los años de Villa y jefe de estado mayor del Departmento de Guerra. Aquí él narra los

eventos externos de su vida. Información adicional sobre
este autor puede encontrarse en <u>Polvos de aquellos lodos-
unas cuantas verdades.</u> (México, Impresora Bucareli, 1949).

122. GAXIOLA, FRANCISCO JAVIER (1898-)
      <u>Memorias</u>. México, Editorial Porrúa, 1975.   236 p.

      Genre: Memoirs

      Period covered: 1898-1948

      Memoirs of a lawyer who rose to be secretary of
economics (Consejo Nacional de Economía) in the cabinet of
Avila Camacho. He intersperses some personal life with
public life. Main value is perspective on Mexican political
life.

      Memorias de un abogado que llegó a ser secretario
de economía (Consejo Nacional de Economía) en el gabinete de
Avila Camacho. El entremezcla partes de su vida personal
con su vida pública. De gran valor es su perspectiva sobre
la vida política mexicana.

123. GLANTZ, MARGO (1930-)
      <u>Las genealogías</u>. México: Martín Casillas
          Editores, 1981.   246 p. (Genealogies).

      Genre: Memoirs

      Period covered: 1850?-1981

      Glantz has created a hybrid genre in <u>Las
genealogías</u> for although she focuses mainly on her parents
and their Russian Jewish background and adjustment to México,
she also reveals herself in interaction with her family and
environment. Time is vague especially recaptured in her
parents' fragmented conversations and monologues. She is
always secondary to their lives and acts as a prompter of
memories. Yet her life takes form through her schooling,
the family's ambulatory life style, her Jewishness and her
visit to New York. The informality of style and the non-
chronological approach to the life of the family falsely
imply a chaotic effort. Such is not the case, for Glantz's
memoirs are organic and carefully structured.

      Glantz ha creado un género híbrido en <u>Las
genealogías</u> ya que a pesar de que se concentra principalmente en sus padres, sus antecedentes ruso-judíos y la
adaptación a México, ella también se revela a sí misma en su
relación con su familia y el ambiente. El tiempo es vago
especialmente en los monólogos y conversaciones fragmentadas
que recuerda de sus padres. Ella está siempre subordinada a
la vida de sus padres y actúa como incitadora de memorias.
Su vida toma forma a través de su educación, el estilo de
vida ambulatorio de su familia, su carácter y origen judíos
y su visita a Nueva York. La informalidad del estilo y su
falta de un orden cronológico dan la falsa imagen de un

esfuerzo caótico. Esto no es cierto ya que las memorias de
Glantz son organizadas y están estructuradas cuidadosamente.

124.   GLANTZ, SUSANA (1934-date of birth of Manuel Escalante)
       Manuel, una biografía política. México: CIS-INAH.
          Centro de Investigaciones Superiores del
          Instituto Nacional de Antropología e Historia,
          Editorial Nueva Imagen, 1979. 226 p. (Manuel,
          a Political Biography).

       Manuel is another example of autobiography done
with the intervention of a second party. Through Manuel's
narration the reader perceives not only a personality, but
also the more total context in which it functions: environment (the sugar ejido Jilquilpan near Los Mochis, Sinaloa)
and the subject as labor leader. Glantz, in contrast to
other practicioners of the case history, in a prologue
attempts to orient the reader to this relatively new genre
within autobiography.

       Manuel es otro ejemplo de una autobiografía hecha
sin la intervención de una segunda persona. A través de la
narración de Manuel el lector percibe no sólo una personalidad, sino también el contexto más completo en el cual
participa la misma: el ambiente (el ejido azucarero
Jilquilpan cerca de Los Mochis, Sinaloa) y el personaje como
líder obrero. Glantz, en contraste con otros practicantes
del "case history" (historial de casos particulares) intenta
orientar al lector, a través de un prólogo, hacia este
género relativamente nuevo dentro de la autobiografía.

125.   GODOY, MERCEDES (1900?-)
       When I Was a Girl in Mexico. Boston, Lothrop, Lee
          and Shepherd co. [c. 1919] 139 p.

       Genre: Memoirs

       Period covered: 1906-1910

       Mercedes Godoy was the daughter of a Mexican diplo-
mat posted to Havana and Washington, D.C. Her lightly
costumbristic work portrays a happy childhood in México, the
U.S. and Cuba.

       Mercedes Godoy era la hija de un diplomático mexi-
cano que ocupó puestos en La Habana, y en Washington D.C.
Su obra es un tanto costumbrista y muestra una niñez feliz
en México, los Estados Unidos y Cuba.

126.   GOMEZ, MARTE R. (1896-)
       Vida política contemporánea: cartas de Marte R.
          Gómez. México: Fondo de Cultura Económica,
          1978. 2 vols. (Contemporary Political Life:
          Letters of Marte R. Gómez).

Genre: Letters

Period covered: 1923-1973

Gómez's main role in México was as a professional
agronomist. In addition he was head of Mexican railways and
also ambassador to France, Austria and the United Nations.
The above labels deceptively limit Gómez vast cultural life
as indicated by his letters. The name indexes to the two
volumes read like a "who's who" in national culture in the
twentieth century. Furthermore in his numerous correspondence his style goes beyond the mere formulaic of the office
holder and in their totality the letters delineate a rich
personality. Marte R. Gómez is also interviewed at length in
James W. Wilkie's México visto en el siglo XX; entrevistas
de historia oral. México, Instituto Mexicano de
Investigaciones Económicas, 1969.

El rol principal de Gómez en México era como agrónomo
profesional. Además de esto, él era jefe de los ferrocarriles mexicanos y también embajador en Francia, Austria y las
Naciones Unidas. Estas descripciones, sin embargo, limitan
engañosamente la vasta vida cultural de Gómez según las
indicaciones de sus cartas. Los "Indices de Nombres" de los
dos volúmenes se dejan leer a manera de un "¿Quién es
quién?" en la cultura nacional del siglo XX. Además, en su
numerosa correspondencia, su estilo va más allá del mero for-
mualismo de un funcionario público y, en su totalidad las
cartas delinean una rica personalidad. Marte R. Gómez es
también entrevistado extensamente en México visto en el
siglo XX; entrevistas de historia oral de James W. Wilkie.
México, Instituto Mexicano de Investigaciones Económicas,
1969.

127. GOMEZ GONZALEZ, FILIBERTO (?)
        Rarámuri, mi diario tarahumara. México, Tall. Tip
          de Excelsior, 1948. 309 p. (Rarámuri, My
          Tarahumara Diary).

      Genre: Memoirs

      Period covered: 1937

The author, apparently a teacher, traveled to
several Tarahumara villages and recorded his experiences.
Yet he is more than a reporter for he interacts with the
Indians and becomes a sympathetic observer and defender of
their customs and culture. His memoirs have ethnographic
value.

El autor aparentemente un maestro, viajó a varias
villas tarahumaras e hizo apuntes de sus experiencias. Sin
embargo, él es más que un reportero ya que él se relaciona
con los indios, se convierte en un observador simpatizante y
en un defensor de sus costumbres y cultura. Sus memorias
tienen valor etnográfico.

128.   GOMEZ MAGANDA, ALEJANDRO (1910-)
       Una arena en la playa; continuación de mi voz al
       viento. México, Editora Cultural Objetiva,
       1963. 285 p. (A Grain of Sand on the Beach;
       Continuation of My Voice to the Wind).

       Genre: Memoirs

       Period covered: 1929-1936?

       As implied in the title, the author continues his
first volume. More of his political life dominates this
tome especially after he becomes a partisan of Lázaro
Cárdenas. The memoirs end at the moment of the Spanish
Civil War.

       Tal y como se implica en el título, el autor con-
tinúa su primer volumen. Su vida política domina este tomo
especialmente luego de que se convierte en un partidario de
Lázaro Cárdenas. Las memorias concluyen al momento de la
Guerra Civil Española.

129.   GOMEZ MAGANDA, ALEJANDRO (1910-)
       Mi voz al viento; apuntes de mi vida y algo más.
       México, 1962. 266 p. (My Voice to the Wind;
       Notes of My Life and Something More).

       Genre: Memoirs

       Period covered: 1900-1929

       The first of three volumes of the author's memoirs,
Mi Voz evocks the family environment of his early years in
Guerrero. Poverty, due to the premature death of the
father, sets the tone of struggle here. Gómez Maganda, a
student leader and later a diplomat, ends the first narrative cycle in Argentina and the U.S. Themes of struggle and
praise for the family predominate.

       Mi Voz, el primero de los tres volúmenes de las
memorias del autor, evoca el ambiente familiar de los primeros años en Guerrero. La pobreza que sobrevino luego de
la muerte del padre es la que establece el tono de lucha en
esta obra. Gómez Maganda, un líder estudiantil y más tarde
un diplomático, termina su primer ciclo narrativo en
Argentina y los Estados Unidos. Lo que predomina aquí son
los temas de la lucha y palabras de alabanza para su familia.

130.   GOMEZ MAGANDA, ALEJANDRO (1910-)
       El vino del perdón. México: Ediciones Joma, S.A.,
       1971. 301 p. (The Wine of Pardon).

       Genre: Memoirs

       Period covered: 1936-1968

Gómez Maganda continues his memoirs in this third
volume. Consul in Spain during the Spanish Civil War, intimate friend of presidents Cárdenas, Avila Camacho and Alemán,
the author is unrestrained in exhibiting his emotions. His
strong likes and dislikes are pervasive. Book has more
value as an account of political emotions than as a revelation of the Mexican being.

Gómez Maganda continúa sus memorias en este tercer
volumen. El autor fue cónsul en España durante la Guerra
Civil y amigo íntimo del presidente Cárdenas de Avila
Camacho y de Alemán. El no se muestra reprimido al expresar
sus emociones. A través de todo el volumen dominan sus
fuertes gustos y aversiones. El libro tiene mayor valor
como recuento de emociones políticas que como revelación de
un ser mexicano.

131.   GOMEZ Z., LUIS (1905-?)
        Sucesos y remembranzas. México: Secapsa, 1979.   2
            v. (Events and Memories).

        Genre: Memoirs

        Period covered: 1898-1978?

This is an example of a writer totally absorbed by
his profession in his memoirs. Luis Gómez, beginning his
railroading career at the age of twelve in 1917, writes more
a history of railroads than his own life. Author involved
in railroad labor unions.

Este es un ejemplo de un escritor que en sus
memorias está totalmente absorto en su profesión. Luis
Gómez comienza su carrera en los ferrocarriles en 1917
cuando contaba 12 años. El escribe más una historia de los
ferrocarriles que de su propia vida. El autor estuvo
envuelto en uniones laborales de los ferrocarriles.

132.   GOMEZPERALTA, MAURO (?)
        Cuatro años y un embajador, 1967-1971. México:
            [s.n.], 1973.   233 p.   (Four Years and an
            Ambassador, 1967-1971).

        Genre: Memoirs

        Period covered: 1967-1971

The author as an ambassador writes of his experiences in two different assignments: the Dominican Republic
and Poland. In the first, he tends to be more autobiographical in focusing on his problems within Trujillo's
country; in the second, he evolves more of a tract on life
in a communist country.

El autor escribe de sus experiencias como embajador
en dos de sus asignaciones: la República Dominicana y

Polonia. En la primera, él tiende a ser más autobiográfico
al concentrarse en sus problemas con el país de Trujillo; en
la segunda, él desarrolla más un tratado sobre la vida en un
país comunista.

133.   GONGORA, PABLO DE (1860-1939)
       Memorias de un ministro. México: [Tallares
            tipográficos de L. Catano] 1936. 287 p.
       (Memoirs of a Minister).

       Genre: Memoirs

       Period covered: 1890-1910?

       Although a famous journalist and founder of the
newspaper, "Novedades," Pablo de Góngora (pseudonym for
Jesús M. Rábago) also was Subsecretary of Gobernación and
secretary to the governor of Puebla. These experiences
undoubtedly provided the material for his memoirs. In addition to a wise and vigorous personality, the figure imaged
in Memorias shows the patronage side of Mexican politics.

       El famoso periodista y fundador del periódico
"Novedades" Pablo de Góngora (seudónimo de Jesús M. Rábago)
fue también sub-secretario de Gobernación y secretario del
gobernador de Puebla. Fueron estas experiencias las que
indudablemente proveyeron el material para sus memorias.
Además de una personalidad sabia y vigorosa, la imagen presentada en Memorias muestra el lado del patronazgo en la
política mexicana.

134.   GONZALES, RAMON (1922-)
       Between Two Cultures; The Life of an American-
            Mexican as Told to John J. Poggie, Jr. Tucson,
       University of Arizona Press [1973] 94 p.

       Genre: Oral Autobiography

       Period covered: 1922-1963

       Most case histories have been generated by anthro-
pologists in México. This one differs in that its subject
or narrator is a Mexican who has lived on both sides of the
border. Ramón Gonzáles, a pseudonym, was born in Guanajuato
but spent many of his earlier years in California. He tells
of family problems, deportation, work in México as well as
in the U.S., and poverty. He appears to be indefinite in
self identity in that he is neither Mexican nor American.

       Los antropólogos en México han generado una can-
tidad considerable de expedientes. Este difiere en que el
narrador es un mexicano que ha vivido en ambos lados de la
frontera. Ramón Gonzáles, un seudónimo, nació en Guanajuato
pero pasó muchos de sus primeros años en California. El
habla sobre problemas familiares, deportación, trabajo en
México y en los Estados Unidos y pobreza. Gonzáles parece

no estar definido en su identidad personal en que él no es
ni mexicano ni americano.

135.   GONZALEZ, MANUEL W. (1889-)
         Con Carranza; episodios de la revolución constitu-
            cionalista, 1913-1914. Monterrey, N.L., México,
            J. Cantú Leal, 1933-1934. 2 vols. (With
            Carranza; Episodes of the Constitutionalist
            Revolution, 1913-1914).

         Genre: Memoirs

         Period covered: 1913-1914

        González belonged to the Army of the Northeast and
it is mainly as a Carranza partisan that he describes incidents of the Revolution in the North. More than other
memorialists of the same event, González has an eye for the
anecdote and a style that approaches the novel. Unfortunately he burdens his personal account with too many names and
tributes.

        González perteneció al ejército de noreste y
describe, como carrancista, los incidentes de la Revolución
en el norte. Más que los otros memorialistas del mismo
evento, González capta la anécdota y tiene un estilo que se
parece a la novela. Desafortunadamente, el autor sobrecarga
su recuento personal con demasiados nombres y tributos.

136.   GONZALEZ, MANUEL W. (1889-)
         Contra Villa, relatos de la campaña, 1914-1915.
            México, D.F.: Ediciones Botas, 1935. 379 p.
            (Against Villa; The Story of a Campaign,
            1914-1915).

         Genre: Memoirs

         Period covered: 1914-1915

        The too detailed memoirs of a Carrancista, General
Manuel W. González. Main value is information on the
Mexican Revolution and not the life of one individual or the
interpretation of an event.

        Estas son las memorias demasiado detalladas de un
carrancista, el general Manuel W. González. El valor principal recae en la información sobre la Revolución mexicana,
no en la vida de un individuo o en la interpretación de un
evento.

137.   GONZALEZ MARTINEZ, ENRIQUE (1871-1952)
         La apacible locura. México: Ediciones Cuadernos
            Americanos, 1951. 156 p. (The Gentle Madness).

Genre: Memoirs

Period covered: 1909-1949?

Whereas "El hombre del bujo" relates to the familial aspects of the author's life, La apacible locura concerns his creative activities, his literary contemporaries
and his diplomatic career.   He himself calls this work "...
[una] consignación reminiscente de una vida al mandato de
una vocación..." (p. 25)   In other words, he is tranferring
to the reader's custody his reminiscences concerning his
life as a poet.
The two worlds, creative and diplomatic, are almost
balanced and intertwined as the reader meets the Spanish
king as well as other luminaries from the author's intellectual and diplomatic worlds: Mario Vigil, López-Portillo y
Rojas, López Velarde, Leopoldo Lugones, Luis Urbina, Manuel
Jose Othón, José Juan Tablada, and Efrén Rebolledo.
Probably the first world, the creative, takes precedence and
has more interest for the reader.   Although the poet does
not go into the creative act, or explication of texts, he
gives a chronological history of his writings, comments on
each work and notes the critics and also tries to define the
concept, "poetry."   González Martínez, divulging his
feelings towards his creations, locates La apacible locura
in the field of autobiography.   He interacts with his
creative world and conveys this to the reader.   Probably one
of the more valuable Mexican autobiographies.

Mientras que "El hombre del buho" se relaciona con
los aspectos familiares de la vida del autor, La apacible
locura tiene que ver con sus actividades creativas, sus contemporáneos literarios y su carrera diplomática.   El mismo
considera esta obra "... (una) consignación reminiscente de
una vida al mandato de una vocación..." (p. 25).   En otras
palabras, él está trasladando a la custodia del lector sus
reminiscencias concernientes a su vida como poeta.
Los dos mundos, el creativo y el diplomático, están
casi balanceados y entrelazados tanto en el momento en que
el lector conoce al rey español como en otras lumbreras del
mundo intelectual y el diplomático del autor: Mario Vigil,
López Portillo y Rojas, López Velarde, Leopoldo Lugones,
Luis Urbina, Manuel José Othón, José Juan Tablada y Efrén
Rebolledo.   Probablemente, el primer mundo, el creativo, toma
precedencia y es de mayor interés para el lector.   Si bien el
autor no entra en la acción creativa, o la explicación de
textos, sí provee una historia cronológica de sus escritos,
comenta sobre cada obra, nota a los críticos y también trata
de definir el concepto "poesía."   González Martínez,
divulgando lo que siente hacia sus creaciones,   coloca a La
apacible locura en el campo de la autobiografía.   El se
relaciona estrechamente con su mundo creativo y se lo hace
saber al lector.   Probablemente una de las autobiografías
mexicanas más valiosas.

138.   GONZALEZ MARTINEZ, ENRIQUE (1871-1952)
       El hombre del buho: el misterio de una vocación.
          Guadalajara: Departamento de Bellas Artes del

Gobierno del Estado, 1973.   181 p.   (The Man of
the Owl: The Mystery of a Vocation).

Genre: Autobiography

Period covered: 1871-1911?

Traces his life in Guadalajara and Mocorito from
birth to 1911.   EGM describes family life detailing almost
ruthlessly the characteristics of his parents.   Noting
efforts to become a medical doctor, he simultaneously deve-
lops his creative life from his first bad verse to the
finding of his own voice in his third book, Silenter.   El
hombre del buho conforms more to the genre of autobiography
than the author's subsequent work La apacible locura for its
chronological organization and attention to finding a pattern that gives direction to a life.   EGM should be com-
mended also for his honesty, i.e., his noting of personal
defects.   Not as many interesting vignettes as in El apacible locura because author not as yet well known or
surrounded by other literati.

El autor delinea su vida en Guadalajara y Mocorito
desde el nacimiento hasta 1911.   Enrique González Martínez
describe su vida familiar detallando casi sin piedad las
características de sus padres.   El indica sus esfuerzos por
convertirse en médico mientras que desarrolla su vida
creativa desde su primer mal verso hasta que encontró su
propia voz en Silenter, su tercer libro.   El hombre del buho
se conforma más al género de la autobiografía que la
siguiente obra La apacible locura debido a su organización
cronológica y su búsqueda de un patrón que le dé dirección a
su vida.   EGM deber ser felicitado también por su honestidad, por ejemplo, al notar sus defectos personales.   Este
libro no contiene tantas viñetas interesantes como La apacible locura porque el autor no era tan conocido ni estaba
rodeado de literatos.

139.   GONZALEZ SALAZAR, PABLO   (1859-1922)
El general don Luis Caballero se rebela: diario.
Victoria [México]:   Universidad Autónoma de
Tamaulipas, 1976.   75 p.   (General Luis
Cabellero Rebels: Diary).

Genre: Diary

Period covered: 1918-1920

Author describes impartially one incident of the
Revolution in Tamaulipas.   The assassination of General
Emiliano P. Nafarrate precipitated a rebellion against
President Carranza.   One of the initiators of the rebellion
was General Luis Caballero whose name appears in the title
of this succinctly and unemotionally written diary.

El autor describe de manera imparcial un incidente
de la Revolución de Tamaulipas.   El asesinato del general
Emiliano P. Nafarrate precipitó una rebelión en contra del

presidente Carranza. Uno de los iniciadores de la rebelión
fue el general Luis Caballero cuyo nombre aparece en el
título de este diario breve y falto de emociones.

140. GUILLEN, CLEMENTE (1678-1748)
        Clemente Guillén; Explorer of the South; Diaries of
        the Overland Expeditions to Bahia Magdalena and
        La Paz, 1719, 1720-1721. Translated and edited
        by W. Michael Mathes. Los Angeles, Calfornia:
        Dawson's Book Shop, 1979. 93 p.

        Genre: Diary

        Period covered: 1719-1721

        As suggested by the title, these diaries show little
of the personality of the author except as reflected by his
interest in Indian cultures, in this case, the Guaycura
nation. The expedition to these Indians had two purposes:
establish a coastal route southward and aid in the founding
of a new mission.

        Tal y como lo sugiere el título, estos diarios
muestran muy poco de la personalidad del autor aparte del
interés que expresa hacia las culturas indígenas, en este
caso la nación Guaycura. Las expediciones a estas culturas
tenían dos propósitos: establecer una ruta hacia el sur a
lo largo de la costa y ayudar en la fundación de una nueva
misión.

141. GUITERAS HOLMES, CALIXTA (1900-date of birth of Manuel
        Arias Sohóm). Los peligros del alma; visión del
        mundo de un tzotzil. [Edición: Frank Pérez
        Alvarez. Habana, Instituto Cubano del Libro]
        1972. 309 p.
        Trans.: Perils of the Soul. [New York] Free Press
        of Glencoe [1961].

        Genre: Oral Autobiography

        Period covered: 1900-1956?

        At the request of Robert Redfield, the well known
anthropologist, Guiteras Holmes interviewed Manuel Arias
Sohóm, a Tzotzil Indian from Chiapas. Unlike other works of
this nature, the questions are present. In the course of
the long interview, Manuel reveals much about his own and
his family's lives, but more importantly he focuses on the
spiritual world of his people.

        A petición de Robert Redfield, el conocido antropó-
logo, Guiteras entrevistó a Manuel Arias Sohóm, un indio
tzotzil de Chiapas. A diferencia de otras obras de esta
naturaleza, las preguntas están presentes. Durante el curso
de la larga entrevista, Manuel revela mucho sobre su vida y
la de su familia, pero lo que es más importante, él se con-

centra en el mundo espiritual de su gente.

142.   GURIDI Y ALOCER, JOSE MIGUEL (1763-1828)
       Apuntes de la vida de D. José Miguel Guridi y
       Alcocer. México, Moderna Librería religiosa de
       J.L. Vallejo, s. en c., 1906. 192 p. (Notes on
       the Life of José Miguel Guridi y Alcocer).

       Genre: Memoirs

       Period covered: 1763-1801?

       Guridi y Alocer was a product of the Enlightenment.
Born in Tlaxcala, he received three bachelor degrees from
the University of México. He became a priest and a doctor
of theology and held several high church offices. He was
also a member of the Cortes of Cadiz. His best known work
is Apuntes. It is one of the few memoirs written prior to
independence. A human document modeled on Rousseau, Apuntes
also has the flavor of the picaresque.

       Guridi y Alocer fue un producto de la Ilustración.
Nacido en Tlaxcala, él recibió tres grados de bachillerato
de la Universidad de México. Se hizo sacerdote y doctor en
teología y ocupó varios altos puestos clericales. El también fue miembro de las Cortes de Cádiz. Su más conocida
obra es Apuntes. La misma es una de las pocas memorias
escritas antes de la independencia. Apuntes, como documento
humano al estilo de Rousseau, también tienen un sabor del
picaresco.

143.   GUZMAN, MARTIN LUIS (1887-1976)
       Apuntes sobre una personalidad. México, [n.p.] c.
       1955. 49 p. (Notes about a Personality).

       Genre: Autobiographical Essay

       Period covered: 1895?-1954?

       Briefly Martín Luis Guzmán gives the early context
for his present formation. He loved beauty and reading.
One of his gods was to be a liberal like Guillermo Prieto.
More interestingly, he tries to assess his pro-Villa stance.
The perspective of 67 years may distort the image of the boy
who became a famous writer and liberal.

       Martín Luis Guzmán da un breve recuento del tras-
fondo de su formación presente. El amaba la belleza y la
lectura. Una de sus metas era ser un liberal como Guillermo
Prieto. Lo que es más interesante, Guzmán trata de
establecer su postura pro-Villista. La perspectiva a la
edad de 67 años puede distorcionar la imagen del niño que se
convirtió en un escritor y liberal famoso.

144. GUZMAN, MARTIN LUIS (1887-1976)
      El aguila y la serpiente. México, Editorial
         Anahuac, [1949] 469 p.
      Trans.: The Eagle and the Serpent. Translated from
         Spanish by Harriet de Onís. Garden City, N.Y.,
         Dolphin Books [1965].

      Genre: Memoirs

      Period covered: 1913-1915

      Written in 1929, El águila y la serpiente is one of
México's best and most controversial creations. The polemics on this classic stem from its hybrid nature that allows
it to be called both novel and autobiography. Guzmán, in
first person narration, focuses on his youthful self
directly involved in the Mexican Revolution. The incorporation of self and its relation to actual events and personalities of this movement favor locating this work within
autobiography or history. Simultaneously, Guzmán's talent
as a stylist, as a memorable recreator of scenes and as an
inventor of a novelistic but picaresque plotline clearly
suggest affinity with the novel.

      Escrita en 1929, El águila y la serpiente es una de
las mejores y más controversiales creaciones de México. Las
polémicas de este clásico radican en su naturaleza híbrida
que le permite ser llamada tanto novela como autobiografía.
Guzmán, a través de una narración en primera persona, se
concentra en su joven "yo" que estuvo directamente envuelto
en la Revolución mexicana. La incorporación de su propio
ser y de su relación con sucesos y personalidades reales
favorecen la clasificación de esta obra como autobiografía o
historia. Simultáneamente, el talento de Guzmán como un
estilista, como un memorable recreador de escenas y como el
inventor de un argumento novelístico pero también picaresco
claramente sugieren una afinidad con la novela.

145. GUZMAN, MARTIN LUIS (1878-1915-dates of Pancho Villa)
      Memorias de Pancho Villa. 9ed. México, Compañia
         General de Ediciones [1966]. 950 p.
      Trans.: Memoirs of Pancho Villa. Translated by
         Virginia H. Taylor. Austin: Univ. of Texas
         Press [1970; c.1965]

      Genre: Oral Autobiography

      Period covered: 1895-1915

      Although labeled "memoirs," this book in techniques
and in uses of primary sources almost fits into the category
of oral autobiography. According to Guzmán in an interview
with Emmanuel Carballo, every word here can be verified
either by testimony of an eyewitness or by document.
Furthermore, Guzmán after innumerable conversations with
Villa tried to transcribe them using the general's words.
The result is one of the most exciting documents of Mexican
autobiography. With an almost picaresque structure, the

book is created through Villa's narration: episodes from
childhood, the struggle for justice, battles in the
Revolution, and justification of actions. Memorias is popu-
lated with luminaries of the period.

Este libro, aunque clasificado como memorias, usa
las técnicas y las fuentes primarias de la autobiografía
oral. Según lo que dijera Guzmán en una entrevista con
Emmanuel Carballo, cada palabra en este libro puede ser
verificada ya sea por el testimonio de algún testigo o por
algún documento. Además Guzmán trató de transcribir las
palabras exactas del general luego de innumerables conversaciones con él. El resultado es uno de los documentos más
interesantes de la autobiografía mexicana. El libro está
formado por la narración de Villa de manera casi picaresca:
episodios de su niñez, la lucha por la justicia, las
batallas de la Revolución y la justificación de sus
acciones. La obra Memorias está repleta de celebridades de
la época.

146. HENESTROSA, ANDRES (1906?-)
      3 [i.e. tres] cartas autobiográficas. México:
      [Secretaría de Educación Pública] 1967. 67 p.
      (Three Autobiographical Letters).

      Genre: Letters

      Period covered: 1906-1915?

Henestrosa is a writer, magazine editor, and professor of literature. In these three letters he evokes much
of his childhood in Oaxaca. Probably the best is his
"Retrato de mi madre" which reveals his pride in his Indian
heritage. As autobiographical writings, these are brief but
exquisitely written.

Henestrosa es un escritor, director de una revista
y profesor de literatura. En estas tres cartas él evoca
gran parte de su niñez en Oaxaca. La mejor es probablemente
"Retrato de mi madre" la cual revela su orgullo por su
herencia indígena. Estos escritos autobiográficos son breves pero están escritos de manera exquisita.

147. HENRIQUEZ UREÑA, PEDRO (1889-1959)
      Epistolario íntimo, 1906-1946/Pedro Henríquez Ureña
      y Alfonso Reyes. Santo Domingo: UNPHU, 1981.
      3 vols. (1906-1946/Pedro Henríquez Ureña and
      Alfonso Reyes) (Personal Correspondence).

      Genre: Letters

      Period covered: 1906-1946

As the prologue states, "This collection contains
the correspondence of an entire life that crossed between
Pedro Henríquez Ureña and Alfonso Reyes, two glories of

Spanish American letters and thought of our century." (p. 5)
Reyes reveals more of himself than in his autobiographies
(see entries #254 and #258). Postmarked Cuba, Spain,
France, Argentina and Brazil, the letters disclose mainly an
intellectual life but also details of family, surroundings
and opinions on political events both abroad and in México.

Como declara el prólogo, "Esta colección contiene la
correspondencia de una vida entera, que se intercambió entre
Pedro Henríquez Ureña y Alfonso Reyes, dos glorias de las
cartas y del pensamiento hispanoamericano de nuestro siglo."
(p. 5) Reyes revela más de sí mismo que en sus autobiografías (ver partidas #254 y #258). Con matasellos de
Cuba, España, Francia, Argentina y Brasil, las cartas
descubren principalmente una vida intelectual aunque también
detalles sobre la familia, los alrededores y las opiniones
sobre sucesos políticos tanto en el extranjero como en
México.

148. HOLDERMAN, JENNIFER (1948-)
      Jennifer Holderman; estudio de un caso/c. Manuel
      Esparza [editor]. [México] Instituto Nacional
      de Antropología e Historia, Centro Regional de
      Oaxaca, c. [between 1975 and 1979). (Jennifer
      Holderman, A Case Study).

      Genre: Oral Autobiography

      Period covered: 1930-1978?

      Technically this autobiography, because its subject
is an American living in México, should be excluded.
However, author Esparza, apparently a Mexican anthropologist, found Jennifer, a hippie living in a Oaxacan commune
and interviewed her for a period of ten months. This
reverse situation gives the Mexicans an opportunity to
experience an American autobiography prompted by one of
their nationals. Holderman, of Austrian Jewish descent via
New York, expresses her disenchantment with contemporary
society: anger at her university, boredom with education,
sexual freedom, drug use, especially in México, and a desire
for social change.

      Esta autobiografía debería ser excluida ya que la
persona estudiada es estadounidense que vive en México. Sin
embargo, el autor Esparza, un supuesto antropólogo mexicano,
encontró a Jennifer, una "hippie" que vivía en una comuna,
en Oaxaca y la entrevistó por un período de diez meses. La
situación opuesta le da al mexicano la oportunidad de
experimentar una autobiografía estadounidense instigada por
uno de sus compatriotas. Holderman es de herencia judia-
austriaca y expresa su desencanto con la sociedad contem-
poránea: el enojo con su universidad, el aburrimiento con
la educación, la libertad sexual, el uso de la droga, especialmente en México y el deseo de un cambio social.

149.   HUERTA, ADOLFO DE LA (1881-1955)
        Memorias de don Adolfo de la Huerta según su propio
        dictado. México: Ediciones "Guzmán", [1957],
        337 p. (Memoirs of Adolfo de la Huerta
        according to His Own Dictation).

        Genre: Memoirs

        Period covered: 1908-1950?

        These memoirs are usually in the third person
because they were dictated to de la Huerta's secretary,
Roberto E. Guzmán. They cover mainly the years 1908-1923:
the revolt against the dictatorship, efforts to pacify
Yaquis, union with Carranza against Victoriano Huerta,
governor of Sonora, collaboration with Obregón against
Carranza, president of México and the De la Huerta-Lamont
Treaty. Very little introspection or interpretation or
portraits of contemporaries. The memorialist's image, tem-
pered by the intervention of the amanuensis, is diluted.
The writings seem to be more the product of an editor;
furthermore, the recreated dialogues lend the fictional air
of the novel. The self rarely emerges.

        Estas memorias están generalmente en tercera per-
sona ya que fueron dictadas a Roberto E. Guzmán, secretario
de Adolfo de la Huerta. Las mismas cubren los años
1908-1923 principalmente: la revuelta en contra de la dic-
tadura, los esfuerzos por pacificar al los yaquis, la unión
con Carranza en contra de Victoriano Huerta, el gobernador
de Sonora, la colaboración con Obregón en contra de
Carranza, el presidente de México y el Tratado De la
Huerta-Lamont. La introspección, interpretación y los
retratos de sus contemporáneos son muy pocos. La imagen del
memorialista se ve ablandada por la intervención del amanuense y, por lo tanto, resulta diluída. Estos escritos
parecen ser el producto de un editor; además de que sus
diálogos recreados crean la atmósfera ficticia de la novela.
Hay muy poco concerniente a su propio "yo."

150.   HUERTA, EPITACIO (1827-1904)
        Memoria en que el C. general Epitacio Huerta dio
        cuenta al congreso del Estado del uso que hizo de
        las facultades con que estuvo investido durante
        su administración dictatorial. Morelia:
        Imprenta de Ignacio Arango, 1861. 66 p.
        (Memoir in Which General Epitaico Huerta Gave an
        Account of the Use That He Made of the Powers
        with Which He Was Invested during His Dic-
        tatorial Administration).

        Genre: Memoirs

        Period covered: 1858-1861

        A military man, Huerta was elected to the gover-
norship of Michoacán in 1858. These memoirs defend his
regime.

El oficial militar Huerta fue elegido gobernador de Michoacán en 1858. Estas memorias defienden su régimen.

151. HUERTA, VICTORIANO (1854-1915)
       Memorias del general Victoriano Huerta. San
           Antonio, Texas: Impreso por la Librería de
           Quiroga. [19-?] 96 p. (Memoirs of General
           Victoriano Huerta).

       Genre: Memoirs

       Period covered: 1910-1915?

       In these apocryphal memoirs, in a style more that of a professional writer than a military man, Huerta describes the turbulent 1910-1915 years. Suspicious, in addition to the style, are the self revelations of a love for alcohol and a fondness for killing. This type of self exposure does not appear in Mexican autobiography.

       En estas memorias apócrifas Huerta describe los turbulentos años entre 1910 y 1915. Su estilo es más el de un escritor profesional que el de un militar. Aparte del estilo, las revelaciones sobre su amor por el alcohol y su atracción por matar son un poco sospechosas. Este tipo de revelaciones sobre sí mismo no aparece en la autobiografía mexicana.

152. ICAZA, ALFONSO DE (1897?-)
       Así era aquello...sesenta años de vida metropoli-
           tana. México, Ediciones Botas, 1957. 318 p.
           (Thus Was That...60 Years of Metropolitan Life).

       Genre: Memoirs

       Period covered: 1890-1952

       Icaza rather than concentrating on self remembers his aristocratic childhood during the Porfiriato: music, architecture, personalities, theatre medicine, political life, transportation, etc. His memoirs, more than autobiography, are a biography of the cultural life of México.

       En vez de concentrarse en sí mismo, Icaza recuerda su niñez aristocrática durante el Porfiriato: la música, arquitectura, personalidades, teatro, medicina, vida política, transportación, etc. Sus memorias, más que una autobiografía, constituyen una biografía de la vida cultural de México.

153. IDUARTE, ANDRES (1907-)
       Don Pedro de Alba y su tiempo. México, Editorial
           Cultura [1962 i.e., 1963] 135 p. (Don Pedro de
           Alba and His Time).

Genre: Memoirs

Period covered: 1928-1960

Although ostensibly a biography of the famous
Mexican educator and writer, Pedro de Alba (see entry no.
10), this book shares compatibly with both genres of
biography and autobiography. In his affectionate recalling
of his maestro in both preparatory school and university,
Iduarte evokes as many memories of his own student life and
companions. In a much more optimistic tone, this begins
where El mundo sonriente ended.

Aparentemente este libro es una biografía del
famoso educador y escritor mexicano Pedro de Alba (ver partida #10). Sin embargo, el mismo comparte características
de dos géneros: biografía y autobiografía. Iduarte evoca
muchas memorias de su vida estudiantil, sus compañeros y
recuerda afectuosamente a su maestro de la escuela preparatoria y de universidad. Este libro comienza en donde termina El mundo sonriente y contiene un tono mucho más
optimista.

154.   IDUARTE, ANDRES (1907-)
       México en la nostalgia. México, Editorial Cultura,
       [1965]. 112 p. (Mexico in Nostalgia).

Genre: Memoirs

Period covered: 1910-1964?

The author of Un Niño en la Revolución mexicana
(see below) here provides us with some intimate glimpses of
his childhood as he relates to his parents and cousin.
Early school also has a role. These autobiographical
moments were published independently between 1935 and 1941
while the author was abroad as a representative of the
Mexican government. A mixture of autobiography and an essay
on the meaning of México to Mexicans, the collection is
hybrid.

El autor de Un niño en la Revolución mexicana nos
permite aquí unas ojeadas íntimas a su niñez en relación con
sus padres y su primo. La escuela primaria es también
importante. Estos momentos autobiográficos fueron publicados independientemente entre 1935 y 1941 mientras el autor
estaba en el extranjero como representante del gobierno
mexicano. Esta obra es una mezcla de autobiografía y de
ensayo sobre el significado de México para los mexicanos.

155.   IDUARTE, ANDRES (1907-)
       El mundo sonriente. [México] Fondo de Cultura
       Económica, [1968] 111 p. (The Smiling World).

Genre: Memoirs

Period covered: 1923-1928

        Iduarte continues his autobiography, Un niño en la
Revolución Mexicana (see #154 and #156). In exception to
almost all of his contemporaries who also present themselves
in autobiography, Iduarte is unafraid of detailing his emotions as in his adolescent love. From several episodes he
draws a remarkable vignette of Garrido Canabal, the leftist
governor of Iduarte's native state, Tabasco. Noteworthy
also is Iduarte's honesty and even cynicism in exposing
Mexican law school and students of his generation. His
frankness in portrayal and his talent as a writer categorize
him as one of México's best autobiographers.

        Iduarte continúa su autobiografía Un niño en la
Revolución Mexicana (ver #154 y #156). A diferencia de la
mayor parte de sus contemporáneos que son también autobiógrafos, Iduarte no teme en dar detalles de sus emociones
tales como su amor de adolescente. De varios episodios él
extrae una viñeta extraordinaria de Garrido Canabal, gobernador izquierdista del estado natal de Iduarte, Tabasco.
También notable son la honestidad y el cinismo de Iduarte al
presentar la escuela de leyes de México y los estudiantes de
su generación. Su franqueza en la descripción y su talento
como escritor lo clasifican como uno de los mejores autobiógrafos mexicanos.

156.   IDUARTE, ANDRES (1907-)
            Un niño en la Revolución mexicana. [México]
                Obregón, 1954, 133 p.
            Trans.: Niño, Child of the Mexican Revolution.
            Translated and adopted by James F. Shearer. New
            York: Praeger, 1971.

            Genre: Autobiography

            Period covered: 1907?-1930?

        Must be one of the best Mexican autobiographies.
Its brief chapters go from childhood to early manhood with a
believable change in character when the subject loses his
innocence. His adoration of Porfiro Díaz gradually turns
into acceptance and eventual shame. Seen through the eyes
of a child, the Mexican Revolution appears to be a negative
force. However, here is the major problem. The author with
hindsight recaptures his past but appears to impose adult
ideas and judgements on his childhood. His noting the
hypocrisy of the Revolution appears to be a precocious evaluation for a child. The major theme, growing up in México,
is developed through vignettes of the family and the author
and his education in Villahermosa, Veracruz, Campeche and
Mexico City. The best drawn character is the father.

        Sin duda una de las mejores autobiografías mexica-
nas. Sus cortos capítulos recorren desde la niñez hasta la
temprana adultez con una increíble transición de carácter
cuando el personaje pierde su inocencia. Su adoración por
Porfirio Díaz se convierte gradualmente en aceptación y,

eventualmente, en vergüenza. Visto a través de los ojos de
un niño, la Revolución mexicana parece ser una fuerza nega-
tiva. Sin embargo, he aquí el gran problema. El autor
recuerda su pasado en retrospección pero parece imponer
ideas y juicios adultos sobre su niñez. Su reconocimiento
de la hipocresía de la Revolución parece ser una precoz evaluación para un niño. El tema principal, su crianza en
México, se desarrolló a través de viñetas de la familia y del
autor y su educación en Villahermosa, Veracruz, Campeche y
la Ciudad de México. El personaje mejor logrado es el
padre.

157.   IGLESIAS, JOSE MARIA (1823-1891)
        Autobiografía del Sr. Lic. D. José M. Iglesias.
            México: Antigua Imprenta de E. Murguía, 1893.
            78 p.

        Genre: Memoirs

        Period covered: 1823-1885

        Notwithstanding the title, these are memoirs.
Iglesias covers his genealogy and childhood in one page and
then begins his career: councilman, journalist, member of
Junta de Crédito, Secretary of the Department of Interior,
supreme court judge, liberal in the War of Reform, official
in ambulant government of Juárez, congressman, minister of
gobernación, and vice president of México. The memoirs
reveal accomplishment rather than personality. Occasionally
he gives an excellent summary of a public personage such as
Juárez or Lerdo de Tejada. Bitter and resigned at the end.

        Esta obra, a pesar de su título, constituye las
memorias de su autor. Iglesias cubre su genealogía y su
niñez en una página y luego comienza con sus carreras: regi-
dor, periodista, miembro de la Junta de Crédito, Secretario
del Departamento del Interior, Juez del Tribunal Supremo, un
liberal en la Guerra de la Reforma, oficial en el gobierno
ambulante de Juárez, congresista, ministro de gobernación y
vicepresidente de México. Las memorias cuentan más de sus
éxitos que de su personalidad. De vez en cuando el autor
hace unos excelentes resúmenes de tales personalidades
públicas como Juárez o Lerdo de Tejada. Al final de las
memorias el autor se muestra amargado y resignado.

158.   ITURBIDE, EDUARDO (1878-1952)
        Mi paso por la vida. México, Editorial Cultura,
            1941. 275 p. (My Passage through Life).

        Genre: Memoirs

        Period covered: 1878-1940?

        Memoirs of a Mexican aristocrat, lateral descendant
of the Emperor Iturbide, who recalls the Porfiriato and the
circle that frequented the Jockey Club. Briefly governor of

the Distrito Federal of México, Iturbide arranged the Treaty of Teoloyucan for the evacuation of federal troops from the capital. Exiled to the U.S., he had contacts with major officials in Washington. Although memoirs can be read with interest, especially his eventful escape to the U.S., the final chapters are polemics on México of the 1930's.

Memorias de un aristócrata mexicano descendiente del Emperador Iturbide. El autor recuerda el Porfirato y el círculo que frecuentaba el Jockey Club. Iturbide fue gobernador del Distrito Federal de México por un corto período de tiempo durante el cual hizo los arreglos para el Tratado de Teoloyucan. Este tratado fue el que dispuso la evacuación de las tropas federales de la capital. Al ser exiliado a los Estados Unidos, Iturbide estableció contactos con importantes oficiales en Washington. Las memorias proveen una lectura interesante especialmente por el recuento de su memorable huída a los Estados Unidos. Sin embargo, los capítulos finales sólo tratan de diversas polémicas en México durante la década de 1930.

159. JANSSENS, VICTOR EUGENE AUGUST (1817-1894)
       The Life and Adventures in California of Don
             Agustín Janssens, 1834-1856; edited by William
             H. Ellison and Francis Price. [Translated by
             Francis Price] San Marino, California,
             Huntington Library, 1953. 165 p.

       Genre: Memoirs

       Period covered: 1822-1856

       This is another autobiography prompted at the insistence of Hubert H. Bancroft. Janssens, though born in Belgium, immigrated to México when he was eight years old and at the age of seventeen he migrated to California with the Híjar and Padres colony. Rancher and businessman, Janssens lived under three governments, México, California, and the U.S. His narration provides many interesting details on Indians, government, church and agriculture in an informal style.

       Esta es otra autobiografía que surgió a consecuencia de la insistencia de Hubert H. Bancroft. Janssens nació en Bélgica pero emigró a México a la edad de ocho años y luego, a los diecisiete, se fue a California con la Colonia Padres e Híjar. El ranchero y hombre de negocios Janssens vivió bajo tres gobiernos: el de México, el de California y el de los Estados Unidos. Su narración informal provee muchos detalles interesantes sobre los indios, el gobierno, la iglesia y la agricultura.

160. JARAMILLO, RUBEN M. (1900?-1962)
       Autobiografía/Rubén M. Jaramillo. México:
             Editorial Nuestro Tiempo, 1973. 167 p.

Genre: Memoirs

Period covered: 1914-1962

Curiously, this autobiography is written in third person. Jaramillo, a rural labor organizer and martyr from the region of Zapata, was assassinated along with his family in 1962. This is reputedly his interrupted autobiography.

Es curioso que esta autobiografía esté escrita en tercera persona. Jaramillo era un mártir y organizador laboral rural de la región de Zapata que fue asesinado junto a su familia en 1962. Según se cree, ésta es su autobiografía interrumpida.

161. JIMENEZ, LUZ (1890?-1965)
      De Porfirio Díaz a Zapata; memoria nahuatl de Milpa
      Alta. Rocopilación y traducción: Fernando
      Horcasitas. [2.ed. Mexico] UNAM, Instituto de
      Investigaciones Históricas [1974]
      Trans.: Life and Death in Milpa Alta; a Nahuatl
      Chronicle of Díaz and Zapata. Translated and
      edited by Fernando Horcasitas from the Nahuatl
      Recollections of Luz Jiménez.

Genre: Oral Autobiography

Period covered: 1905-1919

In the first part of this oral narration of a Nahuatl-speaking woman is given the cultural life of Milpa Alta: education, food, Lord of Chalma, and family. The second part of her story incorporates the Revolution and her village through the invasions of the Zapatistas and Carrancistas. Village profiled in more detail than the narrator's personality.

Esta es una narración oral de una mujer cuya lengua materna es el nahuatl. La primera parte de la misma trata de la vida cultural de Milpa Alta que incluye la educación, la comida, el Señor de Chalma y la familia. La segunda parte de su historia incorpora la Revolución y su villa a través de las invasiones zapatistas y carrancistas. En esta narración se ve con mayor detalle el perfil de la villa que la personalidad de la narradora.

162. JUAREZ, BENITO PABLO (1806-1872)
      Apuntes para mis hijos; datos autobiográficos del
      benemérito de las Américas, tomados de su
      archivo privado. México, Editorial Cronos,
      1955. 174 p. (Notes for My Children;
      Autobiographical Data of a Worthy of the
      Americas, Taken from His Private Archive).

Genre: Memoirs

Period covered: 1806-1864

The most personal of these pages concern Juárez's youth, early education, and study for the legal profession. The rest deal with his political life. The later entries are mere factual accounts with little assessment.

Las páginas más personales dentro de estos Apuntes tratan de la juventud, la educación primaria y los estudios de leyes de Juárez. El resto tiene que ver con su vida política. Las últimas inclusiones son meros recuentos de hechos que contienen muy poca evaluación de los mismos.

163.   LARA, J. ANDRES (1895-)
    Prisionero de callistas y cristeros. México,
       Editorial Jus, 1954. 117 p. (Prisoner of
       Callistas and Cristeros).

Genre: Memoirs

Period covered: 1926-1929?

Adventures of a Jesuit priest stationed at Mission Tarahumara during the Cristero rebellion. Captured, harrassed and freed first by Callistas, Lara is sent on a mission to convince the Bajío Cristeros of the superior strength of government forces. With the Cristeros, he suffers almost the same fate as with the Callistas.

Esta obra cubre las aventuras de un sacerdote jesuita asignado a la Misión Tarahumara durante la Rebelión Cristera. Lara fue capturado, acosado y libertado primeramente por los callistas. Luego se le fue asignada la misión de convencer a los cristeros de Bajío de que las fuerzas gubernamentales eran superiores. Lara llega a sufrir con los cristeros casi lo mismo que sufrió con los callistas.

164.   LEÑERO, VICENTE (1933-)
    Vicente Leñero. México: Empresas Editoriales,
       1967. 62 p.

Genre: Autobiographical Essay

Period covered: 1967

Short story writer, novelist, and playwright, Leñero renders a unique autobiographical account. The traditionally depicted life, childhood, family, and intellectual influences are subordinated to his detailed struggle to write the essay. He combats verbally with a relentless alter ego that derides Leñero's creations.

El cuentista, novelista y dramaturgo Vicente Leñero provee un recuento autobiográfico único. El tradicional interés de describir la vida, la niñez, la familia y las influencias intelectuales queda aquí subordinado a su lucha

detallada por escribir el ensayo. Leñero combate ver-
balmente con un ego alterno que ridiculiza las creaciones
del autor.

165.   LEON OSSORIO, ADOLFO (1890?-)
       Mis confesiones. México, 1946. 79 p. (My
          Confessions).

       Genre: Memoirs

       Period covered: 1910-1945

       León Ossorio, with the usual passion of
memorialists of the Revolution, recounts his adventures as a
Maderista and an anti Obregonista and his later political
preferences. He distinguishes himself in two ways from
other writers of memoirs of the same period: he travelled
outside of México to the U.S., Cuba and Central America; he
writes well. Furthermore his memoirs are free of documents
and quotations and lists of soldiers' names.

       León Ossorio recuenta sus aventuras como maderista
y antiobregonista y sus posteriores preferencias políticas.
Esto lo hace con la pasión que es común entre los
memorialistas de la Revolución. El se distingue de los
otros memorialistas de su época en dos aspectos: sus viajes
fuera de México a los Estados Unidos, Cuba y América Central
y él escribe muy bien. Además, sus memorias carecen de documentos, citas y listas de nombres de soldados.

166.   LEPE, JOSE I. (1902-)
       Reflexivo hurgar en mis recuerdos. México, 1974.
          96 p. (A Thoughtful Stirring of My Memories).

       Genre: Memoirs

       Period covered: 1902-1973

       Military and expert on horses, Lepe has written
articles and compiled reference books on the latter topic.
His memoirs/scrapbook naturally relates to equitation in
México.

       El militar y experto en caballos, José I. Lepe ha
escrito artículos y recopilado referencias de libros sobre
este último tópico. Sus memorias/álbum de recuerdos tratan
naturalmente de la equitación en México.

167.   LERDO DE TEJADA, SEBASTIAN (1823-1889)
       Memorias de Sebastián Lerdo de Tejada. [México,
          Editorial Citlatepetl, 1959] 259 p.

       Genre: Memoirs

Period covered: 1823-1877?

Apocryphal memoirs of Lerdo de Tejada attributed to
Adolfo Carrillo, a journalist and contemporary of the former
confidant of Juárez. Regardless of authenticity, these are
some of the most delightful memoirs in México. The author
has much more "don de la palabra" than most Mexican politicians or diplomats. He is witty, aphoristical and scandalous in comments about his contemporaries and the Mexican
character. The memoirs, divided between Lerdo's Mexican
years and his exile in the U.S., are an original example of
the variety within autobiography in México.

Memorias apócrifas de Lerdo de Tejada que son atri-
buídas a Adolfo Carrillo, un periodista y contemporáneo de
este confidente de Juárez. Haciendo caso omiso del problema
de la autenticidad, estas memorias son de las más encan-
tadoras de México. El autor tiene mayor don de la palabra
que la mayoría de los políticos o diplomáticos mexicanos.
El es ocurrente, aforístico y escandaloso en sus comentarios
sobre sus contemporáneos y el carácter mexicano. Las
memorias están divididas entre los años de Lerdo en México y
su exilio en los Estados Unidos. Las mismas son un original
ejemplo de la variedad que existe dentro del género de la
autobiografía en México.

168.   LERMA, OLGA YOLANDA (1898?-)
       Vida de un reportero. México, 1953 62 p.   (Life
          of a Reporter).

       Genre: Memoirs

       Period covered: 1908-1950?

       Life of an ambitious, lower class Mexican woman who
wishes to become a reporter. Beginning her career in
Chihuahua, she flees to the U.S. to escape Villa's wrath.
In Los Angeles her efforts to own her own newspaper end in
disaster. She returns to Mexico City and spends the rest of
her life as a reporter.

       Esta obra muestra la vida de una mujer mexicana,
ambiciosa y de clase baja que desea convertirse en reportera. Ella comenzó su carrera en Chihuahua pero luego huyó a
los Estados Unidos para escapar de la ira de Villa. Estando
en los Los Angeles ella intenta establecer su propio
periódico pero sus esfuerzos terminan en desastre. Ella
regresa a la Ciudad de México en donde pasa el resto de su
vida como reportera.

169.   LEWIS, OSCAR (1915? birth year of Jesús Sánchez)
       Los hijos de Sánchez: autobiografía de una familia
          mexicana. México, Fondo de Cultura Económica
          [1965].   531 p.
       Tran.: (The Children of Sanchez; Autobiography of
          a Mexican Family. New York, Random House [c,

1961].   499 p.

Genre: Oral Autobiography

Period covered: 1900-1958?

Lewis' own words best describe his work. "This
book is about a poor family in Mexico City, Jesús Sánchez,
the father, age fifty, and his four children...My purpose is
to give the reader an inside view of family life and of what
it means to grow up in a one-room home in a slum tenement in
the heart of a great Latin American city which is undergoing
a process of rapid social and economic change." With
questions to prompt responses and his tape recorder ready to
record them, Lewis draws out the autobiographies of the four
children. Each of the four presents his confession in three
separate parts. The technique provides a multiplicity of
views in an environment brutal, realistic and desperate for
Mexican autobiography.

Las propias palabras de Lewis son las que mejor
describen su obra: "Este libro trata sobre una familia
pobre en la Ciudad de México, Jesús Sánchez, el padre, de
cincuenta años de edad y sus cuatro hijos...Mi propósito es
el de dar al lector una perspectiva interna de la vida familiar y de lo que significa crecer en un hogar de un sólo
cuarto en un barrio en el corazón de una gran ciudad latinoamericana que está pasando por un rápido proceso de cambio
social y económico." A través de preguntas que produzcan
respuestas y su grabadora lista para grabar, Lewis extrae
las autobiografías de los cuatro hijos. Cada hijo presenta
su confesión en tres partes separadas. Esta técnica permite
una multiplicidad de perspectivas dentro de un ambiente que
es brutal, realista y muy desesperado para una autobiografía
mexicana.

170.   LEWIS, OSCAR (1900-1962 dates of Guadalupe)
       A Death in the Sanchez Family. New York, Random
       House [1969] 119 p.

Genre: Oral Autobiography

Period covered: 1962

Lewis continued his contact with the Sánchez family
after the publication of The Children of Sanchez in 1961.
In A Death he centers upon Guadalupe's life and her lonely
tragic demise in a Mexico City slum. Her niece and two
nephews each react to her death in separate monologues organized under "The Death", "The Wake" and "The Burial." The
brutality of detail and the sincerity of the survivors make
for an unusually frank and disconcerting collective autobiography of a Mexican family.

Lewis dio seguimiento a su contacto con la familia
Sánchez después de la publicación de The Children of Sánchez
en 1961. En A Death él se concentra en la vida de Guadalupe
y en su trágica muerte en un barrio dentro de la Ciudad de

México. Su sobrina y dos sobrinos dan sus reacciones ante
su muerte en monólogos separados titulados: "La muerte,"
"El velorio" y "El entierro." La brutalidad de los detalles
y la sinceridad de los sobrevivientes hacen que esta autobiografía colectiva de una familia mexicana sea una excep-
cionalmente franca y desconcertante.

171.   LEWIS, OSCAR (1889-date of birth of Pedro Martínez)
       Pedro Martínez; un campesino mexicano y su familia.
       J.M. [ortiz, 1964] 459.
       Tran.: Pedro Martínez; a Mexican Peasant and His
       Family. New York: Random House, [c. 1964] 507 p.

       Genre: Oral Autobiography

       Period covered: 1887-1963

       This is Lewis's final tape-recorded autobiography of
a Mexican rural family that lived through the Revolution.
The village environment, the Revolution and its effects,
religion, and personal problems are made concrete through
the sequential narrations of Pedro, Esperanza and Felipe.
In contrast to Sánchez, their counterparts living in an
urban slum, the Martínez family is rural, Indian and with
various levels of fluency in Nahuatl. The central personage
is Pedro, the father, a Zapatista, a Protestant convert, and
somewhat of a leader in his village. Violence, brutality
and a realism of environmental detail also predominate in
this autobiography. Both the Martínez and Sánchez families
were introduced earlier in Five Families in which Lewis
availed himself of the biographical form.

       Esta es la última autobiografía grabada de una
familia rural mexicana que vivió durante la Revolución. Las
narraciones consecutivas de Pedro, Esperanza y Felipe
concretizan el ambiente de la villa, la Revolución y sus
efectos, la religión y los problemas personales. A diferencia de los Sánchez (sus contrapartes que viven en un barrio
urbano) la familia Martínez es rural, india y con distintos
niveles de fluidez en el idioma nahuatl. El personaje principal es Pedro, el padre, un zapatista, convertido al protestantismo quien tiene un poco de liderato en la villa.
También predominan en esta autobiografía la violencia, brutalidad y el realismo en el detalle sobre el ambiente. Las
familias Martínez y Sánchez fueron presentadas en la obra
biográfica anterior de Lewis, Five Families.

172.   LICEAGA, EDUARDO (1839-1920)
       Mis recuerdos de otros tiempos; obra póstuma.
       México, [1949]. 276 p. (My Memories of Other
       Times; Posthumous Work).

       Genre: Memoirs

       Period covered: 1851?-1903?

Liceaga was an important figure in medicine both before and during the Porfiriato: professor of medicine, president of the Academia Nacional de Medicina and the Mexican Red Cross, and founder of the Consejo Superior de Salubridad. His memoirs relate totally to his career and, in fact, several chapters are documents on medical congresses. Little of the personal self is revealed.

Liceaga fue una figura importante dentro de la medicina antes y durante el Porfiriato: profesor de medicina, presidente de la Academia Nacional de Medicina y de la Cruz Roja Mexicana y fundador del Consejo Superior de Salubridad. Sus memorias tratan únicamente sobre su carrera médica y, de hecho, varios de los capítulos son documentos sobre congresos médicos. Las mismas revelan muy poco sobre sí mismo.

173. LIMANTOUR, JOSE YVES (1854-1935)
      Apuntes sobre mi vida pública. México: Editorial
         Porrúa, 1965. 359 p. (Notes about My Public
         Life).

      Genre: Memoirs

      Period covered: 1892-1911

As the author himself confesses in his note to the reader, "...even less may one consider these writings as social science or as autobiography. They are simply narrations of happenings of general interest..." (p. xv) Covering c. 1892 to 1911, the book relates the important incidents of Limantour's career. For example, chapter titles read: "Los científicos, su origen," "Política de Hacienda..." etc. The chapters appear to be unrelieved by any revelation of Limantour's personality. Lacking also are sharp vignettes of contemporary public figures. Probably essential reading for the historian of the Porfiriato, but little for the seeker of a personality behind events.

Así como lo confiesa el autor en su nota al lector: "...mucho menos puede uno considerar estos escritos como alguna ciencia social o como autobiografía. Los mismos son simplemente narraciones sobre eventos de interés general..." (p. XV). El libro, que cubre los años 1892-1911 aproximadamente, relata los incidentes importantes de la carrera de Limantour. Por ejemplo, algunos títulos de capítulos leen como sigue: "Los científicos, su origen," "Política de Hacienda...," etc. Estos capítulos no parecen encontrar alivio en revelaciones de la personalidad de Limantour. También faltan viñetas claras de figuras públicas contemporáneas. Esta obra es probablemente una pieza de lectura esencial para el historiador del Porfiriato pero no sirve de mucho para el que va en busca de la personalidad detrás de los eventos.

174.   LOMBARDO DE MIRAMON, CONCEPCION (1835-)
       Memorias de Concepción Lombardo de Miramón.
          México: Editorial Porrúa, 1980. 678 p.

       Genre: Memoirs

       Period covered: 1835-1917

       The author of these memoirs was married to Miguel
Miramón, military, president of México, conservative and
supporter of Maximilian. Through her life with him are seen
aspects of Mexican society. As an aristocrat, Lombardo de
Miramón moved in the circles of power. Although she does
not have the insights of the Scottish foreigner, Frances
Calderón de la Barca, her detailed memoirs are fast moving
and of costumbristic value.

       La autora de estas memorias estaba casada con
Miguel Miramón, militar, presidente de México, conservador y
partidario de Maximiliano. Durante su vida con él se pueden
ver aspectos de la sociedad mexicana. Como aristócrata,
Lombardo de Miramón se movía dentro de círculos de poder.
Aunque carentes de las percepciones de la extranjera esco-
cesa Francés Calderón de la Barca, sus detalladas memorias
se mueven con rapidez y son de valor costumbrista.

175.   LOMELI GARDUÑO, ANTONIO (1908?-)
       Prometeo mestizo: estampas de la vida de un mexi-
          cano. México: B. Costa-Amic, c. 1975. 107 p.
          (Racially Mixed Prometheus; Aspects of the Life
          of a Mexican).

       Genre: Memoirs

       Period covered: 1913-1975?

       Lawyer, professor, and Federal Senator for
Guanajuato, Lomelí Garduño in his brief memoirs recounts his
childhood, education, military experiences, political life,
Indian-Spanish heritage, and convictions. Probably the most
interesting chapter and also the most self-revelatory is "El
mestizaje."

       El abogado, profesor y Diputado Federal de
Guanajuato, Lomelí Garduño recuenta en sus breves memorias su
niñez, educación, experiencias militares, vida política, la
herencia indio-española y sus convicciones. El capítulo que
es probablemente el más interesante y revelador es "El
mestizaje".

176.   LORET DE MOLA, CARLOS (1921-)
       Confesiones de un gobernador. México: Editorial
          Grijalbo, 1978. 306 p. (Confessions of a
          Governor).

       Genre: Memoirs

Period covered: 1970-1976

Journalist, congressman and governor of Yucatán during the presidency of Luis Echeverría Alvarez, Loret de Mola is a refreshing memorialist. He is among the few Mexican politicians whose confessional writings suggest the workings of the Mexican political system. Always loyal to Yucatán, he confesses his frustrations with the national government.

Periodista, congresista y gobernador de Yucatán durante la presidencia de Luis Echevarría Alvarez, Loret de Mola es un memorialista refrescante. El se encuentra entre los escasos políticos mexicanos cuyos escritos pertenecientes al congreso sugieren el funcionamiento del sistema político mexicano. Siempre leal a Yucatán, él confiesa sus frustraciones y antipatías hacia el gobierno nacional.

177.   LUGO, JOSE DEL CARMEN (1813-)
        Life of a Rancher. Vida de un ranchero dictada por Don José del Carmen Lugo, natural de la Alta California, donde nació el año de 1813 en el pueblo de Los Angeles. Se incluye una narración de la batalla llamada del 'Rancho del Chino,' acción de guerra en que tuvo parte el autor. Escrito por D. Tomás Savage para la Bancroft Library, años de 1877. Southern California Quarterly, XXXIII, (Sept. 1950) pp. 185-236.

        Genre: Memoirs

        Period covered: 1818-?

Lugo's description of skimishes, almost the entire first half of the narration, is very confusing because no editing has been done to guide the reader or locate him historically. The costumbristic elements are of more interest and value: religion, women's work, agriculture, food, dress, and dances. Lugo is a type of Quijote.

La descripción que da Lugo sobre escaramuzas, durante casi la primera mitad de la narración, tiende a ser muy confusa ya que no ha sido editada para ayudar al lector o para localizarlo en un marco histórico. Los elementos costumbristas son de mayor interés y valor: la religión, el trabajo de las mujeres, la agricultura, comida, vestimenta y bailes. Lugo es un tipo del Quijote.

178.   LUNA MORALES, RICARDO (?)
        Mi vida revolucionaria: con aportaciones históricas del movimiento social y político del ciclo contemporáneo de México. Tlaxcala [México]: R. Luna Morales, 1943. 127 p. (My Revolutionary Life: with Historical Contributions of Political and Social Life of the Contemporary Cycle of Mexico).

Genre: Memoirs

Period covered: 1910-1937

The author's revolutionary activity dates from his meeting with Aquiles Serdán. On the side of the Revolution, the author meets many other personalities such as Madero, Obregón, Natera, etc. He gradually rises in rank and during his career is head of various military sections of México and is involved in combating rebels.

La actividad revolucionaria de Luna Morales se remonta a su reunión con Aquiles Serdán. Del lado de la Revolución, el autor conoce a muchas otras personalidades como Madero, Obregón, Natera, etc. El va subiendo gradualmente de rangos y durante su carrera llega a ser director de varias secciones militares de México y se ve envuelto en los combates contra los rebeldes.

179. LUQUIN, EDUARDO (1896-)
      Autobiografía. México [Ecuador 000' 0"] 1967. 454
        p.

      Genre: Autobiography

      Period covered: 1896-1959

Luquín was a career diplomat who served México in England, Holland, Chile, Switzerland, Ecuador and El Salvador. Both novelist and short story writer, he has created one of the more notable Mexican autobiographies. The work's coherence, due to the integration of materials, the author's focus on himself, especially childhood and his style, give the book distinction.

Luquín fue un diplomático que estuvo al servicio de México en Inglaterra, Holanda, Chile, Suiza, Ecuador y El Salvador. Como novelista y cuentista, Luquín ha creado una de las autobiografías mexicanas más notables. La coherencia de la obra, que se logra a través de una combinación de materiales, el enfoque en sí mismo, especialmente su niñez y su estilo le proveen distinción al libro.

180. LUQUIN, EDUARDO (1896-)
      Tumulto; memorias de un oficial del Ejército
        Constitucionalista. México, 1937. 119 p.
        (Tumult; Memoirs of an Officer of the
        Constitutionalist Army).

      Genre: Memoirs

      Period covered: 1909-?

In this autobiographical attempt, novelist and short story writer Luquín evidences the latter genre. For in eight self encapsulated chapters he recounts his experiences

as a Carrancista usually in battle. Notable is that each of
the eight chapters seems to be modeled after the short story
in structure and in dramatic tension.

　　　　En este intento autobiográfico, el novelista y
cuentista Eduardo Luquín se acerca más al último género.
Esto se debe a que en sus ocho capítulos independientes él
hace un recuento de sus experiencias como carrancista
(usualmente en la batalla). Es notable que cada uno de los
ocho capítulos parezca seguir el modelo del cuento en cuanto
a estructura y tensión dramática.

181. MADERO, FRANCISCO INDALECIO (1873-1913)
　　　　Epistolario ed. por Agustín Yáñez y Catalina
　　　　　　Sierra. México: Ediciones de la Secretaría de
　　　　Hacienda, 1963. 3 vols. (Collected Letters).

　　　　Genre: Letters

　　　　Period covered: 1873-1910

　　　　The collection of letters (almost 25,000) is
selected to give Madero's working context and the problems
that occupied him at the moment. In toto, and especially in
correspondence with his family, emerges facets of the martyr's personality. The memoirs which accompany the collection illuminate salient points in his career. A name index
profiles Madero's relationship, at least in letters, with
various individuals.

　　　　Esta colección de cartas (casi 25,000) fue selec-
cionada para ver el ambiente de trabajo de Madero y los
problemas que lo mantenían ocupado en ese momento. A través
de la totalidad de las cartas y, especialmente en la
correspondencia con su familia, podemos ver distintas facetas de la personalidad del mártir. Las memorias que acom-
pañan la colección dan luz a momentos sobresalientes de su
carrera. La obra continene un índice de nombres que perfilan la relación de Madero (al menos por correspondencia)
con varios individuos.

182. MADERO OLIVARES, ENRIQUE (1900-)
　　　　Memorias. México: Editoral Jus, 1983. 61 p.

　　　　Genre: Memoirs

　　　　Period covered: 1900-1970

　　　　Mining engineer, industrialist, president of the
Mexican Red Cross, Madero Olivares in brief chapters notes
the major contours of his life. A cousin of the martyred
president, he belonged to the aristocracy of Monterrey and
his education and travels reflect this privileged status.

　　　　El ingeniero de minas, industrial y presidente de
la Cruz Roja Mexicana, Madero Olivares hace notar en breves

capítulos los contornos principales de su vida. Ya que era
primo del presidente martirizado, Madero Olivares pertenecía
a la aristocracia de Monterrey. Su educación y sus viajes
reflejan esta vida privilegiada.

183. MAGDALENO, MAURICIO (1906-)
        Las palabras perdidas. México, Fondo de Cultura
        Económica [1956] 225 p. (The Lost Words).

        Genre: Memoirs

        Period covered: 1928-1930

        With a perspective of 27 years, the writer
Magdaleno remembers his participation in Vasconcelos's campaign after the assassination of Obregón in 1928. The then
23-year old Magdaleno apparently worked very closely all
over Mexico in support of his candidate. His memoirs have
salience for two reasons: although partisan, as are most
Mexican memoirists, Magdaleno captures the spirit of the
Vasconcelistas eager for reform; as a writer published in
all genres, he communicates much better than most
memoirists. See also Bustillo Oro #51.

        Con la perspectiva de 27 años, el escritor
Magdaleno recuerda su participación en la campaña de
Vasconcelos luego del asesinato de Obregón en 1928.
Magdaleno, que para la época contaba 23 años, aparentemente
trabajó por todo México apoyando a su candidato. Sus
memorias sobresalen por dos razones: aunque son de naturaleza parcial, así como la mayoría de los memorialistas mexicanos, Magdaleno capta el espíritu reformista de los
vasconcelistas; ya que él es escritor con publicaciones en
todo género literario, Magdaleno se comunica mejor que la
mayoría de los memorialistas. Ver partida #51.

184. MANCISIDOR, ANSELMO (1895?-)
        Viví la Revolución. México, 1959. 597 p. (I
        Lived the Revolution).

        Genre: Memoirs

        Period covered: 1913-1916

        As a young man the author joins the Constitutiona-
lists on the side of Venustiano Carranza in the Revolution.
The first quarter of the book relates to his military
experiences; the remainder is a collection of documents.

        Cuando joven el autor se unió a los constituciona-
listas del lado de Venustiano Carranza durante la
Revolución. La primera cuarta parte del libro relata sus
experiencias militares mientras que el resto es una colección de documentos.

185.   MANTECON PEREZ, ADAN (1895-)
        Recuerdos de un villista; mi campaña en la
        Revolución. México, 1967. 125 p. (Memoirs of
        a Villista; My Campaign in the Revolution).

        Genre: Memoirs

        Period covered: 1910-1960

        Collage of poems, photographs and impressions of
the Revolution recalled fifty years later. Mantecón Pérez
writes with passion lauding those of the Maderista-Villista
side of the Revolution. The memoirs are fragmented and
center on battles such as Torreón and Zacatecas. Few personal incidents are noted.

        Collage de poemas, fotografías e impresiones de la
Revolución como fuera recordada cincuenta años más tarde.
Mantecón Pérez escribe con pasión y alaba a aquéllos que
están del lado maderista-villista en la Revolución. Las
memorias están fragmentadas y se concentran en tales
batallas como la de Torreón y la de Zacatecas. La obra
incluye muy pocos incidentes personales.

186.   MANZANILLA, YANUARIO (1838-)
        Recuerdos de la campaña de los republicanos contra
        el imperio, en el estado de Yucatán. Mérida de
        Yucatán, "Impra. mercantil" a cargo de J. Gamboa
        Guzmán, 1888. 229 p. (Memoirs of the Campaign
        of the Republicans against the Empire in the
        State of Yucatán).

        Genre: Memoirs

        Period covered: 1862-1867

        Author participated in the war of the French
Intervention. He feels that through his memoirs this war,
at least as it was fought in Yucatán, will be remembered.
Probably the most personal part is the introduction.

        El autor participó en la Guerra de la Intervención
Francesa. Manzanilla piensa que a través de sus memorias
esta guerra será recordada, al menos del modo en que se
peleó en Yucatán. La introducción es probablemente la sección de contexto más personal.

187.   MAPLES ARCE, MANUEL (1900-)
        A la orilla de este río. Madrid: Editorial
        Plenitud, 1964. 285 p. (On the Edge of This
        River).

        Genre: Memoirs

        Period covered: 1900-1913

Very unsatisfying autobiography of a childhood in
Papantla, Veracruz. Using a chronological approach, the
highly anecdotal author is more concerned with the external
than presenting any patterns of growth. For example,
excluding the pages on reading habits, the mature poet does
not appear in childhood even in embryonic form. As in many
Mexican autobiographies, the family and early years are
arcadian. Of value is the author's evocation of a river in
his life and some perspective on the Revolution from a
child's point of view. His second volume, Soberana juventud, (see entry #188) reveals much more of the author.

Esta es una autobiografía que no satisface de una
niñez en Papantla, Veracruz. El autor usa múltiples anécdotas dentro de un marco cronológico. El se preocupa más por
presentar lo externo que cualquier patrón de crecimiento.
Por ejemplo, aparte de las páginas que tratan sobre los
hábitos de lectura, el poeta maduro no aparece en su niñez
ni siquiera en forma embriónica. Así como en muchas autobiografías mexicanas, la familia y los primeros años son
pastorales. Son de gran valor la evocación que hace el
autor de un río en su vida y una perspectiva de la
Revolución desde el punto de vista de un niño. Su segundo
volumen Soberana juventud (ver partida #188) revela mucho
más del autor.

188. MAPLES ARCE, MANUEL (1900-)
      Soberana juventud. Madrid: Editorial Plenitud,
      1967. 292 p. (Sovereign Youth).

      Genre: Autobiography

      Period covered: 1915?-1934?

Manuel Maples Arce has written one of the better
literary autobiographies of México. For in his account of
his life, he incorporates the activities that contributed to
his literary formation: education, reading, work as a journalist and his acquaintainship with the leading intellectual
figures of the period. He appears to be on the deteriorating fringes of Modernism and a poet eager for the next stage
of evolvement. One could wish for more insights into the
inspiration of a poet, but Maples Arce only hints at this in
chapter XI. At times he sketches excellent vignettes of
contemporaries such as Federico Gamboa, Emilio Rabasa, José
Juan Tablada and Rafael López. Others are mentioned as if
he were name dropping. His life has diverse geographical
foci: Mexico City, Jalapa, New York and Paris. An active
political career is also interwoven here: secretario
general en el gobierno de Veracruz (1925), state senator
representing Acayucan and Minatitlán (1928), technical coun-
selor of Narciso Bassols, secretary of education, and senator from Tuxpan (1932-1934), and various diplomatic posts.
Although more of the self is revealed through the author's
concentration on his intellectual development, little of the
interior life comes through. The autobiography appears to
be chronologically developed with a pattern of life laid
before the reader. As a writer, Maples Arce reflects the

characteristic skills of this craft.

Manuel Maples Arce ha escrito una de las mejores autobiografías literarias de México. Esto se debe a que en el recuento de su vida él incorpora las actividades que contribuyeron a su formación literaria: educación, lectura, trabajo como periodista y sus relaciones con las figuras intelectuales más importantes de la época. El parece estar en las etapas de deterioro del Modernismo. También parece ser un poeta que ansía la próxima etapa de desarrollo. Uno podría desear más información sobre la inspiración de un poeta pero Maples Arce sólo provee insinuaciones sobre esto en el capítulo XI. A veces el autor provee viñetas excelentes de contemporáneos como Federico Gamboa, Emilio Rabasa, José Juan Tablada y Rafael López. A otro sólo los menciona. Su vida tiene localizaciones geográficas variadas: Ciudad de México, Jalapa, Nueva York y París. También se incluye aquí una carrera política activa: Secretario General en el gobierno de Veracruz (1925), senador de Acayucan y Minatitlán (1928), consejero técnico de Narciso Bassols, Secretario de Educación y senador de Tuxpan (1932-1934) y varios puestos diplomáticos. A pesar de que se revela más de su personalidad a través de la concentración del autor en su desarrollo intelectual, se llega a conocer muy poco de la vida interior. La autobiografía parece haber sido desarrollada cronológicamente a base de un patrón de vida. Como escritor Maples Arce refleja las destrezas características de este arte.

189.   MARTINEZ ORTEGA, JUDITH (1908-)
          La isla y tres cuentos. México, Impr.
             Universitaria, 1959. 134 p. (The Island and
             Three Stories).

          Genre: Memoirs

          Period covered: 1931

Writer spent 1931 as the secretary of General Francisco J. Mújica on the Islas Marías, a penal colony. Her impressions of the enervating and depressing environment both inside and outside of the prison are included in one of México's most realistic memoirs: punishment, rape, homosexuality, and prostitution. Chapters may be read independently or collectively.

La autora pasó el año 1931 como secretaria del general Francisco J. Mújica en las Islas Marías, una colonia penal. Sus impresiones sobre el enervante y deprimente ambiente tanto dentro como fuera de la prisión están incluídas en una de las memorias más realistas de México: castigo, violación, homosexualismo y prostitución. Los capítulos pueden ser leídos independientemente o en conjunto.

190.   MEJIA, FRANCISCO (1822-1901)
       Memorias de don Francisco Mejía, secretario de
          hacienda de los presidentes Juárez y Lerdo.
       México, 1958. 183 p. (Memoirs of Don Francisco
       Mejía, Secretary of the Treasury under Juárez
       and Lerdo).

       Genre: Memoirs

       Period covered: 1822-1887

       Mejía had a very active and varied life: he
studied pharmacy, worked in customs, fought against the
Americans in the invasion of México, was inspector of
customs, helped Juárez in the War of Reform, fought against
the French; finally he was secretary of the Treasury under
Juárez. His memoirs focus on his public life.

       Mejía vivió una vida muy activa: el estudió far-
macia; trabajó en aduana; peleó contra los estadounidenses en
la invasión de México; fue inspector de aduana; ayudó a
Juárez in la Guerra de la Reforma; peleó contra los franceses; finalmente fue Secretario de Hacienda bajo Juárez.
Sus memorias se concentran en su vida pública.

191.   MELO, JUAN VICENTE (1932-)
       Juan Vicente Melo. México: Empresas Editoriales,
          1966. 61 p.

       Genre: Autobiographical Essay

       Period covered: 1940?-1966

       Short story writer, magazine editor and surgeon,
Melo concentrates on family, intellectual development and
writing. Of this genre, autobiography, his is one of the
more structured approaches to the life of a writer. He
includes more of the elements of traditional autobiography:
genealogy, education, career patterns, and literary
influences.

       El cuentista, editor de una revista y cirujano Juan
Vicente Melo se concentra en su familia, su desarrollo intelectual y el arte de escribir. Dentro del género de la autobiografía, Melo tiene un estilo muy estructurado al
acercarse a la vida de un escritor. El incluye mayor cantidad de los elementos de la autobiografía tradicional: la
genealogía, la educación, los tipos de carrera y las
influencias literarias.

192.   MENDOZA VARGAS, EUTIQUIO (1892-)
       Gotitas de placer y chubascos de amargura; memorias
          de la Revolución Mexicana en las Huastecas.
       México, 1960. 150 p. (Little Drops of Pleasure
       and Showers of Bitterness; Memoirs of the
       Mexican Revolution in Huastecas).

Genre: Memoirs

Period covered: 1910-1957

The active moments of the Revolution predominate
here. Mendoza Vargas cursorily covers his autobiography and
then leaps into the Revolution as Maderista. As a writer,
he is like a primitive painter. He is very much aware of
his own presence and is the center of action. He goes
beyond dull chronology with his eye for detail. No stylist,
he always lures the reader on by the directness of his prose
and his enthusiasm for his subject.

Son los momentos activos de la Revolución los que
predominan en esta obra. Mendoza Vargas cubre precipitada-
mente su autobiografía y luego salta a la Revolución como
maderista. Como escritor, él es un pintor primitivo. El
está muy consciente de su propia presencia y es el centro de
la acción. El va más allá de la tediosa cronología con su
ojo para el detalle. Sin ser estilista, él siempre atrae el
lector a través del carácter director de su prosa y de su
entusiasmo por el tema.

193.   MESA ANDRACA, MANUEL (1893-)
       Relatos autobiográficos con las compañías petro-
            leras; mi vinculación con la reforma agraria.
       México: Editoriales Nuestro Tiempo, 1981.   168
       p. (Autobiographical Stories with the Oil
       Companies; My Relationship with Agrarian
       Reform).

Genre: Memoirs

Period covered: 1918-1922?

The author, active in both oil and agriculture,
recounts the beginnings of his career. His narrative is useful for its perspective on both these bastions of the
Mexican economy. However, little of family, personal life
or personality surface in these memoirs of an active life.
After 1922, Mesa Andraca became much more involved in agriculture and in national and international politics.

El autor, que permanecía activo en la industria
petrolera y en la agricultura, hace un recuento de los
comienzos de su carrera. Su narrativa es útil ya que se
expone desde la perspectiva de estos dos bastiones de la
economía mexicana. Sin embargo, las memorias de esta vida
activa incluyen muy poco de la familia, la vida personal o
su personalidad. Después de 1922 Mesa Andraca tuvo mayor
participación en la agricultura y en la política nacional e
internacional.

194.   MIER NORIEGA Y GUERRA, FRAY SERVANDO TERESA DE
       (1763-1822). Memorias. México: Editorial Porrúa,
           1946. 2 vols.

Genre: Memoirs

Period covered: 1794-1805

Of the three noted autobiographies of Fr. Mier,
Apología, el Manifiesto apologético and Memorias, the last-
mentioned one is by far the most complete. This figure of
the Enlightenment and Mexican independence details the
background of his exile to Spain, i.e., his public skep-
ticism concerning the apparition of the Virgin Mary. He
describes his imprisonment both in San Juan de Ulúa and
later in Spain plus visits to France, Rome and Portugal.
Mier, like most memoirists, focuses more on surroundings
than on the self. He has the travel writer's penchant for a
good story as is exemplified by a French rabbi's wanting him
to marry his daughter Rachel. Yet in any list of Mexican
autobiographies, Mier's memoirs deserve attention not only
as a document of the period but also for his contacts with
eminent figures. His Manifiesto apologético takes his life
to 1816. More autobiographical data can be extracted from
his letters, Cartas del doctor fray Servando Teresa de Mier
al cronista de India, D. Juan Bautista Muñoz sobre la tradición de Ntra. Sra, de Guadalupe de México escritas desde
Burgos año de 1797. (México: Imp. de "El Porvenir," 1875.
243p.)

De las tres autobiografías del Padre Mier, Apología, el
Manifesto apologético y Memorias, la última es la mejor aca-
bada. Este hombre ilustre del Siglo de las Luces y de la
independencia mexicana da los detalles de su exilio en
España y su incredulidad en cuanto a la aparición milagrosa
de Nuestra Señora de Guadalupe. Describe él también su
encarcelación primero en San Juan de Ulúa y más tarde en
España, además de sus visitas a Francia, Roma y Portugal.
El padre Mier, como la mayoría de los memorialistas, pone
más énfasis en el mundo exterior que en su yo interior.
Muestra la tendencia de los que narran sobre los viajes de
saber contar, lo cual se manifiesta en la anécdota del
rabino francés que quería que el buen padre se casara con su
hija Raquel. A pesar de esta técnica anecdótica, Mier
figuraría en cualquier bibliografía mexicana no solamente
por el valor histórico de su obra sino también por ser contemporáneo de otras emenencias de la misma época. Su
Manifesto apologético le lleva hasta el año 1816. Aun más
datos autobiográficos se pueden sacar, de sus Cartas del
doctor Fray Servando Teresa de Mier el cronista de India, D.
Juan Bautista Muñoz sobre la tradición de Ntra. Sra. de
Guadalupe de México escritas desde Burgos año de 1797.
(Mexico: Imp. de "El Porvenir," 1875. 243 p.)

195. MOHENO, QUERIDO (1874-1933)
        Mi actuación política después de la decena trágica.
        México, Ediciones Botas, 1939. 201 p. (My
        Political Performance after the Decena trágica).

Genre: Memoirs

Period covered: 1913-1914

Prolific journalist, politician and head of Foreign Relations under President Huerta from 1913 to 1914. An anti Maderista, Moheno gives his views on the Huerta government and defends the president against the charges of collusion in the death of Madero. Memoirs are intermixed with pertinent documents.

El autor fue un periodista prolífico, político y Director de Relaciones Exteriores bajo el presidente Huerta desde 1913 a 1914. El anti-maderista, Moheno expone su opinión sobre la administración de Huerta y defiende al presidente de cargos de confabulación en la muerte de Madero. Las memorias están entremezcladas con documentos pertinentes.

196. MOISES, ROSALIO (1896-1969)
      A Yaqui Life: The Personal Chronicle of a Yaqui
          Indian. Lincoln: University of Nebraska
          Press, 1977, c. 1971. 251 p.

      Genre: Memoirs

      Period covered: 1896-1952

This is the autobiography of a trilingual Yaqui, who with the aid of an anthropologist, writes his story. Though born in Colorado, Moisés spent most of his life in the Sonora-Arizona area. He migrated to México and discovered that the hardships there, due to government persecution, were more intense than in the U.S. He returned to the country of his birth and lived in Lubbock, Texas. This is an account both of Yaqui culture and poverty on both sides of the border.

One of the collaborators on this project later did Yaqui Women: Contemporary Life Histories. (Lincoln: University of Nebraska, Press, c. 1970.) Here she interviews four Yaqui women and narrates their lives in the third person. Although technically biographies, these 45-page vignettes resemble autobiography.

Esta es la autobiografía de un hombre yaqui trilingue quien escribe su historia con la ayuda de un antropólogo. A pesar de haber nacido en Colorado, Moisés pasa la mayor parte de su vida en el área de Sonora-Arizona. El emigró a México y descubrió que allí la opresión era más intensa que en los Estados Unidos debido a la persecución por el gobierno. Regresó a su país natal y vivió en Lubbock, Texas. Este es un recuento de la cultura y pobreza yaqui en ambos lados de la frontera.

Una de las personas que colaboró con este proyecto más tarde hizo Yaqui Women: Contemporary Life Histories. (Lincoln: University of Nebraska, Press, c. 1970.) En el mismo ella entrevista a cuatro mujeres yaquis y narra sus vidas en tercera persona. Aunque, en términos técnicos, las mismas son biográficas, estas cuarenticinco páginas de viñetas parecen autobiografía.

197.   MOJARRO, TOMAS (1932-)
          Tomás Mojarro. México: Empresas Editoriales,
             1966. 61 p.

       Genre: Memoirs

       Period covered: 1934?-1966

          Brief account of moments in the author's life from
   childhood to the publication of his first novel, Malafortuna
   (1964). The four-part account includes education, dreams of
   the U.S., experience in seminary, training as a mechanic
   introduction to literature and finally, his removal to
   Mexico City and his acquaintance with Emmanuel Carballo who
   becomes his mentor. The almost picaresque life moves
   geographically from Jalapa to Guadalajara to Mexico City.
   Mojarro records himself in his most formative moments.
   Since he was approximately 34 years old at the time of
   publication of this, he does not have the perspective of an
   entire life. Nor does the book fulfill the requirements of
   autobiography for its shortness and episodic nature.

          Este es un breve recuento de varios momentos en la
   vida del autor desde su niñez hasta la publicación de
   Malafortuna, su primera novela. El mismo consta de cuatro
   partes que incluyen su educación, sus sueños sobre los
   Estados Unidos, su experiencia en el seminario, su entrenamiento como mecánico, su introducción a la literatura y,
   finalmente, su traslado a la Ciudad de México y sus relaciones con él que llegará a ser su mentor, Emmanuel
   Carballo. La vida casi picaresca del autor se desarrolla
   geográficamente desde Jalapa hasta Guadalajara y, luego, la
   Ciudad de México. Mojarro hace un registro de los momentos
   más importantes de su formación. Ya que al momento de la
   publicación de esta obra Mojarro sólo contaba 34 años, la
   misma no contiene la perspectiva de una vida entera.
   Tampoco se podría considerar autobiobrafía debido a su brevedad y a su naturaleza episódica.

198.   MOJICA, JOSE (1895-)
          Yo pecador; autobiografía. México, Editorial Jus,
             1956. 662 p.
          Trans.: I, a Sinner. . .Autobiography. Translated
             by Franchon Royer. Chicago, Franciscan Herald
             Press [1963].

       Genre: Autobiography

       Period covered: 1895-1942

          The author incorporates the significant moments of
   his life until his entry into the Franciscan order in 1942,
   a decision precipitated by his mother's death. Of illegi-
   mate birth and with a difficult childhood, Mojica became
   both a film and opera star. The pattern of his life, always
   represented with interest, may be categorized more as autobiography than memoirs because of its totality and its
   constant focus on the self.

El autor incorpora los momentos significativos de su vida hasta su entrada a la orden franciscana en 1942, decisión precipitada por la muerte de su madre. De nacimiento ilegítimo y con una niñez difícil, Mojica se convirtió en una estrella de la cinematografía y de la ópera. Su patrón de vida, siempre representada con interés, puede ser categorizada más como autobiografía que como memorias debido a su totalidad y a su enfoque constante en su propio ser.

199. MOLINA FONT, JULIO (1897-)
       Halachó, 1915. México, Editora Internacional de
          México [1955]. 112 p.

       Genre: Memoirs

       Period covered: 1914-1915

The title of these memoirs is taken from Halachó, Yucatán, scene of the 17 year old author's introduction to carnage and the Revolution. Most of the narrative focuses on his capture and impending death. His facility with words and ability to create tension indicate a potential novelist.

El título de estas memorias proviene de Halachó, Yucatán, lugar que fuera el escenario de la introducción del autor joven a la matanza y la Revolución. La mayor parte de la narrativa se concentra en su captura y en su inminente muerte. Su facilidad con las palabras y su habilidad para crear momentos de tensión hacen de él un novelista en potencia.

200. MONSIVAIS, CARLOS (1938-)
       Carlos Monsiváis. México: Empresas Editoriales,
          S.A., 1966. 62 p.

       Genre: Memoirs

       Period covered: 1940?-1966

Essayist and critic of contemporary México, Monsiváis selects what is significant from his life: Protestantism, reading preferences, leftist leanings, schooling, films, New York City, etc. His manner of writing, inserting English phrases, compounding adjectives, humor and invective, reveal more of the personality than the content of the short chapters.

El ensayista y crítico del México contemporáneo, Monsiváis selecciona lo más importante de su vida: el protestantismo, sus preferencias en cuanto a la lectura, las tendencias izquierdistas, su educación, películas, la Ciudad de Nueva York, etc. Su forma de escribir incluye frases en inglés, adjetivos compuestos, humor e invectiva. La misma revela más sobre su personalidad que el contenido de los cortos capítulos.

201. MONTALBAN, RICARDO (1920-)
      Reflection: A Life in Two Worlds. Ricardo
        Montalban, with Bob Thomas. Garden City, N.Y.:
        Doubleday, 1980. 164 p.

      Genre: Memoirs

      Period covered: 1920-1980

        Son of Spaniards, actor Montalbán spent approximate-
ly the first eighteen years of his life in Mexico and mainly
in Torreón. As a teenager he moved to California and became
interested in theatre and film. Along with career he mentions marriage and family. The title, although accurately
describing the two ethnic worlds of Montalbán, actually
refers to his spiritual life.

        El actor Ricardo Montalbán, hijo de españoles, pasó
los primeros dieciocho años de su vida en México, primordialmente en Torreón. Cuando joven se mudó a California y
se interesó en el teatro y el cine. Además de su carrera él
también menciona su matrimonio y su familia. El título, aún
cuando describe con precisión los dos mundos étnicos de
Montalbán, se refiere verdaderamente a su vida espiritual.

202. MONTENEGRO, ROBERTO (1886-1968)
      Planos en el tiempo. [México, 1962] 88 p. (Maps
        of time).

      Genre: Memoirs

      Period covered: 1905-1918

        Of the same generation of artists as Diego Rivera,
but not as well known, Montenegro, at least as evidenced by
this book, is also a writer. He describes his arrival in
Mexico City and his success as an art student and his scholarship to Europe. His art work, impressions of other
artists and impressions of Paris and Spain are integrated
with the personality of the writer. Hence Montenegro's book
is more autobiography than travel.

        Montenegro es un artista de la misma generación de
Diego Rivera, aunque no tan conocido. A juzgar por este
libro Montenegro es también escritor. El describe su lle-
gada a la Ciudad de México, su éxito como estudiante de arte
y su beca para ir a Europa. Su arte consta de impresiones de
otros artistas e impresiones de París y España. El mismo
está integrado con la personalidad del escritor. Esto hace
que el libro de Montenegro sea autobiografía antes que
recuento de viajes.

203. MONTES DE OCA, MARCO ANTONIO (1932-)
      Marco Antonio Montes de Oca. México: Empresas
        Editoriales [1967] 60 p.

Genre: Memoirs

Period covered: 1932-1967

Montes de Oca writes these autobiographical pages to give the reader the vision of the world of the poet. Words and images are far more important than the quotidian aspects that comprise every life. Poetry is the imagined side of reality. He barely mentions family but concentrates on his poetic formation. Describing his writing, he also notes his preferences for the poetry of Octavio Paz.

Montes de Oca escribe estas páginas autobiográficas para dar al lector la visión del mundo del poeta. Las palabras y las imágenes son de mayor importancia que los diversos aspectos de la vida cotidiana. La poesía es el lado imaginado de la realidad. El autor apenas menciona a su familia sino que se concentra en su formación poética. Al describir sus escritos, Montes de Oca también demuestra su inclinación hacia la poesía de Octavio Paz.

204.   MONTOYA, MARIA TEREZA (1900-1956?)
El teatro en mi vida. México: Ediciones Botas,
1956.   365 p.   (The Theatre in My Life).

Genre: Chronicle

Period covered: 1900-1956?

Covers the life of the actress from the date of birth in 1900 to 1956, the date of publication. This autobiography of a life in the theatre apparently was done without the help of any editor. It is a chronological approach with little personality development or history of theatre. Attentive to theme, Montoya stays so close to her subject that only in passing one finds that she has children. Yet even her perspective of life in the theatre is unsatisfying because she does no interpreting nor does she attempt any difficult questions. The formula rarely varies: geographical place, name of drama, her roles, and applause. Though she travelled through the entire Spanish-speaking world, she makes no attempt to interpret the various cultures. She tells nothing of the art of the actor, nor the status of drama in any one period in México. She knew many famous people but gives us no vignettes or cameos. Her ego is obtrusive and her loyalty to her disclaimer, not to reveal anything of her personal life, make El teatro en mi vida very dull reading.

Cubre la vida de la actriz desde su nacimiento en 1900 hasta la fecha de publicación en 1956. Esta autobiografía de una vida en el teatro fuè hecha aparentemente sin la ayuda de un editor. La misma es un recuento cronológico que incluye muy poco sobre el desarrollo de su personalidad y la historia del teatro. Montoya se concentra en el tema del teatro de tal modo que sólo por coincidencia uno descubre que la actriz tiene hijos. Sin embargo, aún su perspectiva sobre el teatro es insuficiente ya que ella no

provee interpretaciones ni respuestas a preguntas difíciles.
Su fórmula es casi invariable: localización geográfica,
nombre del drama, sus papeles y el aplauso. A pesar de que
Montoya ha viajado por todo el mundo hispano-parlante, ella
no hace el más mínimo esfuerzo por hacer evaluaciones sobre
las distintas culturas. La actriz tampoco habla sobre la
habilidad del actor ni de la posición que ocupaba el teatro
en los distintos períodos de la historia de México. Ella
conoció a muchas personas famosas de los cuales no proporciona viñetas o camafeos.

205.   MOREFIELD, RICHARD (1818-1893)
       The Mexican Adaptation in American California,
       1846-1875. [San Francisco, R and E Research
       Associates, 1971] 106 p. "Appendix A: A
       Mexican in the mines; a translation of the
       mining experiences of Antonio Franco Coronel as
       described in his memoir, 'Cosas de California'"
       p. 75-96.

       Genre: Memoirs

       Period covered: 1848

       This is only 18 pages of a 265-page manuscript dic-
tated for the Bancroft Collection in 1877. In this excerpt,
Antonio Franco Coronel tells of his mining experiences.
Born in Mexico City, he was a member of the Padres and Hijar
colony. In 1848 he made a small fortune in the gold mines.

       Estas son únicamente dieciocho páginas de un
manuscrito de 165 que fueron dictadas para la Colección
Bancroft. Este extracto contiene la narración de Antonio
Franco Coronel sobre sus experiencias como minero. Franco
Coronel nació en la Ciudad de México y era miembro de la
Colonia Padres e Hijar. En 1848 él amasó una pequeña for-
tuna en las minas de oro.

206.   MORENO, JOAQUIN (1809-)
       Diario de un escribiente de legación, por Joaquín
       Moreno, oficial de las legaciones de México en
       París y Roma (1833-1836). México, Secretaría de
       relaciones exteriores, 1925. 286 p. (Diary of
       a Clerk of Legation by Joaquín Moreno, Official
       of the Mexican Legation in Paris and Rome
       (1833-1836)).

       Genre: Diary

       Period covered: 1833-1836

       Moreno correctly labels his writings as diary
because, unlike the journal, much of the personal self is
present here in his observations: cultural life, illness,
and reactions to people and to sights in Paris and Rome. An
insightful 24-year old, Moreno at times seems to be

prescient about the conduct of his mentor, Lorenzo de Zavala
who in 1835 played a prominent part in Texas separatism.

Moreno clasifica correctamente estos escritos como
diario porque, a diferencia de apuntes, sus observaciones
reflejan mucho de sí mismo: la vida cultural, la enfermedad
y las reacciones ante la gente y las vistas en París y Roma.
Moreno, un hombre perspicaz de 24 años, tiende a ser
presciente en torno a la conducta de su mentor, Lorenzo de
Zavala quien en 1835 jugó un papel importante en el separa-
tismo tejano.

207.   NACAVEVA, A. (?)
        Diario de un narcotraficante. México, B.
           Costa-Amic, 1967. 371 p. (Diary of a Drug
           Trafficker).

        Genre: Memoirs

        Period covered: 1950's

Memoirs of almost two years in the life of the
author who claimed to be a dealer in drugs. Finally he is
captured by the police and repents. Thus he recounts his
adventures in the various aspects of the drug trade.

Memorias de casi dos años en la vida del autor
quien decía ser un traficante de drogas. El es finalmente
capturado por la policía y se arrepiente. Como consecuencia
él hace un recuento de sus aventuras en los diversos aspectos del tráfico de drogas.

208.   NAVARRETE, HERIBERTO (?)
        En las Islas Marías. México, Editorial Jus, 1965.
           95 p. (On the Islas Marías).

        Genre: Memoirs

        Period covered: 1926-1927

A Jesuit priest, Navarrete combats the religious
persecution of the Calles regime. In his earlier work, Por
Dios y por la Patria (see the following entry) he describes
his role in the Cristero rebellion. In the present work he
details his imprisonment in the Islas Marías.

El sacerdote jesuita Navarrete combate la persecución religiosa del régimen de Calles. En su obra
anterior, Por Dios y por la Patria (ver la partida siguiente) él describe su papel dentro de la rebelión cristera. En
esta obra, él da detalles sobre su encarcelamiento en las
Islas Marías.

209.   NAVARRETE, HERIBERTO (?)
       "Por Dios y por la patria", memorias de mi par-
           ticipación en la defensa de la libertad de con-
           ciencia y culto, durante la persecución
           religiosa en México de 1926 a 1929. México,
       Editorial Jus, 1961. 276 p. (For God and for
       Country, Memoirs of My Participation in the
       Defense of Liberty of Conscience and Religion
       during the Religious Persecution in México from
       1926 to 1929).

       Genre: Memoirs

       Period covered: 1926-1929

       The Jesuit, Fr. Navarrete, recalls the Cristero
rebellion in Jalisco provoked by government persecution of
the clergy, during the indicated dates. He goes back to 1921
referring to the activities of the Asociación Católica de la
Juventud Mexicana. The second part of the book relates more
the author's participation in the armed rebellion. Perhaps
the most important anti-Cristero mentioned is Saturnino
Cedillo who was appointed to combat the movement in
Guanajuato, Jalisco and San Luis Potosí.

       El jesuita, Fr. Navarrete, recuerda la rebelión
cristera en Jalisco que fue provocada por la persecución
gubernamental del clero durante las fechas indicadas. El
hace referencia a las actividades de la Asociación Católica
de la Juventud Mexicana durante 1921. La segunda parte del
libro hace un relato de la participación del autor en la
rebelión armada. El anti-cristero de más importancia mencionado en la obra lo es probablemente Saturnino Cedillo
quien fue asignado a combatir el movimiento en Guanajuato,
Jalisco y San Luis Potosí.

210.   NAVARRETE, RAUL (1942-)
       Raúl Navarrete. México: Empresas Editoriales,
           1968. 60 p.

       Genre: Autobiographical Essay

       Period covered: 1944?-1967

       The novelist's fragmented and impressionistic view
of his childhood lends an oneiric quality to this autobiographical essay. Relating the poverty of his childhood,
he also quickly sketches the extended family around him.
Although he describes his writing experiences, little is
noted of early intellectual influences.

       Este ensayo autobiográfico tiene una calidad
onírica debido a la imagen fragmentada e impresionista que
tiene el autor de su niñez. Navarrete narra la pobreza de
su niñez y hace rápidos bosquejos de la familia extendida
que le rodea. El describe sus experiencias al escribir pero
no da detalles sobre sus primeras influencias intelectuales.

211.   NELLIGAN, MAURICE (1956-1977 dates of Lupita)
        Lupita; confesiones de una joven mexicana.
        México: Editorial Diana, 1979.   247 p.
        (Lupita; Confessions of a Young Mexican).

        Genre: Oral Autobiography

        Period covered: 1956-1977?

        Feeling that Mexicans have been the victims of
stereotyping in studies relating to their psychology,
Nelligan attempted to present a life that is unique in that
its subject is unstable and yet is somewhat representative of
the human experience. Lupita, a campesina from Veracruz, in
her young life passes through the stages of childhood,
school, adolescence, courtship, marriage and childbirth.
Although the daughter of an indulgent hacendado, Lupita at
an early age struggles to adjust to the various women in
temporary marital relationship with her father. She becomes
economically self-supporting. Related in campesino dialect,
Lupita is another "as-told-to" autobiography. Following
each chapter, Nelligan provides a psychological interpretation of the fragment of the life story.

        Maurice Nelligan pensaba que los mexicanos eran
víctimas de estereotipos en los estudios hechos sobre su
psicología. Por lo tanto, él intentó presentar una vida
única en el sentido de que el personaje es inestable pero a
la misma vez representativo de la experiencia humana.
Lupita, una joven campesina de Veracruz, pasa por las etapas
de la niñez, la escuela, la adolescencia, el noviazgo, el
matrimonio y el parto. Aunque era hija de un hacendado
indulgente, Lupita, desde temprana edad, lucha por amoldarse
a las distintas esposas de su padre. Ella llega a ser su
propio sostén económico. Lupita es otra autobiografía "como
fuera narrada a..." cuyo relato está hecho en el dialecto
campesino. Después de cada capítulo, Nelligan provee una
interpretación psicológica del fragmento de la vida del
sujeto.

212.   NERVO, AMADO (1870-1919)
        Un epistolario inédito; XLIII cartas a don Luis
            Quintanilla. México: Imprenta Universitaria,
            1951.   104 p. (An Unpublished Collection of
            Letters; 43 Letters to don Luis Quintanilla).

        Genre: Letters

        Period covered: 1900-1915

        Series of letters written by Nervo and held by the
widow of, their recipient. Nervo seems to be the typical
artist living in Paris in modest circumstances and intimate
with some important literary figures such as Rubén Darío and
Díaz Rodríquez. Occasionally he mentions his works, especially "Hermana agua." At other times he notes and recom-
mends what he is reading. Although the letters at times
reveal moods and insights, they tell little about Nervo's
life.

Serie de cartas escritas por Nervo que mantenía la
viuda del corresponsal, don Luis Quintanilla. Nervo parece
ser el típico artista que reside modestamente en París y que
mantiene relaciones estrechas con figuras literarias importantes tales como Rubén Darío y Díaz Rodríguez. En ocasiones él menciona sus obras, especialmente "Hermana agua."
Otras veces él nota y recomienda lo que está leyendo al
momento. Aún cuando las cartas revelan estados de ánimo y
perspicacia, las mismas dicen poco sobre la vida de Nervo.

213. NERVO, AMADO (1870-1919)
       Mañana del poeta; páginas inéditas, publicadas y
          glosadas por Alfonso Méndez Plancarte. México:
          Ediciones Botas [1930] 323 p. (The Poet's
          Tomorrow; Unpublished Pages, Edited and Published
          by Alfonso Méndez Plancarte).

       Genre: Memoirs

       Period covered: 1886

       Poet of the Romantic and Modernist periods of
Mexican literature, Nervo has left some brief autobiographical pages that concentrate on his frustrated love for Lola.
These writings give more of romantic pose and overflowing
emotions than the life of the poet. Yet perhaps the persona
reveals the personality of the poet more than a realistic
image.

       Amado Nevo es un poeta de los períodos romántico y
modernista de la literatura mexicana. Nervo ha dejado unas
breves páginas autobiográficas que se concentran en su amor
frustrado por Lola. Estos escritos proveen una prosa
romántica y emociones más abundantes que la vida misma del
poeta. Sin embargo, es probable que esta persona revele más
sobre la personalidad del autor que cualquier imagen
realista.

214. NICOLAITA VEIJO (1895?-)
       Recuerdos Nicolaitas por un Nicolita viejo.
          [Morelia]: Universidad Michoacana de San
          Nicolás de Hidalgo, Difusión Cultural/Editorial
          Universitaria, [1978] 96 p. (Nicolaita Memories
          of an Old Nicolita).

       Genre: Memoirs

       Period covered: 1906-1912

       Anonymous author remembers his colegio years in
Michoacán in biographical sketches of eight of his professors. His interactions with them make his memories autobiographical and revelatory of a regional high school
education during the Porfiriato.

       Este autor anónimo recuerda sus años de Colegio en

Michoácan a través de bosquejos biográficos de ocho de sus profesores. Su relación con estos profesores hace que sus memorias sean autobiográficas. Las mismas también hacen revelaciones sobre la educación en una escuela regional durante el Porfiriato.

215. NOVO, SALVADOR (1904-1974)
        Return Ticket. México: Editorial "Cultura", 1928.
        139 p.

     Genre: Memoirs

     Period covered: 1927

     The young Novo embarks on a trip with destination Hawaii in order to attend a conference. His memoirs become more than a travel diary for their revelation in part of a personality. In the train trip through Torreón, his native city, he reminisces about his childhood and moments of the Revolution. His reaction to details rather than major sites makes this journey more personal. (See also Cartas de Villaurrutia a Novo, 1925-1936 entry #329)

     Although too brief to be labeled a monogaph, Novo's "Memoir," for various reasons necessitates inclusion in the present bibliography. He keenly retraces his youth from Torreón to the capital and is the rare Mexican who recognizes the mother as culprit. Novo, in reliving school days, broaches a taboo topic, homoerotic México. According to the editor, this manuscript is still considered unpublishable in Mexico. Salvador Novo, "Memoir," Now the Volcano; An Anthology of Latin American Gay Literature edited by Winston Leyland. (San Francisco: Gay Sunshine Press, 1979), p. 11-47.

     El joven Novo se embarca a Hawaii con el propósito de asistir a una conferencia. Sus memorias se convierten en más que un diario de viajes ya que su autor hace revelaciones parciales en cuanto a su personalidad. Durante su viaje en barco a través de Torreón, su ciudad natal, Novo recuerda su niñez y algunos momentos de la Revolución. Lo que le da el toque personal a este viaje es la reacción de Novo ante los detalles en vez de ante los sitios principales. (Ver también Cartas de Villaurrutia a Novo, 1935-1936, partida # 329).

     Las "Memorias" de Novo, aunque son muy breves para ser clasificadas como monografía, debían ser incluídas en esta biliografía por varias razones. El autor vuelve atrás y traza de nuevo y con gran viveza su juventud desde Torreón hasta la capital. Es él el mexicano excepcional que reconoce a su madre como la acusada. Al revivir sus días en la escuela, Novo introduce un tema que es tabú, el México homosexual. Según el editor, este manuscrito todavía no puede ser considerado para publicación en México.

216. NUÑEZ GUZMAN, J. TRINIDAD (1898?-)
      Mi infancia en la Revolución; apuntes de un
      muchacho pueblerino. México, Libro Mex, 1960.
      117 p. (My Childhood in the Revolution; Notes
      of a Small Town Boy).

      Genre: Memoirs

      Period covered: 1910-

      In first person narrative, Núñez Guzmán, attempting
to recapture his emotions as a child, recalls the outbreak
of the Revolution and its gradual impingement on the life of
his family in Zacatecas and Guadalajara. In addition to its
clear style, the memoir follows the tradition of costumbrismo. With echoes of Al filo de agua, these memoirs
appropriately are prologued by Agustín Yáñez.

      La narrativa en primera persona de Núñez Guzmán
trata de volver a vivir las emociones de su niñez. Los
escritos recuerdan el principio de la Revolución con su gradual intrusión dentro de la vida de la familia de Núñez
Guzmán en Zacatecas y Guadalajara. Además de su estilo
claro, estas memorias siguen la tradición del costumbrismo.
Las mismas tienen cierto aire de la otra obra, Al filo de
agua. También tienen un apropiado prólogo por Agustín
Yáñez.

217. OBREGON, ALVARO (1880-1928)
      Ocho mil kilómetros en campaña. México: Fondo de
      Cultura Económica, 1970. 618 p. (Eight
      Thousand Kilometers in Campaigns).

      Genre: Memoirs

      Period covered: 1911-1916

      The work is divided into three major chronological
sections: the campaigns against Orozco, Huerta, and Zapata,
the Convention and Villa. These memoirs are of the
tumultuous years of the Mexican Revolution and Obregón's
participation in them. He describes the men, the battles
and the causes, but gives little information about himself.
This is a military man who is writing unreflectively in a
clear unimaginative style.

      Esta obra está dividida en tres largas secciones
cronológicas: las campañas contra Orozco, Huerta y Zapata,
la Convención y Villa. Estas son memorias de los años
tumultuosos de la Revoluución mexicana y de la participación
de Obregón en las mismas. El describe a los hombres, las
batallas y las causas, pero da muy poca información sobre sí
mismo. Este es un hombre militar que escribe en un estilo
claro aunque carente de reflexión y de imaginación.

218.   OCARANZA CARMONA, FERNANDO (1876-1965)
        La novela de un médico. México: Tallares Gráficos
        de la Nación, 1940. 318 p. (The Novel of a
        Doctor).

        Genre: Memoirs

        Period covered: 1878?-1914

        This work straddles both forms, autobiography and
memoirs. Although 36 years of Dr. Ocaranza's life are
covered as a doctor and as rector of the University of
México, they do not reveal the development of a personality.
Receiving his medical degree, he notes little of self in the
achievement of this goal. Through his life are seen the
training necessary to become a doctor and something of the
life of this profession in the military. However, the
reader could wish for more of author's opinion of the status
of medicine during the Porfiriato and reflections over
Díaz's policy towards the Yaquis. Nevertheless, Ocaranza
maintains an interesting narrative chronologically arranged
in the varying locales of Toluca, Mexico City, and Bácum
(Sonora in war against Yaquis), Jalapa and Guaymas. The
title, La novela de un médico, suggests a liberality with
the truth that is not necessarily manifest in the text.

        Esta obra contiene una combinación de autobiografía
y memorias. A pesar de que en la misma se cubren 36 años de
la vida del Dr. Ocaranza como médico y rector de la
Universidad de México, las mismas revelan muy poco sobre el
desarrollo de su personalidad. Al recibir su grado de medicina, Ocaranza no hace alusión a la participación de su "yo"
en la realización de esta meta. A traveś de su vida vemos
el entrenamiento necesario para ser doctor y un poco sobre
su profesión dentro de la milicia. Al lector, sin embargo,
le interesaría saber un poco más de la opinión del autor
sobre la condición de la medicina durante el Porfiriato,
también algunas reflexiones sobre la política de Díaz con
relación a los yaquis. A pesar de esto, la narrativa de
Ocaranza es interesante. La misma está en orden cronológico
e incluye sitios tan diversos como Toluca, Ciudad de México,
Bácum (la guerra de Sonora contra los yaquis), Jalapa y
Guaymas. El título, La novela de un médico sugiere un
liberalismo con la verdad que no se manifiesta en el texto.

219.   OCARANZA CARMONA, FERNANDO (1876-1965)
        La tragedia de un rector. México, 1943. 532 p.
        (The Tragedy of a University President).

        Genre: Memoirs

        Period covered: 1914-1938?

        These memoirs pick up the narration of the earlier
ones entitled, La novela de un médico. Totally about
Ocaranza's public life, they describe his research as a phy-
siologist, his position as secretary of the faculty of medicine, his participation in various professional societies,

and his gradual ascent to rectorship of the University of
México. Of interest are the conflicts with colleagues that
he experiences with his successes. The rectorship of the
University of México apparently is beset with intrigue.
Missing are his comments on science and the state of medicine in México. As suggested, none of his personal life is
revealed. The inclusion of verbatim texts inhibits the flow
of the memoirs.

Estas memorias continúan la narración de las
anteriores cuyo título es La novela de un médico. Las
mismas tratan la totalidad de la vida pública de Ocaranza
describiendo sus investigaciones como fisiólogo, su posición
como secretario de la Facultad de Medicina, su participación
en varias sociedades profesionales y su gradual ascenso a la
rectoría de la Universidad de México. Es interesante ver
los conflictos con colegas que le ocasionaron sus éxitos en
la profesión. Su experiencia como rector de la Universidad
de México está aparentemente rodeada de intriga. Existe en
estas memorias una falta de comentarios sobre ciencia y
sobre el estado de la medicina en México. También faltan
revelaciones sobre su vida personal. La presencia de textos
citados al pie de la letra impide que las memorias se lean
con fluidez.

220.   ORD, ANGUSTIAS (de la Guerra) (1815-1880)
       Occurrences in Hispanic California. Translated and
          edited by Francis Price and William H. Ellison).
       Washington, Academy of American Franciscan
       History, 1956. 98 p.

       Genre: Memoirs

       Period covered: 1815-1848

       This well-placed Californiano in 1878 dictated her
memoirs for the Hubert Howe Bancroft Collection. Little
emerges about her personal life for she focuses on the
Spanish-Mexican period of Californian history: Indian
revolt, secularization of missions, Alvarado revolt, Pío
Pico and Fremont.

       Esta californiana (bien puesta) dictó sus memorias
para la Colección Hubert Howe en 1878. Las mismas contienen
muy poco sobre su vida personal ya que Ord se concentra en
el período hispano-mexicano de la historia de California:
revueltas indígenas, la secularización de misiones, la
revuelta de Alvarado, Pío Pico y Fremont.

221.   OROZCO, JOSE CLEMENTE (1883-1949)
       El artista en Nueva York (cartas a Jean Charlot y
          tres textos inéditos). México, Siglo Veintiuno
       Editores [1971] 187 p.
       Trans.: The Artist in New York, Letters to Jean
          Charlot and Unpublished Writings, 1925-1929.
       Translated by Ruth L.C. Sims. Austin,

University of Texas Press [1974]

Genre: Letters

Period covered: 1925-1929

This collection of letters, for detail, tone and
confidentiality, reveal far more of the personality of
Orozco than his more formal Autobiografía. (See following
entry #222). They express his constant attachment and trust
in Jean Charlot, the correspondent of most of the letters.
To Charlot, Orozco communicated mixed feelings about New
York City, hatred of Diego Rivera, distrust of Frances Toor,
ambivalence towards Anita Brenner, and love for Alma Reed.
Much concerns Orozco's frustration with the art world inten-
sified by Diego Rivera's acceptance in New York and the
apparent preference for folkloric México. Orozoco comments
on art exhibitions and praises French artists. He fnally has
success in an art exhibit.

Esta colección de cartas, por su detalle, tono y
confidencialidad, revela mucho más de la personalidad de
Orozco que su más formal Autobiografía. (Ver la siguiente
partida #222). Las mismas expresan su apego y confianza
constante en Jean Charlot, corresponsal de la mayoría de sus
cartas. A Charlot, Orozco comunicaba inconsistencia en sus
sentimientos hacia la ciudad de Nueva York, el odio a Diego
Rivera, la desconfianza hacia Frances Toor, la ambivalencia
hacia Anita Brenner, y el amor hacia Alma Reed. Hay mucho
sobre la frustración de Orozco con el mundo artístico,
intensificado por la aceptación de Diego Rivera en Nueva
York y la aparente preferencia por el México folklórico.
Orozco comenta sobre exhibiciones de arte y alaba a los
artistas franceses. Finalmente, él obtiene éxito en una
exhibición de arte.

222.   OROZCO, JOSE CLEMENTE (1883-1949)
       Autobiografía. México: Ediciones Era, S.A., 1970.
          126 p.

Genre: Memoirs

Period covered: 1883-1936

Very brief autobiography characterized by clarity
of style and frankness of opinion. The fifteen chapters
relate to Orozco's art work and somewhat less to his travels
in the United States and in Europe. Although the reader
learns about 20th century art and specifically the muralist
movement in México, he learns very little about Orozco, the
human being. Outside of mentioning his birth, the artist
tells nothing of his family. Yet because of his early
interest in drawing and painting we can see the artist in
formation. What is lacking here is self revelation through
seemingly minor details. For example, the mention of his
joy at having to shovel in a New York snow each morning
tells us more about the man than his reaction to an art
show. In this same chapter glimpses of the self are further

revealed by his enthusiasm for the Blacks in Harlem and
other ethnic groups.

        Autobiografía breve cuyas características prin-
cipales son la claridad de su estilo y la franqueza de opinión. Los quince capítulos, tratan más sobre el arte de
Orozco que de sus viajes a través de los Estados Unidos y
Europa. A pesar de que el lector aprende sobre el arte del
siglo XX y, muy en especial, sobre el movimiento muralista
en México, él mismo llega a conocer muy poco sobre Orozco
como ser humano. Aparte de la mención de su propio nacimiento, el artista no dice nada sobre su familia. Sin
embargo, debido a su temprano interés por el dibujo y la
pintura, podemos ver su formacíon como artista. La obra
carece de detalles que revelen aspectos de su personalidad.
Por ejemplo, su reacción de gozo ante la perspectiva de
tener que transpalar la nieve cada mañana en Nueva York nos
dice más sobre sí mismo que su reacción ante una exhibición
de arte. En este mismo capítulo también podemos ver un poco
de su carácter a través de su entusiasmo por los negros en
Harlem y por otros grupos étnicos.

223.   OROZCO Y JIMENEZ, FRANCISCO DE (1864-1936)
       Memoir of the Most Reverend Francisco Orozco y
           Jiménez. n.p., 1918. 54 p.

       Genre: Memoir

       Period covered: 1916-1917?

        Archbishop of Guadalajara, Orozco y Jiménez was
arrested five times by the government. In these memoirs, he
wants to inform the reader of his activities after accused
of being a traitor to the government. He also records his
services to the church in México. Translated into English,
the memoirs are bereft of any interesting details or personal items.

        El arzobispo de Guadalajara, Orozco y Jiménez fue
arrestado cinco veces por el gobierno. A través de estas
memorias, Orozco desea informar al lector sobre sus actividades luego de ser acusado por traicionar al gobierno.
También hace un registro de sus servicios a la iglesia en
México. Esta memorias han sido traducidas al inglés. Las
mismas carecen de detalles interesantes o personales.

224.   ORTIZ RUBIO, PASCUAL (1877-1928)
       Memorias, 1895-1928 y Memorias de un penitente.
           México: Academia Nacional de Historia y
           Geografía, 1963. 208 p. (Memoirs, 1895-1928
           and Memoirs of a Penitent).

       Genre: Memoirs

       Period covered: 1895-1928

        These writings are well described by the term
"memorias" because they develop the political career of
their author. They concern his external life and are presented chronologically rather than focusing on him psychologically. The Revolution and Ortiz Rubio as ambassador to
Germany (1924) and Brazil (1926) are the major topics. They
end before his presidential period of 1929. Of much greater
interest is a separate book inexplicably bound with this
one. Memorias de un penitente, first published in 1961, is
more autobiographical in that it describes the author's four
months in prison as an enemy of President Victoriano de la
Huerta. Unusual because of their personal nature, these
memoirs show what is possible when a politician is confined
and must write of the daily routine of prison life. Forced
to a deeper self analysis because of his imprisonment, Ortiz
Rubio shares his hopes, his disappointments, his relationships and his reading preferences. The intimacy and lack
of external action make these memoirs far more valuable than
those of the Revolution.

        Estos escritos se pueden clasificar como memorias
ya que los mismos desarrollan la carrera política de su
autor. Estas memorias tratan sobre la vida externa del
autor presentada a través de un marco cronológico en vez de
un enfoque psicológico. Los temas principales son la
Revolución y el período durante el cual Ortiz Rubio sirvió
como Embajador en Alemania (1924) y Brasil (1926). Las
memorias terminan antes de su período presidencial de 1929.
Memorias de un penitente es un libro más interesante aún;
uno que por razones desconocidas aparece bajo la misma
cubierta de Memorias, 1895-1928. Memorias de un penitente
fue publicado por primera vez en 1916 y contiene mayor cantidad de material autobiográfico ya que describe el período
de cuarto meses durante los cuales el autor estuvo en la
cárcel acusado de ser enemigo del presidente Victoriano de
la Huerta. Es rara la naturaleza personal de estas memorias
que muestran todo lo que puede pasar cuando un político está
confinado y debe escribir sobre su rutina diaria en la prisión. Ya que, debido a su encarcelamiento, se encuentra for-
zado a hacerse un auto-análisis más profundo, Ortiz Rubio
comparte sus esperanzas, desilusiones, sus relaciones y el
tipo de lectura que prefiere. Estas memorias sobrepasan el
valor de las de la Revolución por sus intimidades y por la
falta de acción externa.

225. OSUNA, ANDRES (1872-1946)
        Por la escuela y por la patria (autobiografía).
            México: Casa Unida de Publicaciones, S. de R.L.
            1943. 324 p. (For School and for Country;
            Autobiography).

        Genre: Memoirs

        Period covered: 1876?-1941?

        Andrés Osuna was professor of the Escuela Normal
Nocturna of Monterrey, director general of education in the
Federal District and the states of Coahuila and Nuevo León

and also provisional governor of Tamaulipas. These memoirs
present him in his struggle to become educated and his life
either as a teacher or as an administrator. Through his
life are seen the intrigues against school masters and
directors but little about México's educational needs.
Osuna also lived in the United States for several years as a
translator of Protestant literature. Yet he never discusses
why he converted from Catholicism to Protestantism. Herein
lies the main problem of the life he presents. He rarely
touches upon the personal

      Andrés Osuna fue profesor de la Escuela Normal
Nocturna de Monterrey, director general de educación en el
Distrito Federal y en los estados de Coahuila y Nuevo León y
gobernador interino de Tamaulipas. Estas memorias lo
presentan su lucha por convertirse en un hombre culto.
También presentan su vida tanto de maestro como de administrador. A través de su vida se puede ver las tramas en
contra de los maestros y directores de escuela. Sin
embargo, se ve muy poco sobre las necesidades educacionales
de México. Osuna vivió en los Estados Unidos durante varios
años como traductor de literatura protestante. No obstante,
él nunca discute por qué se convirtió del catolicismo al
protestantismo. Es aquí donde recae el problema principal
de la vida que el autor presenta: muy rara vez él hace alusión a su vida personal.

226.   PALAVINCINI, FELIX FULGENCIO (1881-1952)
      Mi vida revolucionaria. México, Ediciones Botas,
         1937. 558 p. (My Revolutionary Life).

      Genre: Memoirs

      Period covered: 1901-1929

      An ardent Maderista, senator, journalist, diplomat,
Minister of Public Education and author of several books,
Palavincini presents his life through memoirs and documents.
However, he is more the historian than the autobiographer.
The lists of names and insertion of documents, though
appropriate for the chronological moment, interrupt the
readings.

      Palavincini presenta memorias y documentos que dan
fe de su vida como maderista apasionado, senador,
periodista, diplomático, Secretario de Instrucción Pública y
autor de varios libros. El, sin embargo, es más un
historiador que un autobiógrafo. Estas memorias contienen
listas de nombres y documentos que son adecuados para
esclarecer el momento cronológico pero que interrumpen la
lectura.

227.   PALOMARES, JOSE FRANCISCO (1808-)
      Memoirs of José Francisco Palomares; translated
         from the manuscript in the Bancroft Library by
         Thomas Workman Temple II. Los Angeles, Glen

Dawson, 1955.   69 p.

Genre: Memoirs

Period covered: 1808-1846

This Californiano, (a Mexican living in California when the United States took over in 1846) an Indian fighter and military, recalled his adventures and dictated them. Palomares fought the invasion of the Americans in California in 1846, and this is the most credible part of his memoirs. Other incidents are less verifiable. The episodes of mutual brutality between Indian and White, the almost pornographic story of a snake, and the use of cabestros (trained cattle to control herds) originate from a personality more eager to entertain than to corroborate history. The time lapse since the events coupled with Palomares old age and perhaps a tendency to exaggerate lend an air of lore to his memoirs. The latter also makes for a good read.

Este californiano (un mexicano que vivía en California cuando los Estados Unidos tomaron posesión en 1946) era un guerrero y militar indio que dictó sus aventuras al recordarlas. Palomares peleó contra la invasión estadounidense de California en 1846 y es ésta la parte más verosímil de sus memorias. Es más difícil verificar los otros incidentes. Algunos episodios, tales como la brutalidad mutua entre indios y blancos, el cuento casi pornográfico de la culebra y el uso de los cabestros para controlar los rebaños surgen de una personalidad más dispuesta a entretener que a corroborar la historia. El lapso de tiempo que transcurrió desde los eventos, además de la avanzada edad de Palomares y su tendencia a exagerar le dan a estas memorias un aire folklórico. Este último también permite una fácil lectura.

228.   PANI, ALBERTO J. (1878-1955)
       Apuntes autobiográficos. México: Librería de
          Manuel Porrúa, 1950.   2 vols. (Autobiographical
          Notes).

Genre: Memoirs

Period covered: 1878-194?

Pani, who fought against the dictatorship of Porfirio Díaz and served at the side of most Mexican presidents from 1911 to 1933, has written two volumes of memoirs. These read more as a history of the Mexican Revolution than a history of the self. Since he held important government posts from 1911 to 1932, this naturally takes up most of the narration. This major portion would surely be of interest to historians of the Mexican Revolution. However, the seeker of autobiography and lo mexicano will find the following sections of interest: childhood, collector of art, and civil engineer and construction of the Hotel Reforma in the 1930's. Pani only includes the exterior self, eliminating references to mood or boredom or develop-

ment as a personality. This chronological autobiography
satisfies more as political history than self revelation.

        Pani, quien luchó en contra de la dictadura de
Porfirio Díaz y estuvo al servicio de la mayoría de los presidentes mexicanos desde 1911 a 1933, también escribió dos
tomos de memorias. Las mismas se leen mejor como historia
de la Revolución mexicana que como historia personal. La
mayor parte de la narración trata sobre los puestos gubernamentales importantes que él ocupó del 1911 al 1932. Esta
porción sería de gran interés para los historiadores de la
Revolución mexicana. Sin embargo, para el que busca la
autobiografía y lo mexicano, las siguientes secciones le
serán de interés: la niñez, el coleccionista de arte y la
ingeniería civil y construcción del Hotel Reforma durante la
década del 1930. Pani incluye únicamente su personalidad
externa y elimina alusiones al estado de ánimo, al aburrimiento o a su propio desarrollo como celebridad. Esta autobiografía cronológica satisface más como historia política
que como una revelación personal.

229. PANI, ALBERTO J. (1878-1955)
        Mi contribución al nuevo régimen (1910-1933) (A
        propósito del "Ulises criollo," autobiografía
        del licenciado don José Vasconcelos.) México,
        D.F., Editorial "Cultura," 1936. 395 p. (My
        Contribution to the New Regimen, 1910-1933).

        Genre: Memoirs

        Period covered: 1910-1933

        Very active in Mexican public life, Pani was
Undersecretary of Public Instruction, director of Public
Works for the Federal District, Secretary of Industry and
Commerce, minister in Paris, Secretary of Foreign Relations,
Secretary of the Treasury and ambassador to Spain. As indi-
cated by the title, Pani wants to rectify allusions of
Vasconcelos in Ulises criollo (see entry no. 321) Typical
for memoirs, these of Pani give only the author's public
life.

        Pani, hombre muy activo en la vida pública mexi-
cana, fue Subsecretario de Instrucción Pública, Director de
Obras Públicas en el Distrito Federal, Secretario de
Industria y Comercio, Ministro en París, Secretario de
Relaciones Exteriores, Secretario de Hacienda y Embajador en
España. Tal y como lo indica el título, Pani intenta rec-
tificar algunas alusiones de Vasconcelos (ver partida no.
321). Como es típico de las memorias, éstas sólo proveen
datos sobre la vida pública del autor.

230. PANI, ARTURO (1879-1962)
        Ayer. México, 1954. 387 p. (Yesterday).

        Genre: Memoirs

Period covered: 1885-1932

Engineer, employee of the Secretaría de
Comunicaciones y Obras Públicas and member of the diplomatic
corps, Pani in these memoirs gives details of his childhood,
the home in Aguascalientes and early education, his service
in the diplomatic corps mainly in Paris. He focuses more on
other families than his own.

El ingeniero, empleado de la Secretaría de
Comunicaciones y Obras Públicas y miembro del cuerpo
diplomático Arturo Pani utiliza estas memorias para dar
detalles sobre su niñez, su hogar en Aguascalientes, su
temprana educación y su servicio en el cuerpo diplomático,
principalmente en París. El se concentra mayormente en
familias fuera de la suya.

231.   PANI, ARTURO (1879-1962)
        Una vida. México, 1955. 209 p. (A Life).

        Genre: Memoirs

        Period covered: 1844-1911

For biographical data on this author, see the above
entry. Again Pani, though concentrating on his own family,
still deflects the focus of the narration from himself.
Here he gives something of his proximate genealogy and then
directs the reader to the network of relationships in his
immediate family. This biography/memoir becomes a gallery
of portraits of an upper class family of the Porfiriato.
Some are funny; others, pathetic.

Para obtener información biográfica sobre este
autor, vea la partida anterior. Nuevamente, Pani se concentra en su propia familia y desvía el enfoque de la narración de sí mismo. Aquí él provee algunos datos sobre su
genealogía próxima y luego lleva al lector hacia la red de
relaciones en su familia inmediata. Esta biografía/memorias
se convierte en una galería de retratos de una familia clase
alta del Porfiriato. Algunos son graciosos; otros, patéticos.

232.   PARDINAS, MIGUEL AGUSTIN (1915-1965)
        Un testigo de Cristo; autobiografía, 1915-1966.
            México: Obra Nacional de la Buena Prensa, 1967.
            198 p. (A witness for Christ; Autobiography
            1915-1966).

        Genre: Memoirs

        Period covered: 1939-1965

A Jesuit priest, Fr. Pardinas did missionary work
among the Tarahumaras, the Chinese, and the Filipinos.
His memoirs are mainly about China and his efforts at con-
verting the natives and his expulsion by the Communists. He
reveals an individual assured of his mission and perhaps not

too understanding or sympathetic to non-Catholic cultures.
The narrative is chronological and external.

El sacerdote jesuita fr. Pardinas hizo obra
misionera entre los tarahumaras, los chinos y los filipinos.
Sus memorias tratan principalmente sobre China, sus esfuerzos por convertir a los nativos y su expulsión por los comunistas. El se descubre como un individuo seguro de su
misión y, tal vez, no muy comprensivo con las culturas no
católicas. La narrativa es cronológica y externa.

233.   PAZ, IRENEO (1836-1924)
       Algunas campañas; memorias escritas por Ireneo Paz.
          México: Imprenta y Litografía de Ireneo Paz,
          1884-1885. 3 v. (Some Campaigns; Memoirs).

       Genre: Memoirs

       Period covered: 1884-1885

       Young Paz describes his experiences during the
French Intervention. He also participated on the liberal
side in the liberal-conservative struggle of the 19th century. His adventures in Guadalajara, Colima, Mazatlán and
San Luis Potosí read like a novel. A journalist, Paz writes
well and presents himself at his best. The three volumes
have been condensed into one by Salvador Ortiz Vidal.

       El joven Paz describe sus experiencias durante la
Intervención Francesa. El también participó del lado
liberal en el conflicto liberal-conservador del siglo XIX.
Sus aventuras en Guadalajara, Colima, Mazatlán y San Luis
Potosí se leen como una novela. Como periodista, Paz
escribe bien y se presenta a sí mismo en su mejor ángulo.
Los tres volúmenes han sido condensados en uno por Salvador
Ortiz Vidal.

234.   PEÑA DE VILLARREAL, CONSUELO (1896-)
       La Revolución en el Norte. Puebla, Mex., Editorial
          Periodística e Impresora de Puebla [1968] 468 p.
          (The Revolution in the North).

       Genre: Memoirs

       Period covered: 1903-1916?

       These memoirs of a pro-revolutionary witness are of
a hybrid nature. At times it is as though she has read
history and takes on more of the role of the historian than
the memoirist. At other times she interrupts the chronology
to record an anecdote, lament a death or give a rapid
portrait.

       Estas memorias de un testigo pro-revolucionario son
de naturaleza híbrida. A veces parece que ella ha leído
historia y juega más el papel de historiadora que el de
memorialista. Otras veces, ella interrumpe la cronología

para registrar una anécdota, lamentar una muerte o dar un retrato rápido.

235.   PEON, MAXIMO (?)
        Cómo viven los mexicanos en los Estados Unidos.
        México, B. Cotas-Amic [1966] 270 p.   (How the
        Mexicans Live in the United States).

Genre: Memoirs

Period covered: 1943

A pseudonymous Mexican recalls the halcyon days of WWII when Mexican laborers, needed by a country under stress, suffered little discrimination.   Other departures from traditional literature are the author's employment as a railroad worker in the West and Northwest.   He focuses more on the immigrant than the Mexican American.

Un mexicano seudónimo recuerda los días tranquilos de la 2da Guerra Mundial cuando los obreros mexicanos, necesitados por un país bajo presión, sufrieron poca discriminación.   Otras desviaciones de la literatura tradicional son el oficio del autor como trabajador de los ferrocarriles en el oeste y el noroeste.   El se concentra más en el inmigrante que en el mexicano-americano.

236.   PEREZ, LUIS (1904-)
        El Coyote, the Rebel.   [New York] H. Holt and
        Company, [1947] 233 p.

Genre: Autobiography

Period covered: 1909-1929

Pérez at the age of eleven years joins the federal army in northern México.   His almost picaresque life has both México and the Southwestern United States as scenarios. Hence he is simultaneously Chicano and Mexican.   He converts to Protestantism, attends public schools and college, learns English, is cheated by his farm employer, and finally becomes a citizen.   Regardless of injustice or sufferings, he always narrates with good humor.

Pérez se une al ejército federal en el norte de México a la edad de once años.   Su vida casi picaresca tiene sus escenarios en México y el suroeste de los E.E.U.U. Por lo tanto, él es simultáneamente chicano y mexicano.   El se convierte al protestantismo, asiste a escuelas públicas y universidad, aprende inglés, es engañado por su patron y finalmente se hace ciudadano.   Independientemente de injusticias o sufrimientos, él siempre narra con buen humor.

237. PEREZ SOLIS, IVAN (?)
        Intimidades de un médico: 46 casos de la vida
        real. México, B. Costa-Amic [1967] 255 p.
        (Personal stories of a Doctor; 46 Cases from
        Real Life).

      Genre: Memoirs

      Period covered: 1967?

        As indicated by the title, each autobiographical
chapter is a self-contained incident from the life of the
narrator. He tells about the more interesting experiences
in his medical practice in Tijuana.

        Como lo indica el título, cada capítulo auto-
biográfico es un incidente completo de la vida del narrador.
El narra sobre las experiencias más interesantes de su
práctica médica en Tijuana.

238. PHILIPON, M.M. (1862-1937-dates of Cabrera de Armida)
        Una vida, un mensaje: Concepción Cabrera de
        Armida. [México, D.F.?] Concar A.C., c. 1976.
        285 p.
        Trans.: Conchita: A Mother's Spiritual Diary.
        New York, Alba House, 1978. 256 p.

      Genre: Diary/Autobiography

      Period covered: 1894-1937?

        Conchita, wife, mother and grandmother with the
duties incumbent upon each role, also partook of a vigorous
spiritual life. The second part of this book, arranged into
various themes of mysticism, reflects this inner life. The
structuring of the writings thematically, while lending
cohesiveness, does violate chronology and the progressive
spiritual development of the author. Two Catholic religious
have intervened in editing this diary indicating that it is
not in the pristine form perhaps intended by Cabrera de
Armida.

        Conchita, esposa, madre y abuela con todas las
responsabilidades que cada uno de estos papeles requiere,
también tuvo una activa vida espiritual. La segunda parte
de este libro, dividida en varios temas del misticismo,
refleja esta vida interior. La estructura temática de los
escritos, aún cuando proveen cohesión, violan la cronología
y el desarrollo espiritual progresivo de la autora. Dos
religiosas católicas intervinieron al editar este diario
indicando que el mismo no está en la forma pristina que
Cabrera de Armida quizás hubiera deseado.

239. PICO, PIO (1801-1894)
        Don Pio Pico's Historical Narrative. Translated by
        the late Arthur P. Botello. Glendale,

California: The Arthur H. Clark Company, 1973.
171 p.

Genre: Memoirs

Period covered: 1901-1845

At age 76, Pico reminisces and dictates his
memoirs. Californiano, last Mexican governor of California,
and administrator of Mission San Luis Rey, Pico, although he
had lived under U.S. rule for 29 years, concentrates mainly
on the Mexican period. His memoirs, though disjointed and
somewhat garrulous, relate colorful incidents both from his
political and personal life.

A la edad de 76 años, Pico recuerda y dicta sus
memorias. Californiano, último gobernador mexicano de
California y administrador de la Misión San Luis Rey, Pico
se concentra principalmente en el período mexicano aún
cuando vivió bajo dominio de los E.E.U.U. por 29 años. Sus
memorias, aunque desunidas y un tanto locuaces, relatan incidentes llenos de colorido ambos de su vida política y de la
personal.

240.   PINEDA CAMPUZANO, ZORAIDA (1910?-)
       Memorias de una estudiante de filosofía. México,
       1963. 480 p. (Memoirs of a Student of
       Philosophy).

Genre: Memoirs

Period covered: 1915?-1941?

The author, whose career is the education of
children, writes a somewhat garrulous but often humorous
memoir of her adolescent and college years. Her attempts to
recall conversation perhaps place her work more within the
novel. The value of her autobiographical account is the
struggle to get a masters degree in philosophy.

La autora, cuya carrera es la educación de niños,
escribe las memorias de sus años de adolescencia y de universidad de manera un tanto locuaz pero también muy
humorística. Sus intentos de recordar conversaciones tal
vez colocan su obra bajo la categoría de la novela. El
valor de su recuento autobiográfico es su lucha por con-
seguir su maestría en filosofía.

241.   PITOL, SERGIO (1933-)
       Sergio Pitol. Prólogo de Emmanuel Carballo.
       México: Empresas Editoriales, [1967, c 1966] 60
       p.

Genre. Memoirs

Period covered: 1933-1966

Short story writer who has lived in Rome, Peking and Warsaw, Pitol presents an outline of his life: Italian descent, love of reading, education both formal and informal, frustration with the Mexican left, friendship with Carlos Monsiváis, and early efforts at writing.

Escritor de cuentos que ha vivido en Roma, Peking y Varsovia, Pitol presenta un bosquejo de su vida: descendencia italiana, amor por la lectura, educación formal e informal, frustración con la izquierda mexicana, amistad con Carlos Monsiváis y los primeros intentos al escribir.

242.   PONIATOWSKI, ELENA (1900 date of birth of Jesusa
        Polancares). Hasta no verte, Jesús mió. [México]
        Era [1969] 315 p. (Until We Meet Again, Sweet
        Jesse).

        Genre: Oral Autobiography

        Period covered: 1905?-1965?

Labeled by some critics as a novel, Hasta no verte, Jesús mió also qualifies as autobiography. The recorder of and organizer of Jesusa's life story is Poniatowska who visited her subject three times a week. The resultant document is superb for two reasons. Poniatowska has an ability to hear language and filter it with all its nuances to written form. Furthermore, Jesusa, for her character, attitudes and experiences is a fascinating human being. From Tehuántepec and motherless at the age of five, Jesusa spends most of her life in Mexico City. A soldadera in the Revolution, she is a spiritualist, a laundress, and most importantly a totally independent female. Her language is highly expressive.

Clasificada por algunos críticos como novela, Hasta no verte, Jesús mío también cualifica como autobiografía. Quien registró y organizó la historia de la vida de Jesusa es Poniatowska quien visitaba a ella tres veces a la semana. El documento resultante es magnífico por dos razones. Poniatowska tiene la habilidad de escuchar el idioma y de filtrarlo con todos sus matices a la forma escrita. Además, Jesusa, debido a su carácter, actitudes y experiencias es un ser humano fascinante. De Tehuántepec y huérfana de madre a la edad de cinco años, Jesusa vivió la mayor parte de su vida en la Ciudad de México. Una soldadera en la Revolución, ella es una espiritista y lavandera, pero más importante aún, una mujer totalmente independiente. Su lenguaje es altamente expresivo.

243.   PORTES GIL, EMILIO (1890-1978)
        Quince años de política mexicana. México,
            Ediciones Bota, 1941. 575 p. (Fifteen Years of
        Mexican Politics).

        Genre: Memoirs

Period covered: 1928-1936

These writings vacillate between memoirs and docu-
mentary for the author incorporates many significant texts
from his political life. Highest governmental post was provisional president from 1928 to 1930 after the assassination
of Alvaro Obregón. The memoirs naturally tend to be a
defense of Portes Gil's political career. Though they
reveal the larger moments, they show little of the workings
of Mexican government or the major facets of a political
personality.

Estos escritos vacilan entre memorias y un documen-
tal ya que el autor incorpora varios textos importantes de
su vida política. El puesto gubernamental más alto lo fue
el de presidente interino de 1928 a 1930 luego del asesinato
de Alvaro Obregón. Las memorias naturalmente tienden a ser
una defensa de la carrera política de Portes Gil. Si bien
las memorias revelan los momentos más importantes, las
mismas muestran poco sobre el funcionamiento del gobierno
mexicano o sobre las más grandes facetas de una celebridad
política.

244.   POZAS A., RICARDO (1900?-birth year of Juan Pérez
       Jolote). Juan Pérez Jolote; biografía de un tzot-
       zil. [México] Fondo de Cultura Económica [1952]
       119 p.
       Trans.: Juan the Chamula; an Ethonological Re-
       creation of the Life of a Mexican Indian.
       Berkeley, University of California Press, 1962.

Genre: Oral Autobiography

Period covered: 1900-1916?

Oral narration of a Chamula Indian who runs away
from home to avoid his father's beatings. He gradually
finds himself in the Spanish-speaking world and culture. He
returns to his village and reintegrates himself into his
original culture. The portrayal shows more of customs than
the personality of one of its typical representatives.

Narración oral de un indio chamula que escapa de su
hogar para huir de las palizas de su padre. Gradualemente él
se encuentra a sí mismo en el mundo y la cultura hispano-
parlante. Luego regresa a su villa y se reintegra a su
cultura original. La descripción muestra más de las
costumbres que de la personalidad de uno de sus representan-
tes típicos.

245.   PRIDA SANTACILIA, PABLO (?)
       Y se levanta el telón; mi vida dentro del teatro.
       [México] Ediciones Botas, 1960. 346 p. (And
       the Curtain Goes Up; My Life in the Theatre).

Genre: Memoirs

Period covered: 1914-1955

Mexican actor concentrates on his life in the theatre mainly in México but also in Cuba and the U.S.   In the 1920's in Mexico City and in the provinces, Prida Santacilia performed in zarzuelas or el género chico español (musical comedies). Author includes many newspaper clippings.

El actor mexicano se concentra en su vida en el teatro principalmente en México pero también en Cuba y en los E.E.U.U.. Durante la década de 1920 en la Ciudad de México y las provincias, Prida Santacilia actuó en zarzuelas o el género chico. El autor incluye recortes de periódico.

246.   PRIETO, GUILLERMO (1818-1897)
       Memorias de mis tiempos, 1828-1840, 1840-1853.
              México: Editorial Patria, 1948. 2 vols.
       (Memoirs of My Times, 1828-1840, 1840-1853).

Genre: Memoirs

Period covered: 1828-1853

A 19th century Mexican journalist and founder of periodicals, poet, minister of the interior, senator, minister of foreign relations, and friend of Juárez, Prieto has written two volumes of his memoirs. Labeled accurately, "Una amena crónica," these memoirs make delightful reading. In them can be noted the author's relationship with many of Mexico's intellectuals of the period and something of his own character. Yet this is surmised in passing and never appears to be the theme of the book. The focus in the loosely structured chapters, collected and printed posthumously, is diffuse, for years rather than topics are covered. The excellent descriptions, the result of his eye for detail and a fluid, journalistic style, provide an index to Mexico's cultural life of the period.

Guillermo Prieto fue un periodista mexicano del siglo XIX y fundador de periódicos. También fue poeta, Ministro del Interior, senador, Ministro de Relaciones Exteriores y amigo de Juárez. Este autor ha escrito dos volúmenes de sus memorias. Estas memorias, rotuladas "Una amena crónica" dan fe a su rótulo ya que constituyen una lectura agradable. Las mismas dan a entender la relación del autor con muchos de los intelectuales de México y un poco de su propio carácter. Esto, sin embargo, sólo puede notarse ya que nunca parece ser el tema del libro. El enfoque de estos capítulos sueltos (que fueron recopilados y publicados de manera póstuma) es difuso ya que se cubren años en vez de tópicos. Las descripciones son excelentes como resultado de su ojo para el detalle. Estas descripciones y su estilo periodístico proveen un índice a la vida cultural del México de su época.

247.   PRUNEDA, SALVADOR (?)
       Huellas. México, Editorial México Nuevo. 159 p.
         (Footprints).

       Genre: Memoirs

       Period covered: 1910-1934?

       The title aptly describes the style and form of
these unique memoirs. Varying numbers of staccato paragraphs
of sparse dialogue and minimal description comprise each
chapter. Carrancista who fought against Villa, Pruneda, an
artist in the post-revolutionary years, complains about the
degeneration of the Revolution.

       El título hábilmente describe el estilo y forma
únicos de estas memorias. Cada capítulo incluye cantidades
desiguales de párrafos de escaso diálogo y mínima descripción. Como carrancista que peleó contra Villa, Pruneda, un
artista de los años post-revolucionarios, se queja de la
degeneración de la Revolución.

248.   QUINTANA, JOSE MIGUEL (1908-)
       Mis recuerdos de la casa del Correo Viejo 13.
         México, Vargas Rea, 1958. 78 p. (My Memories
         of the House of Correo Viejo 13).

       Genre: Memoirs

       Period covered: 1910-1925

       Poetic evocation of family and home in Mexico City.
With nostalgia the author recalls from the perspective of a
child his grandfather, the patriarch of the family, aunts
and uncles, and the house and its furniture. It is a happy
world, almost perfect, except for the death of the grandfather.

       Evocación poética de la familia y el hogar en la
Ciudad de México. Con nostalgia el autor recuerda, desde la
perspectiva de un niño, a su abuelo, el patriarca de la
familia, a tías y tíos y la casa con sus muebles. Es un
mundo feliz, casi perfecto, excepto por la muerte del abuelo.

249.   RAMIREZ GARRIDO, JOSE DOMINGO (1888-1958)
       Así fue...[artículos de combate, por] J.D. Ramírez
         Garrido. México, Impr. Nigromante, 1943. 144
         p. (Thus It Was...Articles of Combat).

       Genre: Memoirs

       Period covered: 1902-1940?

       Writer and military, Ramírez Garrido in his spora-
dic memoirs betrays a partisan view of the Revolution and
his participation: director of education in Yucatán,

Delahuertista, and leader of revolt, and knowledge of attempted assassination of Cárdenas. Each autobiographical article aims at refutation of remarks or articles of detractors.

El escritor y militar Ramírez Garrido deja entrever en sus esporádicas memorias un punto de vista partidario de la Revolución y también su participación: Director de Educación en Yucatán, Delahuertista, líder de revuelta y el conocimiento del atentado de asesinato a Cárdenas. Cada artículo autobiográfico pretende refutar los comentarios y artículos de difamadores.

250.   REBORA, HIPOLITO (1890?-)
       Memorias de un chiapaneco. México: Editorial
          Katún, 1982.   247 p.   (Memoirs of a Man from
          Chiapas).

       Genre: Memoirs

       Period covered: 1896-1946

       Simultaneous memoirs of author-politician and his hometown, Tapachula, Chiapas. He focuses on the Revolution and its aftermath. Good for politics at a regional level.

       Memorias simultáneas del autor-político y de su pueblo de nacimiento, Tapachula, Chiapas. El se concentra en la Revolución y sus consecuencias. Es bueno para propósitos de política a nivel regional.

251.   REVUELTAS, JOSE (1914-1976)
       Cartas a María Teresa. México: Ediciones Era,
       1985.   116 p.   (Letters to María Teresa).

       Genre: Letters

       Period covered: 1947-1972

       One of his country's main 20th century writers and an avowed Communist, Revueltas in these posthmous letters reveals a self unusual in published autobiographical writings of México. He is passionate, frank, loving, unhappy and at times critical of his own family. In this collection, written mainly to his second wife, María Teresa Retes, the origin of the letters shows a nomadic existence: various cities within México, Berlin, Prague, Budapest, Trieste, Havana and San Jose, California.

       Uno de los principales escritores del siglo XX de su país y un reconocido comunista, Revueltas revela en estas póstumas cartas un ser que es desacostumbrado en los escritos autobiográficos publicados en México. El es apasionado, franco, amoroso, infeliz y, a veces, crítico de su propia familia. En esta colección, escrita principalmente para su segunda esposa, María Teresa Retes, el origen de las cartas

muestra una existencia nómada: varias ciudades dentro de
México, Berlín, Praga, Budapest, Trieste, La Habana y San
José, California.

252.   REVUELTAS, JOSE (1914-1976)
        Conversaciones con José Revueltas/Gustavo
           Sainz...[et at.]; introducción por Jorge
           Ruffinelli. [s.l.]: Universidad Veracruzana,
           Centro de Investigaciones
           Lingüístico-Literarias, 1977. 153 p.
           (Conversations with Revueltas/Gustavo Sainz).

        Genre: Interviews

        Period covered: 1950-1976?

        Collectively these thirteen interviews serve as a
type of autobiography of Revueltas. The controversial
writer and Marxist gives his opinion on philosophy, love,
novels, critics, prison, and Faulkner. For a more formal
structured approach, see Rosaura Revueltas's Los Revueltas:
biografía de una familia (no. 253).

        Estas trece entrevistas en conjunto sirven como un
tipo de autobiografía de Revueltas. El escritor y marxista
controversial provee su opinión sobre filosofía, amor, novelas, críticas, prisión y Faulkner. Para una estructura más,
formal, vea Los Revueltas: biografía de una familia (no.
253) de Rosaura Revueltas.

253.   REVUELTAS, ROSAURA (1920-)
        Los Revueltas (Biografía de una familia). México:
           Editorial Grijalbo, 1980. 327 p. (The Revueltas;
           Biography of a Family).

        Genre: Memoirs

        Period covered: 1922?-1965?

        Rosaura Revueltas concentrates on self only in the
final section of this book. In chronological order she
lists and details the main events of her life: marriage,
family, dancing, film, theatre, travels, Bertold Brecht,
Fidel Castro, etc. Totally missing is the inner self or
reflections on conflicts. Always an interesting narrative,
the self portrait is rapid and sporadic and unreflective.
Revueltas also reveals herself in memoirs of other famous
members of her family: Silvestre, Fermín, José and
Consuelo. Rosaura was especially close to the most
celebrated member of the family, José. Excerpts from
diaries and letters make each of the portraits semi- autobiographical.

        Rosaura Revueltas se concentra en sí misma única-
mente en la sección final del libro. Ella enumera y detalla
los eventos más importantes de su vida en orden cronológico:

matrimonio, familia, baile, películas, teatro, viajes,
Bertold Brecht, Fidel Castro, etc. Su vida interior y sus
reflexiones sobre conflictos están completamente ausentes.
El autorretrato, rápido y esporádico, carece de reflexiones
pero es siempre una narrativa interesante. Revueltas también se descubre a sí misma en memorias de otros famosos
miembros de su familia: Silvestre, Fermín, José y Consuelo.
Rosaura estaba particularmente apegada al más célebre de la
familia, José. Los extractos de diarios y cartas hacen que
cada uno de los retratos sea semi-autobiográfico.

254.   REYES, ALFONSO (1889-1959)
       Albores, segundo libro de recuerdos. México, El
          Cerro de la Silla, 1960. 160 p. (Dawn, Second
          Book of Memories).

       Genre: Memoirs

       Period covered: 1885-1900?

       Albores consists of fragments of the life of one of
México's most famous polifaceted authors. The geographical focus of these memoirs, Monterrey, is the setting for
Reyes' evocation of childhood: family, dwellings, servants,
games, climate, etc. The memoirs merit reading for the
sharpness of impressions and Reyes' style.

       Albores consiste de fragmentos de la vida de uno de
los autores más famosos y polifacéticos de México. El foco
geográfico de estas memorias, Monterrey, es el lugar para
la evocación de la niñez de Reyes: familia, domicilios,
sirvientes, juegos, clima, etc. Las memorias merecen ser
leídas por la agudeza de impresiones y el estilo de Reyes.

255.   REYES, ALFONSO Y VICTORIA OCAMPO (1889-1959)
       Cartas echadas: correspondencia, 1927-1959.
          México, D.F.: Universidad Autónoma
          Metropolitana, 1983. 78 p. (Mailed Letters:
          Correspondence, 1927-1959).

       Genre: Letters

       Period covered: 1927-1959

       A brief collection of letters between two of Latin
America's intellectual luminaries of the 20th century.
Within the general topic of their creative lives, Ocampo's
magazine Sur receives much attention. Although personal
touches relevant to each are pervasive throughout the
exchange of letters, less is apparent of Reyes who is better
delineated in two other collections of letters, Chacón and
Pedro Henríquez Ureña.

       Una breve colección de cartas entre dos de las
lumbreras intelectuales de América Latina del siglo XX.
Dentro del tópico general de sus vidas creativas, la revista

Sur de Ocampo recibe mucha atención. Aunque los toques personales de cada uno abundan en el intercambio de cartas, la
descripción de Reyes es menos aparente que en otras dos
colecciones de cartas, Chacón y Pedro Henríquez Ureña.

256.   REYES, ALFONSO (1889-1959)
            Diario. [Guanajuato, México] Universidad de
            Guanajuato, 1969. (Diary).

        Genre: Diary

        Period covered: 1911-1930

        Although the diary has the imprimatur of Reyes's
style, it lacks the charm and intimacy of Parentalia and
Albores. The entries are mainly anecdotal relating to years
in Monterrey, New York, Madrid and Rome and his writing and
lecturing activities. The intellectual process is seen only
in the end result.

        Aunque el diario tiene el imprimátur del estilo de
Reyes, el mismo carece del encanto y la intimidad de
Parentalia y Albores. Las anécdotas incluídas tratan sobre
los años en Monterrey, Nueva York, Madrid y Roma y sobre sus
escritos y conferencias. El proceso intelectual puede verse
únicamente en el resultado final.

257.   REYES, ALFONSO (1889-1959)
            Epistolario Alfonso Reyes, José M.a Chacón/Zenaida
            Gutiérrez-Vega. Madrid: Fundación
            Universitaria Española, 1976. 285 p.
            (Correspondence between Alfonso Reyes and José
            M.a Chacón).

        Genre: Letters

        Period covered: 1914-1959

        Probably few collections of Mexican letters reveal
so much of the intellectual life of their author. In the
45-year relationship, Reyes refers to his published works,
those in progress and to the luminaries that he attracted in
his diplomatic posts in Spain, Argentina, and Brazil. Just
as significant is the trajectory of the developing and
sustained friendship with José M. Chacón, the Cuban critic
and essayist. (See also Epistolario íntimo, 1906-1946, no.
147.)

        Muy pocas colecciones de cartas revelan tanto sobre
la vida intelectual de su autor. Durante la relación que
duró 45 años, Reyes hace alusión a sus obras publicadas, a
aquéllas en progreso y a las lumbreras que él atrajo en sus
puestos diplomáticos en España, Argentina y Brasil. Igualmente importante lo es la trayectoria del desarrollo y man-
tenimiento de la amistad con José M. Chacón, el crítico y
ensayista cubano. (Ver Epistolario íntimo, 1906-1946, no.

147.)

258.   REYES, ALFONSO (1889-1959)
       Parentalia, primer capítulo de mis recuerdos.
          México, Los Presentes, 1954. 74 p. (Family,
          the First Chapter of My Memories).

       Genre: Memoirs

       Period covered: 1889-1910?

          In this first book of memoirs, Reyes sets the pat-
       tern for his autobiographical volume that follows, Albores.
       That is, he gives a fragmented, desultory approach to his
       childhood. He writes of family in an amused tone and
       reveals personality in anecdotal sketches.

          En este primer libro de memorias, Reyes establece
       el patrón para Albores, el volumen autobiográfico que sigue.
       Esto es, él provee una fragmentada e inconexa versión de su
       niñez. El escribe de la familia en un tono entretenido y
       revela sobre su personalidad en bosquejos anecdóticos.

259.   REYES, RODOLFO (1878-1954)
       De mi vida, memorias políticas, 1899-1914. Madrid:
          Biblioteca Nueva, 1929. 2 vols. (Of My Life,
          Political Memoirs, 1899-1914).

       Genre: Memoirs

       Period covered: 1899-1914

          Lawyer and Minister of Justice in the Huerta
       regime, Reyes in two volumes relates in concise prose the
       climatic moments of his career. In the first volume, more
       biographical for its focus on the author's father, Bernardo
       Reyes, the son perceives the elder Reyes as a martyr to the
       Revolution. Rodolfo Reyes, over the profiling of his own
       life, favors a personal interpretation of the Decena
       Trágica. He is unhesitant in noting the defects of both
       Madero and Huerta.

          El abogado y Secretario de Justicia durante el
       régimen de Huerta fue Reyes quien en dos volúmenes relata, a
       través de una prosa concisa, los momentos climáticos de su
       carrera. Su primer volumen es más autobiográfico debido al
       enfoque sobre Bernardo Reyes, el padre del autor. El hijo
       percibe al anciano Reyes como un mártir de la Revolución.
       Rodolfo Reyes, ante el perfil de su propia vida, facilita una
       interpretación personal de la Decena Trágica. El no titubea
       al notar los defectos de ambos Madero y Huerta.

260.   REYES AGUILAR, SAUL (1903-?)
       Mi madre y yo; sucesos históricos en la Mixteca.

México, Ediciones Botas, 1972.   560 p.   (My
Mother and I; Historical Events in the Mixteca).

Genre: Memoirs

Period covered: 1903-1924

The author's life in Oaxaca is recounted here in
memoirs but mainly in relation to his experiences in the
Revolution. The family, first on the side of the Federals,
later supports Carranza. It is a story also of the sufferings of one family and the author's super adoration of
his mother.

En esta obra de memorias se recuenta la vida en
Oaxaca del autor, principalmente en relación a sus experiencias en la Revolución. La familia, que primero estaba del
lado de los federales, más tarde apoyó a Carranza. Esta es
también una historia del sufrimiento de una familia y de la
extrema adoración que tenía el autor hacia su madre.

261.   RIESTRA, ERNESTO (1901-)
       Mi batuta habla. México, Editorial Diana [1974].
       303 p. (My Baton Speaks).

       Genre: Memoirs

       Period covered: 1913-1972

Riestra, a Mexican musician, from 1933 to 1950 was
the director of one of the most famous conjuntos of México
City. In his memoirs, he describes his trip to New York in
1919 and his learning to play several instruments. Before
returning to México, he toured with a band in the United
States.

Riestra, músico mexicano, fue el director de uno de
los conjuntos más famosos de la Ciudad de México desde 1933
hasta 1950. En sus memorias él describe su viaje a Nueva York
en 1919 y el haber aprendido a tocar varios instrumentos.
Antes de regresar a México, Riestra viajó a través de los
Estados Unidos con una banda.

262.   RIVAS MERCADO, ANTONIETA (1898-1931)
       87 cartas de amor y otros papeles: correspondencia
       y escritos ordenados, revisados y anotados por
       Isaac Rojas Rosillo/Antonieta Rivas Mercado. 2a
       ed. Xalapa, México: UV Editorial: Biblioteca
       Universidad Veracruzana, 1980, c. 1981. 177 p.
       (Eighty-Seven Love Letters and Other Papers).

       Genre: Letters

       Period covered: 1927-1930

Collection of letters by a highly literate and sen-

sitive Mexican woman who was a patroness of the arts, a
translator and also a writer. The letters, written to her
artist lover, Manuel Rodríguez Lozano, indicate total devo-
tion and dependence on a man. In these well-wrought confessions, Mexican culture is brought in marginally
especially during Rivas Mercado's sojourn in New York City.
She moved with Mexico's intellectual expatriates. The
second edition also has four of her short stories plus a
fragment of a novel.

       Colección de cartas escritas por una mujer mexicana
altamente literata y sensitiva quien fue patrona de las
artes, traductora y también escritora. Las cartas, escritas
a su amante el artista Manuel Rodríguez Lozano, indican su
total devoción y su dependencia de un hombre. Estas cartas,
que están muy bien escritas, traen a colación parte de la
cultura mexicana especialmente durante la permanencia de
Rivas Mercado en la Ciudad de Nueva York.

263.   RIVERA, DIEGO (1886-1957?)
       Confesiones de Diego Rivera/Luis Suárez.   2. ed.
           México: Editorial Grijalbo, 1975. 192 p.
           (Confessions of Diego Rivera).

       Genre: Memoirs

       Period covered: 1886?-1957?

       In these fragmented confessions provoked by
questions from Suárez, Rivera illuminates the 20th century
art movements in which he played a role and expresses some
of his personal feelings. He also maintains his pose as an
enfant terrible. Much of this material is noted in his
autobiography co-authored with Gladys March.

       En estas confesiones fragmentadas, provocadas por
preguntas de Suárez, Rivera esclarece los movimientos de
arte del siglo XX en los cuales él participó. En las mismas
el autor expresa sentimientos personales. También mantiene
su posición como "enfant terrible." Gran parte del
material incluído en este libro se encuentra también en su
autobiografía cuya co-autora es Gladys March.

264.   RIVERA, DIEGO (1886-1957)
       My Art, My Life; an Autobiography with Gladys
           March. New York: The Citadel Press, 1960.   318
           p.

       Genre: Memoirs

       Period covered: 1886-1954

       Memoirs elicited and compiled with the help of
Gladys March. Yet the first person narration and the hyper-
bole of self suggest the authorship of Rivera. Incidents
from youth, introduction to painting, the years in Europe,

meeting with Kahlo, and tempestuous moments in the United States comprise the memoirs. The book is an example of fiction having more value than truth in the interpretation of a life. For Diego always presents himself as an enfant terrible as in his self portrayal as a four year old entering a Catholic church in Guanajuato and creating a scandal by denouncing the Virgin. Likewise, in a prescient manner, he knows WWI is coming and later he warns his friends to beware of Hitler. These projections profile more an image desired by the ego than one generated by the actual circumstances.

Memorias producidas y recopiladas con la ayuda de Gladys March. Sin embargo, la narración en primera persona y la exageración de sí mismo sugieren a Rivera como el autor. Incluídas en las memorias se encuentran: incidentes de su juventud, introducción a la pintura, los años en Europa, su entrevista con Kahlo y los tempestuosos años en los Estados Unidos. Este libro es un ejemplo de los momentos en que la ficción tiene mayor valor que la verdad en la interpretación de una vida. Esta es así ya que Diego siempre se presenta a sí mismo como el "enfant terrible" de cuatro años que entra en una iglesia católica en Guanajuato y crea un escándalo al denunciar a la Virgen. Igualmente, de manera presciente él sabe que la Primera Guerra Mundial se acerca y, más tarde, advierte a sus amigos de cuidarse de Hitler. Estas proyecciones perfilan más una imagen deseada por su ego que una generada por las circunstancias mismas.

265.   RIVERA SILVA, MANUEL (1900?-)
        Perspectiva de una vida: biografía de una genera-
           ción. México, Porrúa, 1974. 254 p.
        (Perspective of a Life: Biography of a
        Generation).

     Genre: Autobiography

     Period covered: 1900-1970?

In the context of Mexican autobiography, Rivera Silva's contribution is unique. He focuses almost totally on the "yo," or the external experiences refracted through his selfhood. These experiences, infancy, grade school, adolescence, high school, law school career and marriage are de-Mexicanized with Freudian and existential values. Thus a traditional middle and upper class Mexican life becomes highly personal. Rivera Silva is the author of several books on the philosophy of law and criminal law.

Dentro del contexto de la autobiografía mexicana, la contribución de Rivera Silva es única. El se concentra casi totalmente en su "yo" o en las experiencias externas refractadas a través de su personalidad. Estas experiencias: infancia, escuela primaria, adolescencia, escuela superior, escuela de leyes, la carrera y el matrimonio son de-mexicanizadas con valores freudianos y existenciales. Por lo tanto, una vida tradicional, de clase media y alta mexicana se torna altamente personal. Rivera Silva es el

autor de varios libros sobre la filosofía de las leyes y la
ley criminal.

266.   RODRIGUEZ, ABELARDO L. (1889-1967)
       Autobiografía. México, 1952.   466 p.

   Genre: Memoirs

   Period covered: 1889-1951

       Autobiography/memoirs of a Mexican successful in
three spheres of action: military, politics and business.
Lived in the United States for seven years, brigadier
general, chief of operations in various areas of México,
governor of Baja, undersecretary of war, secretary of
industry and commerce, and elected president when Pascual
Ortiz Rubio resigned. Although Rodríguez labels his writings "autobiografía," they in actuality blend into memoirs.
The chronologically arranged chapters hide the personal
Rodríguez. Yet occasionally he betrays something of the
self as when he challenges a superior officer or delineates
the norteño character and laments that not all Mexicans have
these superb qualities. One chapter that is totally out of
place even at the admission of the author is "Lo más íntimo
de mi vida." Here he describes his three marriages, the
first two, disasters; the third, happy. This interruption
in the straight narration of progressive success suggests
that Rodríguez knows what autobiography should reveal, but
he can't comply. Many chapters are mere listings of
accomplishments or impressions without filterings through the
self. His clear style and ironically, Puritan-ethic view
of life, make the reader long for more personal frankness.

       Autobiografía/memorias de un mexicano exitoso en
tres esferas de acción: la milicia, la política y los negocios. Rodríguez vivió en los E.E.U.U. por siete años, brigadier general, jefe de operaciones en varias áreas de
México, gobernador de Baja, Subsecretario de Guerra,
Secretario de Industria y Comercio y elegido presidente
cuando renunció Pascual Ortiz Rubio. Aunque Rodríguez clasifica sus escritos como autobiografía, realmente los mismos
caben mejor dentro de la categoría de memorias. Los
capítulos, ya que están en orden cronológico, encubren a
Rodríguez como persona. Aún así ocasionalmente él descubre
aspectos de sí mismo cuando desafía a un oficial superior o
cuando describe el carácter norteño y lamenta el hecho de
que no todos los mexicanos tienen estas magníficas cualida-
des. Un capítulo que aún según el autor está totalmente
fuera de sitio es "Lo más íntimo de mi vida." En éste, él
describe sus tres matrimonios, los primeros dos, desastres;
el tercero, feliz. Esta interrupción de la narración de su
éxito progresivo sugiere que Rodríguez sabe lo que una autobiografía debe ser, pero esto es algo con lo que él no puede
cumplir. Muchos de los capítulos son simplemente listas de
éxitos o de impresiones que no dan indicaciones de su propia
personalidad. Su estilo claro e irónicamente, su manera
puritana de ver la vida, hacen que el lector desee mayor
franqueza personal.

267.   ROFFE, REINA (1918-1985 dates of Juan Rulfo)
        Autobiografía armada. Argentina: Ediciones
          Corregidor, 1973. 100 p. (Armed
          Autobiography).

        Genre: Autobiographical Essay

        Period covered: 1818-1972?

        These fragments of autobiography of Juan Rulfo have
been collected from various publications. Yet the author
reveals portions of his childhood in Jalisco and more importantly talks about his personal formula for writing. He
freely speaks of the creation of Pedro Páramo and El llano
en llamas. At various times he alludes to his projected
novel, La cordillera.

        Estos fragmentos de autobiografía de Juan Rulfo han
sido recopilados de varias publicaciones. Sin embargo, el
autor revela porciones de su niñez en Jalisco y, lo que es
más importante aún, él habla sobre su fórmula personal para
escribir. El habla con libertad sobre la creación de Pedro
Páramo y El llano en llamas. A veces Rulfo hace alusión a
su novela proyectada, La cordillera.

268.   ROMERO, JOSE RUBEN (1890-1952)
        Apuntes de un lugareño. Barcelona: Imprenta Núñez
          y C., 1932. 360 p. (Notes of a Villager).

        Genre: Memoirs

        Period covered: 1900-1913

        Memoirs that focus on the author's early life and
mainly the Mexican Revolution. Self-referencing narrator
conforms more to the pícaro than the standard
observer/participant of the memoir. His adventures, attitudes and humor are not only picaresque but also his static
development as a human being. The evocation of rural
Michoacán and its inhabitants is much more valuable than
Romero's sympathies as a Maderista. Humor and style and the
occasional breathless metaphor make delightful reading. In
some respects Romero's memoirs borrow from the novel.

        Memorias que hacen su enfoque en los primeros años
del autor y principalmente en la Revolución mexicana. El
narrador auto-referente se ajusta más al pícaro que al
corriente observador/participante de las memorias. Sus
aventuras, actitudes y humor no son sólo picarescos sino
también su desarrollo estático como ser humano. La evocación del Michoacán rural y sus habitantes es mucho más
valiosa que las simpatías de Romero como maderista. Humor,
estilo y la metáfora ocasional hacen la lectura agradable.
En algunos aspectos las memorias de Romero extraen ideas de
la novela.

269.   ROMERO, JOSE RUBEN (1890-1952)
       Desbandada. México: Editorial Porrúa, 1960.
         150 p. (The Breakup).

       Genre: Memoirs

       Period covered: 1913-1915

       Like Apuntes de un lugareño, Desbandada concerns
the tranquil life of pre-Revolutionary Tacámbaro in
Michoacán. Yet the final chapters destroy the early
tranquility in scenes of extreme violence. The chronological order and the use of factuality locate this as memoirs.
Romero's ostensibly simple style betrays a classical
substratum.

       Así como Apuntes de un lugareño, Desbandada trata
sobre la vida tranquila del Tacámbaro pre-revolucionario en
Michoacán. Sin embargo, los capítulos finales destruyen la
tranquilidad anterior en escenas de violencia extrema. El
orden cronológico y el uso de hechos verdaderos colocan a
esta obra como memorias. El estilo aparentemente simple
dejan entrever una base clásica.

270.   ROMERO, JOSE RUBEN (1890-1952)
       Rostros. México [Imprenta Aldina, Robredo y
         Rosell, s. d r.l.] 1942. 177 p. (Faces).

       Genre: Memoirs

       Period covered: 1908-1942

       Romero reminisces on his life as a writer and focu-
ses on his major works. He notes what is autobiographical
in the trajectory of his publications. As in his better
known books, he titillates with his choice of erudite and
almost obscure words that somehow fit precisely even in a
rustic context.

       Romero reflexiona sobre su vida como autor con-
centrándose en sus obras más importantes. El autor indica
todo aquello que es autobiográfico dentro de la trayectoria
de sus publicaciones. Igual que en sus libros más conocidos, Romero entretiene con su escogido de palabras eruditas,
casi oscuras, que de cierta manera logran hacer sentido aún
cuando las usa dentro de un contexto rústico.

271.   ROSAINS, JUAN NEPOMUCENO (1782-1830)
       Relación histórica de los acontecidos al Lic. don
         Juan Nepomuceno Rosains como insurgente.
         Puebla: Imprenta Nacional, 1823. 21 p.
         (Historical Account of What Happened to Juan
         Nepomuceno Rosains as an Insurgent).

       Genre: Memoirs

Period covered: 1810-1822?

Attempts at vindication of an insurgent, compatriot
of Morelos and secretary of the Congress of Chilpancingo.
His intractable character made him enemies constantly; hence
the need for his own story. Naturally his presence is ubi-
quitous.

Esfuerzos de justificación de un insurgente, com-
patriota de Morelos y Secretario del Congreso de
Chilpancingo. Su carácter intratable le proveyó enemigos
constantemente, lo que explica la necesidad de su propia
versión de la historia. Naturalmente, el autor es omnipresente en su obra.

272.   RUIZ Y FLORES, LEOPOLDO (1865-1941)
       <u>Recuerdos de recuerdos</u>. México: Buena Prensa,
       1942. 181 p. (Memories of Memories).

       Genre: Memoirs

       Period covered: 1865-1936

Religious who held important postions in the
Catholic church in México: secretary of the V Concilio
Mexicano, Bishop of León (1900), Monterrey (1911), and
Michoacán. In exile three times. Very cursory account of
his life that is potentially fascinating. The reader would
like more on the hierarchy's attitude towards Madero, the
fight against Calles, and perhaps some of the interior life
of the prelate. Flat prose and no worthwhile vignettes.

Hombre religioso que ocupó puestos importantes en
la iglesia católica de México: secretario del 5to Concilio
Mexicano, Obispo de León (1900), Monterrey (1911), y
Michoacán. El estuvo en exilio tres veces. Relato precipi-
tado de su vida que podría ser fascinante. Al lector le
gustaría saber más sobre las actitudes de la jerarquía hacia
Madero, la pelea en contra de Calles y tal vez algo sobre la
vida interna del prelado. Prosa sencilla que no tiene viñetas de interés.

273.   SAENZ, MOISES (1888-1941)
       <u>Carapan; bosquejo de una experiencia</u>. Lima, Perú
       [Librería e Imprenta Gil, s.a.] 1936. 352 p.
       (Carapan; A Sketch of an Experience).

       Genre: Memoirs

       Period covered: 1932-1933

Famous Mexican educator, Sáenz was president of the
Comité de Investigaciones Indigenista and organized the
first Congreso Indigenista Interamericano. In 1933 he was
charged with the task of finding and studying an Indian
village that had resisted assimilation but at the same time

was enroute to Mexicanization. Carapan reflects his choice.

El famoso educador mexicano, Sáenz fue el presidente del Comité de Investigaciones Indigenista y organizó el primer Congreso Indigenista Interamericano. En 1933 a él se le dio la tarea de encontrar y estudiar una villa indígena que se había resistido a la asimilación pero al mismo tiempo iba en camino a la mexicanización. Carapan refleja su elección.

274. SAINZ, GUSTAVO (1940-)
      Gustavo Sainz. México. Empresas Editoriales [1966].
        62 p.

      Genre: Autobiographical Essay

      Period covered: 1945?-1965?

      Gustavo Sainz selects from his short life (26 years old when published) the elements that created him intellectually including popular culture, varied tastes in reading and book collecting. His autobiography parallels the rebelliousness and iconoclasm of his first work, Gazapo. For he does focus on childhood and presents a less than idyllic homelife. In contrast to most Mexican autobiographies, Sainz finds few topics that are taboo.

      Gustavo Sainz selecciona de su corta vida (tenía 26 años cuando fue publicada la obra) los elementos que lo formaron intelectualmente incluyendo la cultura popular, sus variados gustos en la lectura y colección de libros. Su autobiografía es paralela a la rebeldía y el iconoclasmo de su primera obra, Gazapo, ya que él se concentra en su niñez y presenta una vida en el hogar menos que idílica. Entonces como la mayoría de los autobiógrafos mexicanos, Sainz encuentra pocos tópicos considerados tabú.

275. SALADO ALVAREZ, VICTORIANO (1867-1931)
      Memorias de Victoriano Salado Alvarez... México,
        D.F., E.D.I.P.S.A., 1946. 2 v.

      Genre: Memoirs

      Period covered: 1867-1910

      Lawyer, journalist, educator, politician and diplomat, Salado Alvarez is possibly one of México's best memoirists. The positions that he occupied, first secretary of the Washington embassy, secretary of foreign affairs and a member of the Academy of Language and Literature, put him in contact with the influential of the Porfiriato. As a portraitist he creates cameos of the leading personalities of the epoch.

      Abogado, periodista, educador, político y diplomatico, Salado Alvarez es posiblemente uno de los mejores

memorialistas de México. Los puestos que ocupó, Primer
Secretario de la Embajada en Washington, Secretario de
Relaciones Exteriores y miembro de la Academia de la Lengua
y Literatura, lo pusieron en contacto con los miembros
influyentes del Porfiriato. Como retratista, él recrea
camafeos de las personalidades sobresalientes de la época.

276.   SALINAS ROCHA, IRMA (1928?-)
           Tal cual: vida, amores, cadenas. México: Tinta
               Libre, 1977. 370 p. (Such and Such: Life,
               Loves, Chains).

       Genre: Memoirs/Letters

       Period covered: 1932?-1970?

       One can pick up a Mexican autobiography with the
comfortable assumption that the writers will reveal nothing
of their personal lives. The present work is a wonderul
jolt to this pattern. Irma Salinas Rocha, daughter of
wealth in Monterrey, Protestant and U.S. educated, is a
maverick. In memoirs and letters she confesses her love for
three men, her husband, a Baptist minister and a lawyer.
Irma, articulate, frank and outrageous, is a combination of
Celestina and Molly Bloom.

       Uno puede recoger una autobiografía mexicana con la
cómoda suposición de que los escritores no revelarán nada de
su vida personal. La presente obra es una maravillosa sacu-
dida a este patrón. Irma Salinas Rocha, hija de riquezas en
Monterrey, protestante, educada en los E.E.U.U. es una ini-
ciadora. En memorias y cartas ella confiesa su amor por
tres hombres: su esposo, un ministro bautista y un abogado.
Irma, articulada, franca y escandalosa es una combinación de
la Celestina y Molly Bloom.

277.   SANCHEZ-NAVARRO, CARLOS (?)
           La guerra de Tejas; memorias de un soldado.
               México: Editorial Jus, 1960. 103 p. (The War
               with Texas: Memoirs of a Soldier).

       Genre: Memoirs

       Period covered: 1835

       Memoirs of José Juan Sánchez-Navarro in the
disastrous campaign in Texas. A member of the hacendado
family of Coahuila, he was an inspector of garrisons when
the problem of Texas arose. Many personal touches, such as
dialogue and the author's interpretation of a dream of
Vicente Filisola, lighten this brief memoir.

       Memorias de José Juan Sánchez Navarro en la
desastrosa campaña en Texas. El era miembro de una familia
hacendada de Coahuila y también un inspector de guarniciones
cuando surgió el problema de Texas. Muchos toques per-

sonales iluminan estas breves memorias tales como el diálogo
y la interpretación del autor de un sueño de Vicente
Filisola.

278.   SANTA ANNA, ANTONIO LOPEZ de. (1794-1876)
       Historia militar y política (1810-1874). Guerra
       con Tejas y los Estados Unidos. [2 ed.] México,
       Editorial Porrúa, 1974. 276 p. (Military and
       Political History 1810-1874. The War between
       Texas and the United States).

       Genre: Memoirs

       Period covered: 1810-1874

       Both memoirs and documents that relate to this
period are included here. Santa Anna describes and defends
political and military exploits: presidency, exile, Texas,
French Intervention, etc. The Guerra con Tejas is comprised
mainly of letters. Little of Santa Anna's personal life is
revealed.

       Ambos, las memorias y los documentos que se rela-
cionan con este período, están incluídos en esta obra. Santa
Anna describe y defiende proezas militares: la presidencia,
el exilio, Tejas, la Intervención Francesa, etc. Guerra con
Tejas está compuesta principalmente de cartas. Muy poco se
revela sobre la vida personal de Santa Anna.

279.   SANTAMARIA, FRANCISCO JAVIER (1886-1963)
       La tragedia de Cuernavaca en 1927 y mi escapatoria
       célebre. Méjico, 1939. 175 p. (The Tragedy of
       Cuernavaca in 1927 and My Celebrated Escape).

       Genre: Memoirs

       Period covered: 1927

       Lawyer, professor, and member of the Academy of
Language, Santamaría exemplifies one of the purposes of the
memoir, i.e., to record a short period of time. He barely
escaped the firing squad in Huitzilac, Morelos when accused
of being a partisan of General Francisco R. Serrano, alleged
rebel against Obregón in 1927.

       Abogado, professor y miembro de la Academia de la
Lengua, Santamaría ejemplifica uno de los propósitos de las
memorias, principalmente el registrar un corto período de
tiempo. El autor casi no escapa del pelotón de fusilamiento
en Huitzilac, Morelos, cuando fue acusado de ser partidario
del general Francisco R. Serrano, supuesto rebelde en contra
de Obregón en 1927.

280.   SEGUIN, JOHN N. (1806-1890)
         Personal Memoirs of John N. Seguín. From the Year
         1834, to the Retreat of General Woll from the
         City of San Antonio in 1842. Printed at the
         Ledger Book and Job office, 1858. 32 p.

         Genre: Memoirs

         Period covered: 1834-1842

         Seguín, a Tejano, or a Texan of Mexican descent in
the 1830's and 1840's, was a military and a politician.   In
the 1830's, he opposed Santa Anna's efforts to create a
centralized government.   In 1838, he was elected to the
Texas senate; in 1840, mayor of San Antonio. Seguín describes this period in his brief memoirs and constantly berates
his calumniators, those who accused him of betraying the
Santa Fe Expedition and of sympathy for México.

         Seguín, un tejano de ascendencia mexicana, fue mili-
tar y político en 1830 y 1840.   Durante la década del 1830,
él se opuso a los esfuerzos de Santa Anna de crear un
gobierno centralizado.   En 1838, fue electo al Senado de
Texas; en 1840, alcalde de San Antonio. Seguín describe este
período en sus breves memorias en las que riñe constantemente con sus calumniadores, aquellos que lo acusaron de
traicionar a la Expedición de Santa Fe y de sostener simpatías con México.

281.   SEGURA, VICENTE (1883-1957)
         Memorias de Vicente Segura, niño millonario, mata-
         dor de toros, general de la Revolución. México,
         Compañía Editora y Distribuidora de Publica-
         ciones, 1960. 135 p. (Memoirs of Vicente
         Segura, Millionaire Child, Killer of Bulls and
         General of the Revolution).

         Genre: Memoirs

         Period covered: 1883-1909

         The Mexican bullfighter relates his life to Armando
de María y Campos. Childhood is covered in three pages and
then the remainder of the book is devoted to bullfighting,
either through narration or through press clippings. Since
the memoirs end in 1909, they do not mention Segura and the
Mexican Revolution.

         El torero mexicano relata su vida a Armando de
María y Campos. Su niñez se ve cubierta en tres páginas y
luego el remanente del libro está dedicado a las corridas
de toros, ya a través de narración o de recortes de
periódicos. Ya que las memorias terminan en 1909 las mismas
no mencionan a Segura y la Revolución mexicana.

282.   SERRANO, IRMA AND ELISA ROBLEDO (1934?-date of birth of
       Serrano). A calzón amarrado. México: Avelar Hnos.
       Impresos, 1978. 296 p. (Acting Decisively).

       Genre: Oral Autobiography

       Period covered: 1940?-1978?

       Perhaps Irma Salinas Rocha (See no. 276) has a com-
petitor for frankness and savory detail in life writing.
Film and stage actress and singer, Serrano wastes little
time on her childhood and focuses mainly on her loves and
her career. In monologue with her amanuensis, Elisa
Robledo, Serrano in tattletale anecdotes involves several
important names from México in her amourous affairs. Both
love and career follow a similiar formula: opportunity,
risk, and success.
       In the same vibrant and chatty style and the
constant desire to outrage, Irma supplements this first work
with Sin pelos en la lengua (México: Compañía General de
Ediciones, c. 1978, 326 p.) Here she fills in what was
often only sketched in the earlier autobiography. Like a
picaresque heroine, she moves from adventure to adventure
and almost always successfully advances herself and her
career. Her frankness as to sex life and her antipathy to
her own family make both works aberrant within the field of
Mexican autobiography.

       Es posible que Irma Salinas Rocha, (ver partida no.
276) en sus escritos sobre la vida, tenga una rival en
cuanto a la franqueza y al detalle se refiere. La cantante
y actriz de películas y teatro, Serrano pierde poco tiempo en
su niñez y se concentra en sus amores y en su carrera.
Serrano entabla un monólogo con su amanuense, Elisa Robledo,
en el cual a modo de anécdotas y charlas ella envuelve
varios nombres importantes de México en sus amoríos. Ambos
el amor y la carrera siguen una fórmula similar: oportunidad, riesgo y éxito.
       Irma completa su primera obra con Sin pelos en la
lengua (México: Compañía y de charla y su deseo constante
de causar revuelo. En esta última obra Serrano abunda en
aquello que sólo dilenea en la autobiografía anterior. A
modo de heroína picaresca, la autora va de aventura en aventura y casi siempre tiene éxito ella y su carrera. La
franqueza en cuanto a su vida sexual y la antipatía hacia su
familia hacen que estas dos obras sean anómalas dentro del
campo de la autobiografía mexicana.

283.   SIERRA, JUSTO (1848-1912)
       Epistolario y papeles privados. Edición estable-
       cida por Catalina Sierra de Peimbert. [México]
       Universidad Nacional Autónoma de México, 1949.
       585 p. (Collected Letters and Private Papers).

       Genre: Letters

       Period covered: 1867-1912

Minister of education, lawyer, diplomat and writer,
Justo Sierra Méndez, like his father, Justo Sierra O'Reilly
(see entry no. 284) has left a significant autobiographical
document. From his posthumously collected letters emerges a
sensitive renaissance-type humanist in touch with the major
literary and political personalities of México of his day.
Most obvious in the reading of this collection in toto is
Sierra as a writer.

Secretario de Educación, abogado, diplomático y
escritor, Justo Sierra Méndez, como su padre Justo Sierra
O'Reilly (ver partida no. 284), ha dejado un documento autobiográfico de gran valor. De sus cartas recopiladas luego
de su muerte surge un sensitivo humanista (en el sentido
renacentista) quien estuvo en contacto con las más grandes
personalidades literarias y políticas del México de su
época. Lo que más sobresale en la lectura de esta colección
es la persona de Sierra como escritor.

284.   SIERRA O'REILLY, JUSTO (1814-1861)
       Diario de nuestro viaje a los Estados Unidos (La
           pretendida anexión de Yucatán). México:
           Antigua Librería Robredo, 1938. 125 p. (Diary
           of Our Trip to the United States; The Attempted
           Annexation of Yucatan).

       Genre: Diary

       Period covered: 1847-1848

In 1847, the author arrived in Washington on a three-
pronged mission: that the U.S. would withdraw from the
Island of Carmen, that Yucatán would be defended from repri-
sals from México, and that the U.S. would aid this state in
the Caste Wars. The diary, consisting mainly of Sierra
O'Reilly's frustrations in Washington, reveals his contacts
with the life in that city. The personal touches make this
document of autobiographical value. In the second volume
(México: Librería M. Porrúa, 1953) the author is much more
expansive in detailing his life in Washington. He notes
weather, personalities, customs and his own moods in a style
uncommon for Mexican diplomats.

En 1847, el autor llegó a Washington en una misión
tripartita: que los E.E.U.U. se retiraran de la Isla de
Carmen, que Yucatán fuera defendida de represalias por parte
de México y que los E.E.U.U. ayudaran a este estado en las
Guerras Castas. El diario, que consiste principalmente de
las frustraciones de Sierra O'Reilly en Washington, revela
sus contactos con la vida en esa ciudad. Los toques personales hacen que este documento tenga valor autobiográfico.
En el segundo volumen (México: Librería M. Porrúa, 1953) el
autor expande mucho más sobre su vida en Washington. El hace
anotaciones del clima, personalidades, costumbres y sus propios estados de ánimos en un estilo poco común entre los
diplomáticos mexicanos.

285. SILVA HERZOG, JESUS (1892-)
      Mis ultimas andanzas, 1947-1972. México: Siglo
          Ventiuno Editores, 1973. 350 p. (My Final
          Adventures, 1947-1972).

      Genre: Memoirs

      Period covered: 1947-1972

      Memoirs of one of México's most prolific and ver-
satile intellectuals of the 20th century. Although Silva
Herzog normally writes on Mexican agrarianism and petrolem,
in this book he gives synthesis of 25 years of his cultural
life. As a cultural emissary of México, he has represented
his country in many foreign missions. His interests are-
multiple: economics, poetry, history and contemporary
events. He knows everyone of intellectual importance in
México. Unfortunately in this book he moves quickly from
one topic to another and never stops to reflect on the self.
Materials are organized chronologically in this well written
text, which occasionally is interrupted by the verbatim
inclusion of significant documents.

      Memorias de uno de los intelectuales más prolíficos
y versátiles del siglo XX. Aunque Silva Herzog normalmente
escribe sobre el agrarismo y el petróleo mexicano, en este
libro él provee una síntesis de 25 años de su vida cultural.
Como emisario cultural de México, él ha representado a su
país en muchas misiones en el extranjero. Sus intereses son
múltiples: la economía, la poesía, la historia y los eventos del día. El conoce a todo aquél de importancia intelectual en México. Desafortunadamente, en este libro el autor
se mueve rápidamente de un tópico al otro sin pararse a
reflexionar en sí mismo. Las materias están organizadas
cronológicamente en este bien elaborado texto, el cual es
ocasionalmente interrumpido por inclusiones al pie de la
letra de documentos importantes.

286. SILVA HERZOG, JESUS (1892-)
      Una vida en la vida de México. México: Siglo
          Veintiuno Editores, SA, 1972. 347 p. (A Life
          in the Life of Mexico).

      Genre: Memoirs

      Period covered: 1892-1964

      Una vida begins as an autobiography, i.e., the con-
centration on childhood and familial relations and the
finding of the self. The author's honesty, especially about
his difficult early years and his relationship with his
father, is unique in Mexican autobiography. However, very
soon the writings switch to the more comfortable mode of the
memoir. Yet Silva Herzog because of his multiple careers,
teacher, writer, economist, and diplomat, always fascinates.
The external life or the public image dominates.

      Una vida comienza como autobiografía, por su con-

centración en la niñez, las relaciones familiares y la
búsqueda de sí mismo. La honestidad del autor, especialmente sobre sus difíciles primeros años y la relación
con su padre, es única dentro de la autobiografía mexicana.
Sin embargo, los escritos muy pronto cambian al modo más
cómodo de las memorias. Aún así, Silva Herzog debido a sus
múltiples carreras (maestro, escritor, economista y
diplomático) es siempre fascinante. Domina la vida externa
o la imagen pública.

287. SIQUEIROS, DAVID ALFARO (1896-1974)
        Me llamaban el coronelazo (memorias). México,
          Biografías Gandea, 1977. 613 p. (They Called
          Me the Big Colonel; Memoirs).

      Genre: Memoirs

      Period covered: 1892?-1961?

        Siqueiros, incorporating mainly anecdotes of his
colorful grandfather, spends little time on his childhood.
From these he launches into his tumultuous career as
painter, soldier, political activist, and Mexican citizen at
large. Determined and opinionated in both artistic and
political spheres, he relates high points of his long and
tendentious career. An eventful life plus natural narrative
ability makes this one of México's most readable memoirs.

        Siqueiros incorpora principalmente una selección de
anécdotas sobre su pintoresco abuelo. Sin embargo, él
dedica muy poco tiempo a su niñez. De estas anécdotas el
autor pasa a su tumultuosa carrera como pintor, soldado,
activista político y como ciudadano mexicano en toda su
extensión. Siqueiros, un hombre determinado y obstinado
tanto en la esfera artística como en la política, relata los
puntos altos de su larga y tendenciosa carrera. La combinación de una vida llena de acontecimientos con una habilidad narrativa natural hacen de esta obra una de las
memorias más amenas de México.

288. SIQUEIROS, DAVID ALFARO (1896-1974)
        Mi respuesta; la historia de una insidia. ¿Quiénes
          son los traidores a la patria? [México]
          Ediciones de "Arte Público" [1960] 135 p. (My
          Reply; the History of an Ambush. Who Are the
          Country's Traitors?).

      Genre: Memoirs

      Period covered: 1921-1960?

        Very polemical speeches of Siqueiros but with suf-
ficient autobiographical material to be read selectively for
two reasons: the muralist movement in México and the
artist's experiences in the United States.

Discursos polémicos de Siqueiros que contienen suficiente material autobiográfico como para ser leídos de manera
selectiva por dos razones: el movimiento muralista en
México y las experiencias del artista en los Estados Unidos
de América.

289.   SODI, FEDERICO (1890-?)
       El jurado resuelve; memorias. México: Ediciones
          Oasis, 1977. 268 p. (The Jury Decides;
          Memoirs).

       Genre: Memoirs

       Period covered: 1927?-1960

       Memoirs of criminal lawyer and novelist who in
police story form relates six of the more sensational cases
of his career. Only his intervention is highlighted with no
background for his attraction to law and the studies that he
pursued. Of peripheral interest is the view of México's
legal system and the types of cases that arouse publicity
and scandal.

       Memorias de un novelista y abogado criminalista
quien relata seis de los casos más sensacionales de su
carrera en el formato de historias policíacas. Sólo se da
un recuento de su intervención en los mismos sin hacer alusión alguna al trasfondo de su interés por las leyes y por
sus estudios. De interés es también la imagen del sistema
legal de México y la clase de casos que ocasionan publicidad
y escándalo.

290.   SODI DE PALLARES, MARIA ELENA (1910?-)
       Vida y escenas burguesas. México, 1932. 94 p.
          (Bourgeois Life and Scenes).

       Genre: Memoirs

       Period covered: 1915?

       Writer and journalist remembers her childhood and
her father, Demetrio Sodi, minister of justice under
Porfirio Díaz. As an adult she recalls with keen detail her
family, religion, fiestas, and vacations.

       La escritora y periodista recuerda su niñez y su
padre Demetrio Sodi, Secretario de Justicia bajo Porfirio
Díaz. Ya de adulto, la autora recuerda, al detalle, su
familia, la religión, las fiestas y las vacaciones.

291.   SUAREZ, LUIS (1886-1957)
       Confesiones de Diego Rivera. México: Editorial
          Grijalbo, 1975. 192 p. (Confessions of Diego
          Rivera).

154   SUAREZ ARANZOLA, EDUARDO

Genre: Memoirs

Period covered: 1886-1956

Although this book encompasses an entire life, it
is memoirs. Rivera is sporadic in his confessions and makes
no effort to narrate an integrated life. The artist, at the
promptings of Suárez, describes his early years in
Guanajuato, his close relationship with his father, the
years in Europe, the Mexican muralist movement, expression
in art, and his trip to Russia for cancer treatment.

Aún cuando este libro cubre una vida entera, el
mismo cae bajo la categoría de memorias. Las confesiones de
Rivera son esporádicas y el autor no hace ningún esfuerzo
por narrar una vida integrada. El artista, alentado por
Suárez, describe sus primeros años en Guanajuato, su
estrecha relación con su padre, los años en Europa, el movimiento muralista mexicano, la expresión en el arte y su
viaje a Rusia para recibir tratamiento para el cáncer.

292.   SUAREZ ARANZOLA, EDUARDO (1894-1976)
        Comentarios y recuerdos (1936-1946). México:
            Editorial Porrúa, 1977. 450 p. (Comments and
            Memories, 1926-1946).

Genre: Memoirs

Period covered: 1926-1946

Suárez Aranzola, trained as a lawyer, was active
both in national and international affairs of México: delegate to the Hague Conference on International Law, delegate
to the General Claim Commission between his country and
Great Britain and France, one of the founders of the
International Monetary Fund, and Secretary of Treasury under
both Cárdenas and Avila Camacho. His memoirs focus mainly
on his public life and are of value for illuminating the
important events in which he participated.

El abogado Suárez Aranzola estuvo activo en los
asuntos nacionales e internacioanles de México. El fue
delegado a la Conferencia sobre la ley internacional en La
Haya, delegado a la (Comisión General de Demanda) entre su
país, Gran Bretaña y Francia, uno de los fundadores del
Fondo Monetario Internacional y Secretario de la Tesorería
bajo Cárdenas y Avila Camacho. Sus memorias se concentran
principlamente en su vida pública y son de gran valor al
esclarecer los eventos importantes en los que él participó.

293.   TABLADA, JOSE JUAN (1871-1945)
        La feria de la vida. México: Ediciones Botas,
            1937. 456 p. (The Carnival of Life).

Genre: Memoirs

Period covered: 1875?-1937?

Chronological memoirs of a poet and journalist, La feria has the characteristics of this genre because of little development of author's life. Through his impressions are seen some of the major literary figures of México at times profiled through an acute anecdote. Tablada has the writer's eye for description so he notes architecture, painting and other cultural aspects of Porfirian and post Porfirian México. His most serious condemnation is critics who are incapable of understanding the work they evaluate. His trip to Japan and his experiments with haiku receive little attention. Also the Mexican Revolution goes unmentioned.

La feria contiene las memorias cronológicas de un poeta y periodista. Esta obra tiene las características de este género debido al poco desarrollo de la vida del autor. A través de sus impresiones se pueden ver algunas de las más grandes figuras literarias de México. Las mismas son a veces perfiladas a través de agudas anécdotas. Tablada tiene ojo para la descripción por lo que nota la arquitectura, la pintura y otros aspectos culturales de México durante y después del Porfiriato. Su mayor condenación es a los críticos que no son capaces de entender las obras que evalúan. Su viaje al Japón y sus experimentos con el "haiku" reciben muy poca atención. Tampoco se menciona la Revolución mexicana.

294.   TAPIA, RAFAEL (1874?-1963)
         Mi participación revolucionaria. [México:
            Editorial Citlaltépetl, 1967] 39 p.

       Genre: Memoirs

       Period covered: 1910

       Maderista general, Tapia recounts the preparatory moments to the Revolution in 1910 in Orizaba, Veracruz: discovering anti Porfirian sentiments and the gathering and storing of munitions. At times the writings seem edited.

       El general maderista Tapia hace un recuento de los momentos preparatorios para la Revolución en 1910 en Orizaba, Veracruz: el descubrimiento de antipatías hacia Porfirio Díaz y la acumulación de municiones. En ocasiones los escritos parecen haber sido editados.

295.   TAPIA, SANTIAGO (1820-1866)
         Diario de prisionero (1864-1865). México:
            Instituto Poblano de Antropología e Historia,
            1970. 57 p. (Diary of a Prisoner, 1864-1865).

       Genre: Diary

       Period covered: 1864-1865

An ardent liberal patriot and soldier unable to tolerate the collusion of his countrymen with the French invaders, Tapia was the civil and military governor of Michoacán and Jalisco. Imprisioned first in Belén de Los Mochis, he was later moved to the fort of Loreto de Puebla. His brief diary notes his patriotic fervor and also something of prison life. Through correspondence he reveals something of his family life. His diary is rarely dull.

Tapia fue un soldado y ardiente patriota liberal que no podía tolerar la colusión entre sus compatriotas y los invasores franceses. Fue Tapia el gobernador civil y militar de Michoacán y Jalisco. Encarcelado primeramente en Belén de Los Mochis, él fue luego trasladado al fuerte de Loreto de Puebla. Su breve diario contiene anotaciones sobre su fervor patriótico y algo sobre la vida en prisión. A través de correspondencia Tapia revela un poco sobre su vida familiar. Muy rara vez resulta aburrido este diario.

296.   TIBOL, RAQUEL (1910-1954-dates of Kahlo)
        Frida Kahlo: crónica, testimonios y aproxima-
        ciones. México: Ediciones de Cultura Popular,
        1977. 159 p. (Frida Kahlo: Chronicle,
        Testimonies and Approximation).

        Genre: Memoirs

        Period covered: 1910-1954

This is a brief collection (58 pages) of letters and fragments of a diary of Frida Kahlo. Editor Tibol, a friend of Kahlo's, enhances the primary sources with supplementary chapters relating to the artist's life. Kahlo focuses on her Indian-Spanish-German heritage, her parents, her sisters, and more often on her crippling accident. Rarely does she idealize her family life.

Esta es una breve colección (58 páginas) de cartas y fragmentos de un diario de Frida Kahlo. La editora Tibol, una amiga de Kahlo, realiza la fuente primaria a través de capítulos suplementarios concernientes a la vida de la artista. Kahlo se concentra en su herencia indio-española-alemana, en sus padres, en sus hermanas, y, más frecuentemente aún, en su trágico accidente. Muy rara vez idealiza ella su vida familiar.

297.   TORAL DE LEON, MARIA (1865-1955)
        Memorias de María Toral de De León, madre de José
        De León Toral. México, Editorial Tradición,
        1972. 143 p. (Memoirs of María Toral de De
        León, Mother of José De León Toral).

        Genre: Memoirs

        Period covered: 1888?-1929

The mother of the assassin of Obregón narrates the
key moments from her life. Of interest are her psychic
powers: an apparition of her dead mother and her prescience
of her son's assassination of Obregón. Few other details
illuminate the tragedy of her son. Curiously, the memoirs
are narrated in the third person.

La madre del asesino de Obregón narra los momentos
claves de su propia vida. Son de interés sus poderes
psíquicos: una aparición de su madre ya muerta y su adivi-
nación del asesinato de Obregón por su hijo. Algunos
detalles esclarecen la tragedia de su hijo. Curiosamente,
las memorias están narradas en tercera persona.

298. TORRES BODET, JAIME (1902-1974)
      Años contra el tiempo. México: Editorial Porrúa,
      1981. 246 p. (Years against Time).

      Genre: Memoirs

      Period covered: 1943-1946?

      This is the first of the author's four volume
memoir. He describes here mainly his experiences as
Secretary of Public Education under President Avila Camacho:
inexpensive editions of the classics for all Mexicans,
reform of the teacher-training program, visits to rural
schools, etc. Always interesting for their narrative flow
and Torres Bodet's circle of luminaries, these memoirs are
far inferior to his Tiempo de arena. The difference is the
reflection and the stylistic care that went into the volumen
of his childhood.

      Este es el primero de los cuatro volúmenes que com-
ponen las memorias de Torres Bodet. Aquí, él describe principalmente sus experiencias como Secretario de Educación
bajo el presidente Avila Camacho: las ediciones poco costosas de los clásicos de literatura para todos los mexicanos,
reformas en el programa de entrenamiento a los maestros,
visitas a escuelas rurales, etc. Estas memorias son interesantes por el fluir de su narración y por el círculo de
amistades de Torres Bodet. Sin embargo, las mismas son muy
inferiores a su obra Tiempo de arena. La diferencia recae
en la reflexión y el cuidado estilístico presentes en el
volumen sobre su niñez.

299. TORRES BODET, JAIME (1902-1974)
      El desierto internacional; memorias. México:
      Editorial Porrúa, 1971. 442 p. (The
      International Desert; Memoirs).

      Genre: Memoirs

      Period covered: 1948-1952

      Incorporates the four years in which Torres Bodet

was Director-General of UNESCO. Although this position is
the axis of the memoirs, he includes many peripheral items
that are pertinent: travel, meetings with writers, comments
on art, and honors. Unlike most Mexicans in comparable
positions who write memoirs, Torres Bodet personalizes
external themes. He reveals his personality by reflecting
on what is exterior, i.e., the reader always knows the
influence of external events on the author's personality.
He writes with keeness and vivacity. In his meeting with
intellectuals he provides decisive sketches of each individual.

        Incorpora los cuatro años en que Torres Bodet fue
Director General de la UNESCO. Aunque esta posición es el
eje de sus memorias, él incluye muchos otros elementos que
son de importancia: viajes, reuniones con escritores,
comentarios sobre arte y honores. A diferencia de otros
mexicanos que estando en posiciones similares escriben
memorias, Torres Bodet personaliza temas externos. El
revela aspectos de su personalidad al reflexionar sobre lo
externo. Por ejemplo, el lector siempre sabe de la influencia de los eventos externos sobre la personalidad del autor.
El escribe con agudeza y vivacidad. En sus reuniones con
intelectuales él provee descripciones terminantes de cada
individuo.

300. TORRES BODET, JAIME (1902-1974)
        Equinoccio. México: Editorial Porrúa, 1974.   360
        p. (Equinox).

        Genre: Memoirs

        Period covered: 1931-1943

        This fifth book of memoirs now completes the gap
between the appearance of Tiempo de arena and Años contra el
tiempo. Again he centers on his career in foreign relations: Madrid, Paris, Holland, Argentina, Belgium and his
return to México and WWII. Always interesting because of
the author's acquaintance with important people, these
satisfy as memoirs but not as autobiography.

        Este quinto libro de memorias llena el vacío que
quedaba Tiempo de arena y Años contra el tiempo. Nuevamente
Torres Bodet se concentra en su carrera en las relaciones
internacionales: Madrid, París, Holanda, Argentina,
Bélgica, su regreso a México y la 2da Guerra Mundial. Las
mismas, que son de interés principalmente por las personalidades conocidas del autor, satisfacen mejor como
memorias que como autobiografía.

301. TORRES BODET, JAIME (1902-1974)
        Tiempo de arena. México: Fondo de Cultura
        Económica, 1955. 349 p. (Time of Sand).

        Genre: Autobiography

Period covered: 1904?-1929

One of the few writings that can be classified as
autobiography, Tiempo de arena fits in to this category for
several reasons. Although it goes only to 1919, it seems to
be the first volume of several projected works of his autobiography. More importantly, Tiempo shows the formation of
a man of letters from his earliest moments. Not only one of
the few Mexican autobiographies, this is also one of the
best. Torres Bodet indicates at various moments his com-
patibility with his parents; he shows his early interest in
reading and also critiques what he reads; he notes the asso-
ciates who have cognate interests; and finally, he seems to
be directing himself to the formation of an integrated human
being. At times, however, chapters appear that are totally
an analysis of art. Even these, tangential though they
appear, suggest the development of the poet.

Uno de los pocos escritos que pueden ser clasificados como autobiografía, Tiempo de arena encaja dentro de
esta categoría por diversas razones. Aunque sólo llega
hasta el 1929, parece ser el primer volumen de diversos pro-
jectos de su autobiografía. Más importante aún, Tiempo
muestra la formación de un hombre de letras desde sus primeros momentos. No solamente una de las pocas autobiografías mexicanas, ésta es también una de las mejores.
Torres Bodet indica en varios momentos su compatibilidad con
sus padres; él muestra su temprano interés por la lectura y
también critica lo que lee; él hace referencia a los aso-
ciados que tienen intereses análogos; finalmente, él parece
estar dirigiéndose a sí mismo hacia la formación de un ser
humano íntegro. A veces, sin embargo, aparecen capítulos
que son, en su totalidad, un análisis de arte. Aún estos,
tan tangenciales como parecen, sugieren el desarrollo del
poeta.

302.   TORRES BODET, JAIME (1902-1974)
          La tierra prometida. México: Editorial Porrúa,
          1972. 469 p. (The Promised Land).

       Genre: Memoirs

       Period covered: 1953-1964

In this fifth volume of his memoirs, Torres Bodet
relates mainly his years as secretary of education.
Apparently Torres Bodet was the originator of the plans, at
least under President López Mateos, to make inexpensive editions of the classics available and construct classrooms.
The author also attempted to make Mexicans (normalistas) teach
in the provinces. He also describes his work, Tres inventores de realidad, and his years in France in the diplomatic
corps. As usual he gives vignettes of the important international personalities with whom he shared friendships.
Torres Bodet either praises colleagues or is neutral; he is
never negative. Well written but inferior to Tiempo de
arena both in style and in imaging of self.

En este quinto volumen de memorias, Torres Bodet relata principalmente sus años como Secretario de Educación. Aparentemente, Torres Bodet fue el originador, al menos bajo el presidente López Mateos, de los planes de hacer accesibles ediciones poco costosas de los clásicos de literatura y de la construcción de salones de clase. El autor también intentó hacer que mexicanos (normalistas) enseñaran en las provincias. También describe su trabajo, Tres inventores de realidad, y sus años en Francia en el cuerpo diplomático. Como siempre, él provee viñetas de importantes personalidades internacionales con quienes sostuvo amistad. Torres Bodet tiende a loar a sus colegas o a permanecer neutral; nunca es negativo. Estas memorias están muy bien escritas pero son inferiores a Tiempo de arena en estilo y en la imagen de sí mismo.

303.   TORRES BODET, JAIME (1902-1974)
        La victoria sin alas; memorias. México: Editorial
            Porrúa, 1970. 219 p. (Victory without Wings;
            Memoirs).

        Genre: Memoirs

        Period covered: 1946-1948

This volume precedes El desierto internacional, the author's memoirs during his directorship of UNESCO. In the present memoirs, Torres Bodet recounts his activities as secretary of state and the Cold War during 1946-1948. Victory, unable to become airborne after WWII, prompted the title of the work. Incidents include Truman's visit to México, Aleman's visit to the United States, UNESCO, the Bogotazo, etc. The author has his usual compassion and at times pessimism for humanity. As in other works, he describes the famous that he meets and characterizes them with rapid pen strokes. However, this volume of memoirs does not satisfy as much as El desierto internacional because it has fewer intimacies of Torres Bodet with external events and fewer interesting personalities.

Este volumen precede a El desierto internacional, las memorias del autor durante su directorado de la UNESCO. En las presentes memorias Torres Bodet hace un recuento de sus actividades como Secretario de Estado y de la Guerra Fría durante los años 1946-48. La victoria, incapaz de ser efectuada por vía aérea después de la 2da Guerra Mundial, fue la que inspiró el título de esta obra. Los incidentes incluidos son: la visita de Truman a México, la visita de Alemán a los E.E.U.U., la UNESCO, el Bogotazo, etc. El autor demuestra su natural compasión y, a veces, pesimismo por la humanidad. Como en sus otras obras, Torres Bodet describe a las celebridades que conoce y los caracteriza con rápidas pinceladas. Este volumen de memorias, sin embargo, no satisface tanto como El desierto internacional ya que contiene menor cantidad de intimidades de Torres Bodet con relación a los eventos externos y menos personalidades interesantes.

304. TREVIÑO, JACINTO B. (1883-)
      Memorias (2ed.) México: Editorial Orión, 1961.
      284 p.

      Genre: Memoirs

      Period covered: 1893-1960?

      Career military officer who at a young age rose to
the rank of general, Treviño fought on the side of Madero
and Carranza and against Huerta. He was also Secretary of
War and Navy and chief of military operations in Chihuahua.
These are the highlights of his life.

      Oficial militar de profesión quien a muy temprana
edad llegó a ocupar el rango de general. Treviño peleó del
lado de Madero y Carranza en contra de Huerta. Fue también
Secretario de Guerra y Marina y Jefe de Operaciones
Militares en Chihuahua. Estos son los aspectos más importantes de su vida.

305. TREVIÑO CARRANZA, CELIA (1912-)
      Mi atormentada vida. México, Editorial Jus, 1958.
      622 p. (My Tormented Life).

      Genre: Autobiography

      Period covered: 1912-1956?

      Celia Treviño Carranza, the middle generation of a
Mexican musical dynasty, recounts her life from birth in
Monterrey, Nuevo León to the death of her daughter. A successful and even famous violinist, Treviño Carranza made
international concert tours. Married several times, she was
the main economic support of her mother and daughter. The
autobiography is an emotional retelling of the external life
of an independent and talented Mexican woman.

      Celia Treviño Carranza, la generación intermedia de
una dinastía musical mexicana, hace un recuento de su vida
desde su nacimiento en Monterrey, Nuevo León, hasta la
muerte de su hijo. Como violinista exitosa y famosa, Treviño
Carranza hizo jiras musicales internacionales. La autora se
casó varias veces y era el principal sostén económico de su
madre y su hija. La autobiografía es un recuento emotivo de
la vida externa de una mujer mexicana independiente y talen-
tosa.

306. URQUIZA, CONCHA (1910-1945)
      Obras: poemas y prosas/Concha Urquiza; edición y
      prólogo de Gabriel Méndez Plancarte. 2ed.
      México: Jus, 1977. 481 p. (Works: Poems and
      Prose).

      Genre: Diary

Period covered: 1937-1940

Concha Urquiza was the Mexican poetess who led a troubled existence due to the conflict between what she perceived to be God's expectations and her inability to measure up to these. Within the tradition of Spanish mysticism, Urquiza's writings are the autobiography of a soul passionately in love with the Creator and yet always unworthy of Him. Obras has two sections of her autobiographical writings: "Páginas epistolares" and "Páginas del diario." The former occasionally treats mundane matters; the latter, in a clearer prose style, is more a distillation of her religious feelings.

Concha Urquiza fue la poetisa mexicana quien vivió una afligida existencia debido al conflicto entre su percepción de las expectativas de Dios y su propia incapacidad de elevarse a la altura de las mismas. Dentro de la tradición del misticismo español, los escritos de Urquiza son la autobiografía de un alma que está apasionadamente enamorada del Creador y, sin embargo, nunca es merecedora de El. Obras tiene dos secciones de sus escritos autobiográficos: "Páginas epistolares" y "Páginas del diario." Aquélla trata temas mundanos ocasionalmente; la última, en una prosa más clara, es más una destilación de sus sentimientos religiosos.

307.   URQUIZO, FRANCISCO L. (1891-1969)
          De la vida militar mexicana. México: Herrero
          Hermanos Sucesores, 1930.   234 p.   (Mexican
          Military Life).

Genre: Memoirs

Period covered: 1920?

In contrast to Urquizo's other autobiographical works, De la Vida militar mexicana consists of encapsulated but continuous incidents each forming almost a short story. The 23 incidents form units with a narrative structure that creates tension and leads to a conclusion. As usual, the author's military experience (his adoration of Carranza) serves as the primary source for his memoirs.

A diferencia de las otras obras autobiográficas de Urquizo, De la vida militar mexicana consiste de incidentes independientes, aunque continuos, y que por sí solos podrían formar cuentos cortos. Los 23 incidentes forman unidades con una estructura narrativa que crea tensión y lleva a una conclusión. Como es típico, la experiencia militar del autor (su adoración hacia Carranza) le sirve como fuente primaria para sus memorias.

308.   URQUIZO, FRANCISCO L. (1891-1969)
          Memorias de campaña de subteniente a general.
             México: Fondo de Cultura Económico, 1971.   157

p.   (Memoirs of a Second Lieutenant's Campaign).

Genre: Autobiography/Novel

Period covered: 1913-1920

    Brief novel/autobiography of the wanderings of
young Urquizo mainly through northern México on the side of
the Maderistas or Carrancistas. Has sufficient detail to
give an idea of the violence and rapine of the Revolution.
For a change, the author of this work seems to be directly
involved in the action and his constant use of the first
person singular and plural reinforces this perspective. The
confusion of genres comes from the circularity of the work
and the interjection of two semi-fictional characters, an
uncle (el tío Bernardo) and a soldadera (Belén). These two
convenient appearances provide both a summary of the action
and also comic relief.

    Breve novela/autobiografía sobre los viajes del
joven Urquizo principalmente a través del norte de México
del lado de los maderistas o de los carrancistas. Contiene
suficiente detalle como para dar una idea de la violencia y
rapiña de la Revolución. Para variar, el autor de esta obra
parece estar directamente envuelto en la acción.   Su uso
constante de la primera persona singular refuerza esta
perspectiva. La confusión de géneros viene como consecuencia de la circularidad de la obra y de la inclusión de dos
personajes semi-ficticios: un tío (Bernardo) y una soldadera (Belén). Estas convenientes apariciones proveen un
resumen de la obra así como sirven de episodios humorísti-
cos.

309. URQUIZO, FRANCISCO L. (1891-1969)
      México, Tlaxcalantongo, mayo de 1920. 2.ed.
        México, Editorial Cultural, 1943. 179 p.

      Genre: Memoirs

      Period covered: 1920

    More memoirs of the Mexican Revolution by idolator
of Carranza. Again Urquizo is as much the novelist as the
memoirist and has an eye for trenchant detail. The largest
chapter relates to the death of Carranza.

    Más memorias de la Revolución mexicana por el
adorador de Carranza. Nuevamente, Urquizo es tanto el novelista como el memorialista, con un ojo alerto al detalle
mordaz. El capítulo más largo trata sobre la muerte de
Carranza.

310. URQUIZO, FRANCISCO L. (1891-1969)
      Páginas de la Revolución. México, 1956.   274 p.
        (Pages of the Revolution).

Genre: Memoirs

Period covered: 1910-1920

One of the more prolific and better writers among
the military that participated in the Revolution, Urquizo
gives us another volume of memoirs. Divided into three
parts,the triumph of Madero to the Constitution of 1917, a
brief biography of Carranza, and the constitutional government until the death of Carranza. Although idolizing the
latter, Urquizo personalizes his memoirs more by his own
presence than do his contemporaries. Value for their
details and for the author's occasional highly subjective
paragraphs that approach more the novel than the memoir.

Urquizo nos provee aquí otro volumen de memorias.
Es él uno de los mejores y más prolíficos escritores entre
los militares que participaron en la Revolución. Estas
memorias están divididas en tres partes: el triunfo de
Madero a la Constitución de 1917, una breve biografía de
Carranza y el gobierno constitucional hasta la muerte de
Carranza. Aún cuando Carranza es su objeto de adoración,
Urquizo personaliza sus memorias a través de su propia presencia más que sus contemporáneos. El valor de esta obra
recae en sus detalles y en los ocasionales párrafos altamente subjetivos que parecen más de una novela que de una
memorias.

311.   URQUIZO, FRANCISCO L. (1891-1969)
          "Recuerdo que ...": Visiones de la Revolución.
          México: Ediciones Botas, 1934, 2 vols. ("I
          Remember that...": Visions of the Revolution).

Genre: Memoirs

Period covered: 1910-1914

Maderista officer from Coahuila who became a
general in Carranza's forces, Urquizo experienced much of
the Revolution in northern México and his writings abound
with references to Torreón, Chihuahua, Saltillo, Sonora and
the border. Very little is revealed of him in that he gives
almost nothing about his personal life or feelings. Nor is
there an overall plan for the book, i.e., an ideological
approach to the Revolution or a tracing of the
anti-Federalist campaign in the North. The chapters are
linked chronologically, stylistically and, of course, by the
presence of Urquizo, but could be read separately with
little loss to the total structure. Urquizo's value is in
the detail and anecdote (some encapsulated in each chapter)
related to the Revolution. Partisan views or an organized
history are not the goals of the author.

Urquizo fue un oficial maderista de Coahuila que se
convirtió en general de las fuerzas de Carranza. El experimentó gran parte de la Revolución en el norte de México y en
sus escritos abundan las referencias a Torreón, Chihuahua,
Saltillo, Sonora y la frontera. Se revela muy poco sobre sí

mismo ya que él escribe muy poco sobre su vida personal o
sus sentimientos. Tampoco se puede encontrar en el libro
algún rastro de formato o bosquejo como lo sería una visión
ideológica de la Revolución o una delineación de la campaña
antifederalista en el norte. Los capítulos están unidos
cronológica y estilísticamente aparte de por la presencia de
Urquizo, pero podrían ser leídos individualmente sin afectar
toda la estructura. El valor de Urquizo está en el detalle
y en la anécdota (presentes en cada capítulo) que tienen que
ver con la Revolución. El autor no tiene como metas la presentación de ideas parciales o una historia organizada.

312. URQUIZO, FRANCISCO L. (1891-1969)
        3 de Diana. México: Publicaciones Mundiales,
        1947. 417 p. (Reveille).

        Genre: Memoirs

        Period covered: 1939-1943?

        Urquizo was an important military figure during the
presidency of Avila Camacho. His book is entirely memoirs
and documents relating to this experience in his life.
Apparently in his position he was selected to represent
México in military missions to the United States and Central
America. Although he reveals little of himself, excluding
childhood, family, and education, some personlity emerges in
his attitude and in the incidents he choses to recount. For
example, he is adamant about the punishment of a capitan who
tried to cause a revolt in the army. As a military man,
Urquizo is totally unable or unwilling to see the pernicious
side of caudillismo. His memoirs are of value for their
evocation of a pro-military attitude. They were written
early enough to indicate México's support of the United
States during the war fervor of the 1940's. The title, 3 de
Diana, refers to one movement in reveille that signals success.

        Urquizo fue una importante figura militar durante
la presidencia de Avila Camacho. Su libro es todo memorias
y documentos que dan fe de esta experiencia en su vida. En
su posición, él fue aparentemente escogido para representar
a México en misiones militares a los Estados Unidos y
América Central. El revela muy poco sobre sí mismo aparte
de su niñez, familia y educación. Aún así, se puede conocer
parte de su personalidad a través de sus actitudes y de los
incidentes que él escoge para narrar. Por ejemplo, él es
inflexible en cuanto al castigo de un capitán que trató de
causar una revuelta en el ejército. Como militar, Urquizo
es incapaz de ver el lado pernicioso del caudillismo. El
valor de sus memorias recae en su evocación de una actitud
pro-militar. Las mismas fueron escritas lo suficientemente
temprano como para indicar el apoyo de México hacia los
Estados Unidos durante el fervor de la guerra durante la
década de 1940. El título 3 de diana se refiere a un movimiento en su propia diana y que da señales de éxito.

313.   URREA, JOSE (1797-1849)
        Diario de las operaciones militares de la división
        que al mando del general José Urrea hizo la cam-
        paña de Tejas. Victoria de Durango: Imprenta de
        Gobierno, 1838. 136 p. (Diary of the Military
        Operation That the Divison under the Command of
        General José Urrea Did during the Texas
        Campaign).

        Genre: Diary

        Period covered: 1836-1937

        In 1836, Urrea, a member of the expedition against
Texas, fought at the Alamo, Golidad, San Patricio and San
Antonio. In conflict with Vicente Filisola, who at the
orders of Santa Ana, but against the wishes of other
generals including Urrea, retreated to the Río Bravo, the
author writes of the Texas campaign. Vilified by Filisola,
Urrea attempts to vindicate himself in this brief account.
He is constantly present at every moment and the first person singular predominates as opposed to the authorial
distance often prevalent in memoirs of this type. His
account is succinct and with high narrative value. Vicente
Filisola has also written about this episode, Memorias para
la historia de la guerra de Tejas. (México: Imprenta de
Ignacio Cumplido, 1849. 267 p.) As a foreigner, Filisola is
excluded from the present bibliography.

        In 1836, Urrea, miembro de la expedición en contra
de Tejas, luchó en el Alamo, en Golidad, San Patricio y San
Antonio. El autor escribe sobre la campaña de Texas en
conflicto con Vicente Filisola, quien bajo órdenes de Santa
Ana y contra los deseos de otros generales (Urrea
inclusive) se retiró al Río Bravo. Urrea, difamado por
Filisola, trata de reinvindicarse en este breve recuento.
Urrea es omnipresente en su obra en la cual predomina la
primera persona singular en vez de la distancia del autor
que prevalece a menudo en las memorias de este tipo. Su
recuento es sucinto y contiene alto valor narrativo.
Vicente Filisola también escribió sobre este episodio en
Memorias para la historia de la Guerra de Tejas. (México:
Imprenta de Ignacio Cumplido, 1984. 267 p.) Ya que es un
extranjero, Filisola no está incluído en esta bibliografía.

314.   VACA DEL CORRAL, R. (?)
        ¡Soy puro...mexicano!: libro primero, las concien-
        cias olvidadas. México: B. Costa-Amic Editor,
        1976. 140 p. (I Am a Pure Mexican: The First
        Book, Forgotten Consciences).

        Genre: Collective Autobiography

        Period covered: 1976

        With a generic pseudonym, this Mexican is willing
to attack the political, social and familial life of his
country. Accordingly, in brief chapters he lists with humor

even the psyche of his countrymen.

Este mexicano está dispuesto a atacar la vida política, social y familiar de su país usando un seudónimo genérico. De este modo, en breves capítulos, el autor enumera con humor hasta las fallas psíquicas de sus compatriotas.

315. VALADES, JOSE C. (1901-)
    Mis confesiones (vida de un huérfano). México: Editores Mexicanos Unidos, 1966. 299 p. (My Confessions; Life of an Orphan).

    Genre: Memoirs

    Period covered: 1880?-1913

    With gusto this Mazatlán author writes of his grandparents and parents. A journalist, Valadés, fatherless at an early age, spent the early years of his life in Los Angeles. He writes in detail of his family life and especially their efforts to survive in the United States. As a writer, he has a better style than what is characteristic of Mexican memorialists.

    Este autor de Mazatlán escribe con gusto sobre sus abuelos y padres. El periodista Valadés, huérfano de padre a temprana edad, pasó la mayor parte de su vida en Los Angeles. El escribe en detalle sobre su vida familiar y especialmente sobre sus esfuerzos por sobrevivir en los Estados Unidos. Como escritor él tiene un mejor estilo que el de la mayor parte de los memorialistas mexicanos.

316. VARGAS DULCHE, YOLANDA (1923-)
    Cristal; recuerdos de una muchacha. México: B. Costa-Amic, 1965. 225 p. (Cristal; Memoirs of a Girl).

    Genre: Memoirs

    Period covered: 1923-1936

    Journalist, script writer for Mexican soap operas and films and cartoonist, Vargas Dulché recreates her Mexican childhood in these pages. With humor she tells of some of the universal problems of childhood. For one year the family, now separated from her father, lived in Los Angeles. The memoirs do concentrate on the author and her reaction to some of life's typical problems. They, however, cannot be classified as autobiography because of the short time span encompassed and the lack of focus on an individual developing towards a certain goal.

    La periodista, libretista de novelas y películas mexicanas y caricaturista, Vargas Dulché recrea en estas páginas su niñez mexicana. Ella habla con humor sobre algu-

nos de los problemas universales de la niñez. La familia,
(ahora separada del padre) vivió en Los Ángeles por un año.
Las memorias se concentran en la autora y en su reacción a
algunos de los problemas típicos de la vida. Las memorias,
sin embargo, no pueden ser clasificadas como autobiografía
por el corto tiempo incluído y por la falta de un enfoque
sobre el individuo desarrollándose hacia una meta.

317. VASCONCELOS, JOSE (1882-1959)
        El desastre, tercera parte de Ulises Criollo, con-
          tinuación de La Tormenta. 3ed. México,
          Ediciones Botas, 1938. 819 p. (Disaster, the
          Third Part of Ulises Criollo, Continuation of La
          Tormenta).

      Genre: Memoirs

      Period covered: 1923-1928

      Probably the most important event described in this
long continuation of Ulises criollo is the author's role in
Mexican education. In the position of secretary of public
education, he attempted a mass literacy program. The rest
touches on Vasconcelos's many travels to the United States,
Europe and Israel. Regardless of topic, he is always opinionated and polemical. In this final chapter, "La llama
del destino", he selects for himself the role of the major
combatant against México's enemies.

      El evento más importante descrito en esta larga con-
tinuación de Ulises criollo es probablemente el papel que
jugó el autor en la educación mexicana. En su posición de
Secretario de Educación Pública, él trató de establecer un
programa de alfabetización colectiva. El resto trata sobre
los frecuentes viajes de Vasconcelos a los Estados Unidos,
Europa e Israel. Sin importar el tópico, Vasconcelos es
siempre polémico y está firme en sus opiniones. En el
último capítulo "La llama del destino", él se da a sí mismo
el papel de un gran combatiente en contra de los enemigos de
México.

318. VASCONCELOS, JOSE (1882-1959)
        La flama: los de arriba en la Revolución; historia
          y tragedia. México, Continental, [1959] 496 p.
          (The Flame; Those on Top in the Revolution;
          History and Tragedy).

      Genre: Memoirs

      Period covered: 1929-1938

      Although this work appears to be much later than
the four-volume memoirs, it is also autobiography. In spite
of their later date, the memoirs start about 1929 and end in
the year of oil expropriation under Cárdenas. Even the
mature Vasconcelos whether in presidential elections or in

exile, remains opinionated and highly articulate. He echoes
older themes such as his hatred for Dwight Morrow.

     Aunque esta obra parece ser muy posterior a las
memorias en cuatro volúmenes, la misma es también autobiográfica. A pesar de su fecha posterior, las memorias
comienzan en 1929 y terminan en el año de la expropiación
del petróleo bajo Cárdenas. Vasconcelos, aún ya maduro, se
mantiene firme en sus opiniones y altamente articulado ya
sea en las elecciones presidenciales o en el exilio. El
autor repite temas anteriores tales como su odio hacia
Dwight Morrow.

319. VASCONCELOS, JOSE (1882-1959)
      El proconsulado; cuarta parte de Ulises Criollo.
      2ed. [México] Ediciones Botas, 1939. 777 p.
      (The Proconsulate; The Fourth Part of Ulises
      Criollo).

      Genre: Memoirs

      Period covered: 1928-1931

     In the same vigorous prolix style, the author ends
his autobiographical suite. The focal point is his can-
didature for the presidency in 1929. He also flaunts his
suspicion and hatred of Dwight Morrow, el proconsulado.
With defeat, the author goes into exile.

     El autor concluye su "suite" (serie) autobiográfica
de la misma manera vigorosa y prolija. Su punto de enfoque
es su candidatura a la presidencia en 1929. También hace
alardes de su sospecha y odio por Dwight Morrow, el proconsulado. El autor se va en exilio con su derrota.

320. VASCONCELOS, JOSE (1882-1959)
      La tormenta; segunda parte de "Ulises Criollo". 4
      ed. México, Ediciones Botas, 1937. 592 p. (The
      Storm; Second Part of Ulises Criollo).

      Genre: Memoirs

      Period covered: 1882-1959

     Vasconcelos continues his wanderings: United States,
México, South America and Europe. In much of this book he
tells of his love for Adriana and her sporadic presence at
his side. Passionate and opinionated, the author comments
constantly on the Mexican Revolution and his preferences
among the leaders. He appears to like Madero and Eulalio
Gutiérrez; he classifies Villa and Zapata as barbarians. A
preoccupation is peninsular Spanish culture transplanted to
Mexico and eroded by pochismo and anglosajonismo.

     Vasconcelos continúa sus viajes: los Estados
Unidos, México, América del Sur y Europa. Gran parte de

este libro habla de su amor por Adriana y su presencia
esporádica al lado de ella. El autor, siempre obstinado y
apasionado, comenta constantemente sobre la Revolución
mexicana y sus preferencias entre los líderes. Tal parece
que le agradan Madero y Eulalio Gutiérrez; también clasifica
a Villa y a Zapata como bárbaros. Una de sus preocupaciones
es la cultura española peninsular que fue trasplantada a
México y corroída por el pochismo y el anglosajonismo.

321.   VASCONCELOS, JOSE (1882-1959)
        Ulises Criollo; la vida del autor escrita por él
            mismo. México: Ediciones Botas, 1936. 534 p.
        Trans.: A Mexican Ulysses, an Autobiography.
        Translated by W. Rex Crawford. Bloomington,
        Indiana University Press, 1963.

        Genre: Autobiography

        Period covered: 1881-1913

        Vasconcelos has written perhaps the best auto-
biography in the Spanish language. His writings about self
can be classified as autobiography because he is always at
the center and either participates in what is happening or
gives his reaction. Furthermore, Ulises criollo is a developed life. Vasconcelos exhibits much less reserve in his
writings than other Mexicans. Feelings towards parents and
siblings to the extent of noting their faults is uncommon in
autobiographical works from México. The author is a
wordsmith always expressing himself with clarity and precision. In his first volume he concentrates on childhood,
reading interests, the frequent moves within México due to
his father's employment as a Mexican customs agent, becoming
a lawyer, and the early moments of the Mexican Revolution.

        Vasconcelos ha escrito, quizás, la mejor auto-
biografía del idioma español. Sus escritos sobre sí mismo
pueden ser clasificados como autobiografía porque él es
siempre el centro y participa en lo que ocurre o provee su
reacción. Además, Ulises criollo es una vida desarrollada.
Vasconcelos exhibe mucha menos reserva en sus escritos que
otros mexicanos. Los sentimientos hacia sus padres y hermanos, hasta el punto de notar sus faltas, es poco común en
las obras autobiográficas de México. El autor es muy ver-
sado, siempre expresándose con claridad y precisión. En su
primer volumen, él se concentra en la niñez, en intereses de
lectura, en las frecuentes mudanzas dentro de México debido
al empleo de su padre como agente de la aduana mexicana, en
su convertirse en abogado y en los primeros momentos de la
Revolución mexicana.

322.   VAZQUEZ GOMEZ, FRANCISCO (1860-1933)
        Memorias políticas (1909-1913). México, Imprenta
            mundial, 1933. 599 p.

        Genre: Memoirs

Period covered: 1909-1913

Porfirio Díaz' doctor, Madero's Minister of Foreign Relations, and León De la Barra's Minister of Education, Vázquez Gómez writes the memoirs of the most chaotic years of his career. He was closely affiliated with the political luminaries of the first years of the Revolution. Unfortunately his memoirs are impersonal and diluted with the inclusion of too many documents and verbatim renditions of speeches.

Vázquez Gómez fue el doctor de Porfirio Díaz, el ministro de Relaciones Exteriores de Madero y el ministro de Educación de León de la Barra. En estas memorias él escribe de los años más caóticos de su carrera. Él estaba relacionado con las lumbreras políticas de los primeros años de la Revolución. Desafortunadamente sus memorias son impersonales y diluídas debido a la inclusión de demasiados documentos y de citas al pie de la letra de discursos.

323.   VEJAR LACAVE, CARLOS (1908-)
       Bajo el signo de esculapio; la medicina trágica y apasionante. México, B. Costa-Amic [1965] 274 p. (Beneath the Sign of Aesculapius; Tragic and Exciting Medicine).

Genre: Memoirs

Period covered: 1930?-1964

These memoirs, although typical of doctors who record their experiences in medicine, are distinct for the author's philosophical approach. Also Véjar Lacave appears to be the product of a broader humanistic culture than most of his colleagues. Author of several other books with Mexican themes, Véjar Lacave has a clear style.

Estas memorias, típicas de los doctores que registran sus experiencias en la medicina, son distintas debido a la perspectiva filosófica del autor. Véjar Lacave parece ser el producto de una cultura humanística más extensa que la mayor parte de sus colegas. Véjar Lacave, autor de otros libros con temas mexicanos, tiene un estilo claro.

324.   VELAZQUEZ ANDRADE, MANUEL (1877-1952)
       Remembranzas de Colima, 1895-1901. México, Páginas del Siglo XX, 1945.   268 p.   (Memories of Colima, 1895-1901).

Genre: Memoirs

Period covered: 1895-1901

Mexican educator evokes in separate vignettes Colima of yesterday. The events and personalities are recalled with nostalgia as the author revisualizes them from the periphery of fifty years.

El educador mexicano evoca en sueltas viñetas el Colima de ayer. Los eventos y las personalidades son recordados con nostalgia a medida que el autor los visualiza desde la periferia de cincuenta años.

325.   VERA Y ZURIA, PEDRO (1874-1945)
          Diario de mi destierro. El Paso, Texas: Editorial
             Revista Católica, 1927. 231 p. (Diary of My
             Exile).

       Genre: Diary

       Period covered: April 22, 1927 - October 31, 1927

       Archbishop of Puebla, Vera y Zuria was forced to exile to the Unites States during the Calles' regime. This diary, or better chronicle, describes his impressions of the U.S. (mainly its Catholic population and institutions) and also records news of further religious persecution in México. Vera y Zuria totally excludes the personal and whatever is not relevant to Catholicism. A flat prose style doesn't stimulate interest.

       El arzobispo de Puebla, Vera y Zuria fue exilado a los E.E.U.U. durante la administración de Calles. Este diario o, mejor aún, esta crónica describe sus impresiones sobre los E.E.U.U. (principalmente su población e instituciones católicas) y también registra noticias sobre nuevas persecuciones religiosas en México. Vera y Zuria excluye por completo lo personal y todo aquello que no concierne al catolicismo. Su prosa no estimula el interés.

326.   VILLA, LUZ CORRAL, vda. de (?)
          Pancho Villa en la intimidad. México [s.n.], 1948.
             273 p.
          Trans.: Pancho Villa, an Intimacy. English edi-
             tion by Richard H. Hancock. Chihuahua, Mexico:
             Centro Librero La Prensa, c. 1981.

       Genre: Memoirs

       Period covered: 1910-1923

       Villa's widow recalls her girlhood and her first meeting with the Revolutionary hero. In her memoirs she records the exploits of her husband and either exonerates him from attributed wrongs or extenuates them. Like Villa's life, hers is spent mainly in Chihuahua and northern México and even in exile in the United States. Although her focus is her husband, her own life is related in her remembrances of him.

       La viuda de Villa recuerda su niñez y su primer encuentro con el héroe revolucionario. En sus memorias, ella registra las hazañas de su esposo y, o lo exonera de males atribuídos o los extenúa. Así como la vida de Villa, la de ella toma lugar principalmente en Chihuahua y el norte de México y aún en exilio en los Estados Unidos. Aunque el enfoque es su esposo, su propia vida se relata en sus recuerdos de él.

327. VILLASEÑOR, EDUARDO (1896-)
        Memorias-testimonio. México: Fondo de Cultura
          Económica, 1974. 446 p. (Memoirs-Testimony).

        Genre: Memoirs

        Period covered: 1916-1970

        These fragmented memoirs read more like an antho- logy of disparate chapters of a life. Villaseñor held various public positions: Secretary of the Nacional Council of Economics, Subsecretary of Hacienda (Treasury) y Crédito Público and director of Banco de México. In spite of the work's fragmented nature, the memoirs have more style and subjectivity than those of other state officials.

        Estas memorias fragmentadas parecen más una anto- logía de capítulos desiguales sobre una vida. Villaseñor ocupó varios puestos públicos: organizador del Consejo Nacional de Economía, subsecretario de Hacienda y Crédito Público y director del Banco de México. Aún a pesar de su naturaleza fragmentada estas memorias tienen más estilo y subjetividad que las de otros funcionarios ejecutivos.

328. VILLASEÑOR, VICTOR MANUEL (1903-)
        Memorias de un hombre de izquierda. México:
          Editorial Grijalbo, 1976-77. 2 v. (Memoirs of
          a Man on the Left).

        Genre: Memoirs

        Period covered: 1903-1972?

        Probably few Mexicans can boast of as active a life as Villaseñor: law school in the U.S., track star, lawyer at the claims commission, chief of archives of the department of interior, charter member of the Confederation of Mexican Workers, president of Amigos de la URSS, influen- tial in two periodicals, Futuro and Combate, vice president of the Partido Popular, head of Mexican railways, etc. These two volumes reflect this active life but little of the personal life of their author. Much is Villaseñor's interpretation of the moments of history through which he has lived.

        Probablemente muy pocos mexicanos pueden jactarse de una vida activa como lo puede hacer Villaseñor: Escuela de Leyes en los E.E.U.U., estrella de la pista, abogado en la (Comisión de Reclamos), Jefe de Archivos del Departamento

del Interior, miembro fundador de la Confederación de
Trabajadores de México, presidente de Amigos de URSS, muy
influyente en dos periódicos, Futuro y Combate, vicepresidente del Partido Popular, jefe de los ferrocarriles
mexicanos, etc. Estos dos volúmenes reflejan esta vida
activa pero muestran muy poco de la vida personal de su
autor. Gran parte es la interpretación de Villa de los
momentos de historia a través de los cuales él ha vivido.

329.   VILLAURRUTIA, XAVIER (1903-1950)
        Cartas de Villaurrutia a Novo, 1935-1936. México,
           Instituto Nacional de Bellas Artes, 1966. 78 p.
           (Letters from Villaurrutia to Novo, 1935-1936).

       Genre: Letters

       Period covered: 1935-1936

       One of Mexico's best known playwrights, a member of
los Contemporáneos, and co-founder of the magazine, "Ulises",
Villaurrutia studied drama at Yale in the years indicated in
the title. His letters to Salvador Novo reveal his cultural
life, his love for the theatre, his reactions to the U.S.
and his affection for his correspondent. In these few
pages, Villaurrutia presents a personality perhaps better
defined than what many Mexicans can offer in volumes of
memoirs. (See also Novo no. 215).

       Uno de los más conocidos dramaturgos mexicanos,
miembro de los Contemporáneos y co-fundador de la revista
"Ulises", Villaurrutia estudió drama en Yale durante los
años indicados en el título. Sus cartas a Salvador Novo
hacen revelaciones sobre su vida cultural, su amor por el
teatro, sus reacciones ante los E.E.U.U. y su afecto por su
corresponsal. En estas breves páginas, Villaurrutia presenta una personalidad quizás mejor definida que lo que
muchos mexicanos pueden ofrecer en volúmenes de memorias.
(Ver Novo partida no. 215).

330.   VIVEROS, MARCEL (?)
        Anatomía de una prisión: 1525 días en Lecumberri y
           Santa Martha. México, Editorial Diana [1972]
           173 p. (Anatomy of a Prison: 1525 Days in
           Lecumberri and Santa Martha).

       Genre: Memoirs

       Period covered: 1966

       Viveros is a pseudonym of a former prisoner who
spent several years in México's penal system. Focusing on
injustices, violence, perversion and privileges, the author
does not have the sensitivity nor the insights characteristic of the best prison narratives.

       Viveros es el pseudónimo de un ex-prisionero que

pasó varios años en el sistema penal de México. El autor hace su enfoque en las injusticias, la violencia, la perversión y los privilegios pero no tiene la sensitividad o la profundidad características de las mejores narrativas de prisión.

331. ZABLUDOWKSY, JACOBO (1896-1974-dates of Siqueiros)
      Siqueiros me dijo... México: Organización
          Editorial Novaro, 1974. 129 p. (Siqueiros Told
          Me...).

      Genre: Interview

      Period covered: 1922?-1968

          In six interviews with the author, Siqueiros talks of Mexican muralism, the difference between acceptance of art in México and in Europe, Russian art, and prison experience. See also entries 287 and 288.

          En seis entrevistas con el autor, Siqueiros habla del muralismo mexicano, de la diferencia entre la aceptación del arte en México y en Europa, del arte ruso y de la experiencia en prisión. Ver también partidas no. 287 y 288.

332. ZUNO HERNANDEZ, JOSE GUADALUPE (1891)
      Reminiscencias de una vida. Guadalajara, 1956.
          185 p. (Reminiscence of a Life).

      Genre: Memoirs

      Period covered: 1897?-1923?

          Author, painter, caricaturist, founder of periodicals and politician, Zuno Hernández in his first volume of memoirs skips over his childhood and writes of his anti-Porfirista activities and further involvement in México's Revolution. Marks beginnings of career in journalism and art. The three later volumes are a mixture of letters, lectures, tributes, decrees, description of paintings, and reminiscences of contemporaries. Autobiography is here but distilled.

          En su primer volumen de memorias el autor, pintor, caricaturista, fundador de periódicos y político, Zuno Hernández omite su niñez y escribe sobre sus actividades anti-porfiristas y su participación en la Revolución de México. Esto marca el comienzo de su carrera en el periodismo y el arte. Los tres volúmenes subsiguientes son una mezcla de cartas, discursos, tributos, descripciones de pinturas y recuerdos de contemporáneos. La autobiografía se puede ver aquí, aunque destillada.

INDEXES

Author

Title

La del alba sería... 3
Life and Adventures in California 159
Lupita; confesiones de una joven mexicana 211

Mañana del poeta 213
Las manos de mi mamá 56
Manifesto apologético 194
Manuel, una biografía política 124
Manuela, la mexicana 114
Marco Antonio Montes de Oca 203
María Sabina: Her Life and Chants 91
Maximiliano íntimo 42
Me llamaban el coronelazo (memorias) 287
A medio camino 11
Memoir of the Most Reverend Francisco Orozco y Jiménez 223
Memoirs of José Francisco Palomares 227
Memoria de la conducta pública y administrativa de ... Arce 227
Memoria en que el C. general Epitacio Huerta 150
Memorias 19,74,86,116,122,182,194,304
Memorias de campaña de subteniente a general 308
Memorias de Concepción Lombardo de Miramón 174
Memorias de don Adolfo de la Huerta 149
Memorias de don Francisco Mejía 190
Memorias de Jesús Degollado Guízar 82
Memorias de María Toral de De León 297
Memorias de mis tiempos, 1828-1840, 1840-1853 246
Memorias de Pancho Villa 145
Memorias de Sebastián Lerdo de Tejada 167
Memorias de Vicente Segura 281
Memorias de Victoriano Salado Alvarez 275
Memorias de un chiapaneco 250
Memorias de un colón 80
Memorias de un hombre de izquierda 328
Memorias de un ministro 133
Memorias de un penitente 224
Memorias de un reportero 41
Memorias de una campaña 20
Memorias de una estudiante 240
Memorias del coronel Manuel Balbontín 33
Memorias del general Victoriano Huerta 151
Memorias políticas (1909-1913) 322
Memorias íntimas del general Porfirio Díaz 83
Memorias, 1895-1928   224
Memorias-testimonio 327
Memorias: cartas del doctor fray Servando Teresa de Mier 194
Memorias: luchadores ignorados 9
Memorias: informe y documentos 22
The Mexican Adaptation in American California 205
México de mi infancia 50
México en la nostalgia 154
México, Tlaxcalantongo, mayo de 1920 309
México visto en el siglo XX 126
Mi actuación política después de la Decena Trágica 195
Mi atormentada vida 305
Mi barrio San Miguel 85
Mi batuta habla 261
Mi contribución al nuevo régimen (1910-1933) 229
Mi destierro en Xalapa, 1865 98

Titles in English

Subject

Bahía Magdalena 140;
   See also Baja California
Baja California 1,77,140,266
Bajío 163; See also
   Guanajuato, and Michoacán
Balbontín, Manuel 31-33
Banco de México 327
Belén de los Mochis 295;
   See also Sinaloa
Belgium 112,300
bellas artes 68
Benítez, José R. 34
Benítez Valle, Manuel 39
Beteta, Ramón 37
Bishops; SEE Catholic Church
Blanco, Miguel 39
Blanco Moheno, Roberto 40,41
Blasio, José Luis 42
Bogotazo 303
border 75,81,237,311; See
   also Mexican-Americans
braceros 75; See also
   Mexican-Americans
Brambila, David 43
Bravo Izquierdo, Donato 44
Brazil 147,224,257
Bremauntz, Alberto 45
Brenner, Anita 29,221
Brondo Whitt, E. 46,47
Buenos Aires 111,116
bullfighting 27,281
Burns, Archibaldo 48
businessmen 266
Bustillo Oro, Juan 50,51

Caballero, Luis 139
Cabrera de Armida, C. 238
Calderón, Miguel 52
Californianos 227,239; See
   also Mexican-Americans
Calles, Plutarco 15,76,116,
   208,325
Callistas 163
Camacho, Avila 22
Campa, Valentín S. 54
Campobello, Nellie 55,56
Camarillo de Pereyra, M. 53
Campeche (city) 156
Canabal, Garrido 155
Capistrán Garza, René 57
Carapan 273; See also
   Michoacán
Carbajal, Francisco 58
Cárdenas, Lázaro 15,16,22,48,
   59,60,128,130,249,292
Cárdenas Hernández, G. 61,62
Carranza, Venustiano 6,7,37,

57,87,139,149,184,
   304,307,309,310
Carrancistas 87,161,247,308
Casa de España 74
Caso, Antonio 17,67; See also
   philosophers
Caste Wars 284; See also
   Yucatán
Castillo y Piña, José 66
CATHOLIC CHURCH
   Acevedo y de la Llata,C. 4
   archbishops 223,325
   Asociación Católica de la
      Juventud Méxicana 209
   bishops 272
   Calles, Plutarco 208,325
   Chalma, Lord of 161
   Cristeros 82,208,209
   Franciscans 198
   Guridi y Alcocer, José 142
   Jalisco 10,209
   Jesuits 208,209,232
   María Auxiliadora 1
   Mier Noriega y Guerra,
      Fray 194
   missions 140,163,232
   missionaries 43
   mystics 306
   Navarrete, Heriberto 209
   nuns 4,306
   persecution 66,325
   Philippines 232
   priests 66,73,142,163,208,
      209,223,232,272
   Revolution 1
   Rome 66
   seminaries 197
   sinarquismo 1
   Urquiza, Concha 306
   Virgin Mary 194
   women 306
Caudillismo 312
Cedillo, Saturnino 209
Central America 165
Centro Mexicano de
   Escritores 88; See also
   Writers pg. 211
Cevallos, Miguel Angel 67
Chacón, José M. 257
Chalma, Lord of 161
Chamula 244
Chapingo 97; See also
   Mexico (state)
Chapúltepec 32,86; See also
   Mexico City
Charlot, Jean 221
Chávez, Ezequiel A. 68,69
Chiapas 141,250

Martínez, Omar 64
Martínez, Pedro 171
Martínez Ortega, Judith 189
matador; See Bullfighting
Maximilian 42,174; See also
    French Intervention
Mazatec 91
Mazatlán 104,106,233,315; See
    also Sinaloa
medical doctors; SEE pg. 206
medical schools 25,218
medicine; SEE Medical
    Doctors pg. 208
Mejía, Francisco 190
Mella, Julio Antonio 70
Melo, Juan Vicente 191
Mendoza Vargas, Eutiquio 192
Mesa Andraca, Manuel 193
mestizos 175
Mexicali 75; See also Baja
    California
Mexicanization 273
MEXICAN-AMERICANS
    actors 201
    aliens, illegal 75,134
    Arizona 75
    California 113,134,177,
        201,205,227,315
    Colorado 196
    Texas 196,280
    World War II 235
    Yaquis 196; See also
        Californianos pg. 204,
        Tejanos pg. 209,
        Mexican-Americans pg.206
Mexican Red Cross 172
Mexico (state) 97,161,218
MEXICO CITY
    Alvarez de Castillo, F. 18
    architecture 85
    artists 202
    Chapúltepec 32,86
    childhood 85
    Churubusco 32
    civilians 50
    conjuntos 261
    Distrito Federal 158
    education 156
    families 248
    Frías, Heriberto 104
    journalists 168
    Madero, Francisco 85
    medicine 218
    Mella, Julio Antonio 70
    Mojarro, Tomás 197
    Molina del Rey 86
    poverty 169,170
    Revolution 50

    student life 24
    university 24
    women 242
Michoacán 26,33,45,59,80,82,
    150,214,268,269,272,295
MILITARY
    Almada, Pedro J. 15
    Andreu Almazán, Juan 22
    Azcárate, Juan F. 28
    Balbontín, Manuel 31,33
    Cárdenas, Lázaro 59
    Carrancistas 87
    Carranza, Venustiano 87
    Central America 312
    Chihuahua 304
    Constitutionalistas 184
    cristeros 82
    Díaz, Porfirio 83,105
    Fabela, Isidro 94
    French Intervention 295
    Huerta, Adolfo de la 20
    Jalisco 33
    Maderistas 76
    medical doctors 218
    Michoacán 33
    missions 312
    Obregón, Alvaro 217
    officers 32,304
    personnel 33
    Puebla 33
    rebellions 139
    recruitment 32
    Revolution 44
    soldiers 192
    strategies 33
    supplies 33
    Tomóchic 105
    United States 312
    War with the U.S. 32,33,39
    military academy 9
Milpa Alta 161; See also
    Mexico (state)
mining 14,205
Miramar 42
Miramón, Miguel 174
missionaries 43
missions 140,163
Mixteca 260; See also Oaxaca
Mocorito 138;See also Sinaloa
modernismo 188,213
Moheno, Querido 195
Moisés, Rosalio 196
Mojarro, Tomás 197
Mojica, José 198
Molina del Rey 86; See also
    Mexico City
Molina Font, Julio 199
Monsiváis, Carlos 200,241

Profession or Outstanding Characteristic

Nervo, Amado 212,213
Novo, Salvador 215,329
Quintana, José Miguel 248
Reyes, Alfonso 147,254-258
Tablada, José Juan 293
Torres Bodet, Jaime 298-303;
    See also Writers

Politicians
Aguirre, Amado 6
Almada, Bartolomé Eligio 14
Andreu Almazán, Juan 22
Arce, Manuel José 23
Cárdenas, Lázaro 59,60
Comonfort, Ignacio 71
Estrada, Francisco Javier 92
Gómez Maganda, A. 128-130
Rébora, Hipólito 250
Vasconcelos, José 317-321
Vázquez Gómez, Francisco 322
Zuno Hernández, José 332;
    See also Diplomats,
        Presidents

Presidents
Díaz, Porfirio 83
Huerta, Adolfo de la 149
Huerta, Victoriano 151
Juárez, Benito Pablo 162
Madero, Francisco I. 181
Ortiz Rubio, Pascual 224
Portes Gil, Emilio 243
Rodríguez, Abelardo L. 266
Santa Anna, Antonio L. 278;
    See also Politicians

Priests
Brambila, David S.J. 43
Castillo y Piña, José 66
Correa, José Manuel 73
Guridi y Alcocer, José 142
Lara, J. Andrés 163
Mier Noriega y Guerra, F. 194
Navarrete, Heriberto 208,209
Orozco y Jiménez, F. 223
Pardinas, Miguel Agustín 232
Ruíz y Flores, Leopoldo 272
Vera y Zuria, Pedro 325;
    See also
        Archbishops and Bishops,
        Mystics

Prisoners
Campa S., Valentín 54

Cárdenas Hernández, G. 61,62
Flores Magón, Enrique 100
Flores Magón, Ricardo 101,102
Nacaveva, A. 207
Ortiz Rubio, Pascual 224
Viveros, Marcel 330

Professors
Bremauntz, Alberto 45
Chávez, Ezequiel Adeodato 68
Chávez, Leticia 69
Garrido, Luis 120
Iduarte, Andrés 153-156
Osuna, Andrés 225;
    See also
        Rectors, Teachers

Rectors
Fernández MacGregor, G. 95
Ocaranza Carmona, F. 218,219
Vasconcelos, José 317-321;
    See also
        Professors, Teachers

Secretaries of State
    SEE Diplomats

Short Story Writers
Amor, Guadalupe 21
Burns, Archibaldo 48
García Ponce, Juan 117
Garizurieta, César 119
Magdaleno, Mauricio 183
Martínez Ortega, Judith 189
Melo, Juan Vicente 191
Pitol, Sergio 241
Reyes, Alfonso 147,254-258
Sainz, Gustavo 274;
    See also Writers

Sinarquistas
Abascal, Salvador 1

Sociologists
Galarza, Ernesto 107

Soldaderas
Polancares, Jesusa 242

Suffragettes

García Alonso, Aída   114

Teachers

Alvarez, Concha   17
Goméz González, F.   127
Pineda Campuzano, Z.   240
Saenz, Moisés   273
Vasconcelos, José   317-321
Velázquez Andrade, M.   324;
   See also
      Professors, Rectors

Tejanos

Seguín, John N.   280;
   See also
      Mexican-Americans

Women

Acevedo y de la Llata, C.   4
Aguilar Belden de Garza, S.   5
Cabrera de Armida, C.   238
Campobello, Nellie   55,56
Galeana, Benita   108
García Alonso, Aída   114
Glantz, Margo   123
Godoy, Mercedes   125
Lerma, Olga Yolanda   168
Lombardo de Miramón, C.   174
Martínez Ortega, Judith   189
Montoya, María Tereza   204
Nelligan, Maurice   211
Ord, Angustias 220
Peña de Villareal, C.   234
Pineda Campuzano, Z.   240
Polancares, Jesusa 242
Rivas Mercado, Antonieta   262
Salinas Rocha, Irma   276
Sánchez, Guadalupe   170
Shawan   36
Toral de De León, María   297
Villa, Luz Corral 326

Writers

Aguirre Benavides, Luis   7
Alvarez del Castillo, G.   18
Amor, Guadalupe   21
Aridjis, Homero   26
Balbontín, Manuel   31-33
Benítez, José R.   34
Berg, Richard L.   36
Beteta, Ramón   37,38
Burns, Archibaldo   48
Burstein, John   49

Carrillo, Adolfo   167
Castillo y Piña, José   66
Chacón, José M.   257
Conrad, Barnaby   27
Corona Ochoa, José   72
Dromundo, Baltasar   85
Elorduy, Aquiles   89
Esparza, Manuel   148
Fernández MacGregor, G.   95
Flores, Manuel María   98,99
Gallegos C., José I.   110
Garizurieta, César   119
Glantz, Margo   123
Glantz, Susana   124
González Salazar, Pablo   139
Henríquez Ureña, Pedro   147
Iduarte, Andrés   153-156
Lerdo de Tejada, S.   167
Lewis, Oscar   169-171
Magdaleno, Mauricio 183
Martínez Ortega, Judith   189
Miles, Carlota   14
Moreno,Joaquín   206
Nicolaita viejo   214
Novo, Salvador   215
Nuñez Guzmán, J. T.   216
Ocampo, Victoria   255
Philipon, M.M.   238
Poniatowska, Elena   242
Pozas A., Ricardo   244
Price, Francis   159,220
Reyes, Alfonso   147,254-258
Robledo, Elisa   282
Roffé, Reina   267
Rojas Rosillo, Isaac   262
Saínz, Gustavo   252,274
Suárez, Luis   263
Vaca del Corral, R.   314;
   See also
      Essayists,
      Historians,
      Journalists,
      Mystics,
      Novelists,
      Poets, and
      Short Story Writers

Genre

Birth-Decade of Author

Chávez, Ezequiel Adeodato   68
Esquivel Obregón, Toribio   90
Gamboa, Federico   111,112
Gavira, Gabriel   121
Góngora, Pablo de   133
Orozco y Jiménez, F.   223
Ruíz y Flores, Leopoldo   272
Salado Alvarez, V.   275
Toral de De León, María   297
Vázquez Gómez, Francisco   322

1870-1879
Azuela, Mariano   29,30
Brondo Whitt, E.   46,47
Camarillo de Pereyra, M.   53
Cusi, Ezio   80
Dorador, Silvestre   84
Elorduy, Aquiles   89
Flores Magón, Enrique   100
Flores Magón, R.   101,102
Frías, Heriberto   104-106
González Martínez, E.   137,138
Guzmán, Martín Luis   143-145
Iturbide, Eduardo   158
Madero, Francisco I.   181
Moheno, Querido   195
Nervo, Amado   212,213
Ocaranza Carmona, F.   218,219
Ortiz Rubio, Pascual   224
Osuna, Andrés   225
Pani, Alberto J.   228,229
Pani, Arturo J.   230,231
Reyes, Rodolfo   259
Tablada, José Juan   293
Tapia, Rafael   294
Velázquez Andrade, M.   324
Vera y Zuria, Pedro   325

1880-1889
Alba, Pedro de   10
Alessio Robles, Miguel   11-13
Almada, Pedro J.   15,16
Benítez, José R.   34
Calderón, Miguel G.   52
Cardona Peña, Alfredo   63
Castillo y Piña, José   66
Cevallos, Miguel Angel   67
Cruz, Roberto   76
Fabela, Isidro   93,94
Fernández MacGregor, G.   95
Galindo, Miguel   109
González, Manuel W.   135,136
Huerta, Adolfo de la   149
Mantecón Pérez, Adán   185
Martínez, Pedro   171
Montenegro, Roberto   202

Obregón, Alvaro   217
Orozco, José C.   221,222
Palavincini, Felix F.   226
Ramírez Garrido, José   249
Reyes, Alfonso   147,254-258
Rivera, Diego   263,264
Rodríguez, Abelardo L.   266
Sáenz, Moisés   273
Santamaría, Francisco J.   279
Segura, Vicente   281
Siqueiros, David A.   287,288
Treviño, Jacinto B.   304
Vasconcelos, José   317-321

1890-1899
Abreu Gómez, Ermilo   2,3
Aguirre Benavides, Luis   7
Alvarez del Castillo, J.   19
Alvarez, Concha   17
Andreu Almazán, Juan   22
Azcárate, Juan F.   28
Benítez Valle, Manuel   35
Bremauntz, Alberto   45
Cárdenas, Lázaro   59,60
Echeverría A. Marquina, J.   87
Fierro Villalobos, R.   96
García Alonso, Aída   114
Garrido, Luis   120
Gaxiola, Francisco J.   122
Gómez, Marte R.   126
Icaza, Alfonso de   152
Jiménez, Luz   161
Lara, J. Andrés   163
León Ossorio, Adolfo   165
Lerma, Olga Yolanda   168
Luquín, Eduardo   179,180
Mancisidor, Anselmo   184
Mantecón Pérez   185
Mendoza Vargas, Eutiquio   192
Mesa Andraca, Manuel   193
Moisés, Rosalio   196
Mojica, José   198
Molina Font, Julio   199
Nicolaita viejo   214
Núñez Guzmán, J. T.   216
Peña de Villareal, C.   234
Portes Gil, Emilio   243
Rébora, Hipólito   250
Rivas Mercado, Antonieta   262
Romero, José Rubén   268-270
Silva Herzog, Jesús   285,286
Sodi, Federico   289
Suárez Aranzola, Eduardo   292
Urquizo, Francisco L.   307-312
Villaseñor, Eduardo   327
Zuno Hernández, José G.   332

Chronological by Events Narrated

This is an index by decade of events narrated. If the user is interested in the years 1910-1919, he must turn to page 221 where he can peruse the list of authors who have focused on this period in their auto-biographies. For example, Porfirio Díaz's memoirs cover the years 1830-1867. Hence these years are divided accordingly into manageable units of time: 1830-1839, 1840-1849, 1850-1859, and 1860-1869. The name "Díaz, Porfirio" is appropriately alphabetized under all four sets of decades.

About the Compiler

RICHARD DONOVON WOODS is Professor of Foreign Languages at Trinity University, San Antonio, Texas. He is the author of *Hispanic First Names: A Comprehensive Dictionary of 250 Years of Mexican-American Usage* (Greenwood Press, 1984), *Latin America in English-Language Reference Books, Reference Materials on Latin America in English,* and *Spanish Surnames in the Southwestern United States.* He has also written several articles on Spanish-American literature and Mexican-American bibliography.